本书获海南师范大学中国语言文学学科经费资助

古代阅读观的现代阐释

陈道谆 著

中国社会科学出版社

图书在版编目（CIP）数据

古代阅读观的现代阐释/陈道谆著. —北京：中国
社会科学出版社，2019.5
ISBN 978 - 7 - 5203 - 4051 - 9

Ⅰ.①古… Ⅱ.①陈… Ⅲ.①阅读—文化研究—
中国—古代 Ⅳ.①G252.17

中国版本图书馆 CIP 数据核字（2019）第 027573 号

出 版 人 赵剑英
责任编辑 郭晓鸿
特约编辑 张金涛
责任校对 李 莉
责任印制 戴 宽

出 版 中国社会科学出版社
社 址 北京鼓楼西大街甲 158 号
邮 编 100720
网 址 http://www.csspw.cn
发 行 部 010 - 84083685
门 市 部 010 - 84029450
经 销 新华书店及其他书店

印 刷 北京明恒达印务有限公司
装 订 廊坊市广阳区广增装订厂
版 次 2019 年 5 月第 1 版
印 次 2019 年 5 月第 1 次印刷

开 本 710×1000 1/16
印 张 23.75
插 页 2
字 数 293 千字
定 价 99.00 元

目　　录

第一章 关注阅读

世界上有一个与读书有关的节日叫"世界读书日",也叫"世界图书日"(又译"世界图书与版权日"),这个节日创意最初来源于西班牙加泰罗尼亚地区的一个传说:美丽的公主被恶龙困于深山,勇士乔治只身战胜恶龙,解救了公主,公主回赠给乔治的礼物是一本书。从此书成为胆识和力量的象征。1995 年,国际出版商协会在第二十五届全球大会上提出"世界图书日"的设想,并由西班牙政府将方案提交联合国教教育、科学及文化组织(以下简称联合国科教文组织)。

1995 年,联合国科教文组织在这个创意的启发下,向全世界发出"走向阅读社会"的召唤,正式下文把每年的 4 月 23 日定为"世界读书日"(这一天也是西班牙著名作家塞万提斯和英国著名作家莎士比亚的辞世纪念日)。世界读书日主旨宣言:"希望散居在全球各地的人们,无论你是年老还是年轻,无论你是贫穷还是富有,无论你是患病还是健康,都能享受阅读的乐趣,都能尊重和感谢为人类文明做出巨大贡献的文学、文化、科学思想大师们,都能保护知识产权。"这个倡议迅速在全世界范围内得到了一百多个国家的积极响应。中国随后在 2006 年,由中央宣传部、中央文明办等 11 部门联合倡议开展"全民阅读"活动，并通过广泛宣传、积极推动，在 2006 年 4 月 23 日把"世界读书日"改造成为中国的"全民阅读日"，两个称呼虽然在读书主体上有所不同，但文化意蕴是一致的，就是要在人类社会提倡读书。

从汉语的词源学角度解读"阅读"这个词汇概念，汉代许慎的《说文解字》为人们探清"阅读"一词的初始含义奠定了一定的认知基础，对"阅"和"读"分别给出了它们的初始本意，为后世进一步解析"阅读"的概念提供了文化认知的基本方法，"阅"（閱）《说文解字》的解释是："阅，具数于门中也。"即阅的本意是在门里清点东西。阅可引申为"阅览"，如韩愈《秋怀》诗之三："归还阅书史，文字浩千万。""读"（讀）《说文解字》的解释是："读，诵书也。"按照这个解释，读的本意是朗诵书文，即用嘴出声念诵。当然，读也可引申为"观看"，如《孟子·万章下》："颂其诗，读其书，不知其人，可乎？"由此可见，随着社会的进步和语言词汇的不断丰富完善，人们对阅读的内涵认知范畴越来越宽泛，直至后世把"阅"和"读"加以结合作为复合词，专指人们观看并理解文字的行为，如宋代曾巩在《徐禧给事中制》一文中说："惟精敏不懈，可以周阅读；惟忠实不挠，可以司论驳。"① 我国当代学者编撰的《汉语大辞典》对"阅读"词条的解释是："阅读：看（书、报、文件等），并领会其内容。"

从历史的角度看，中国是一个非常重视读书的国家，有着优良的读书传统和悠久的读书历史。在相当长的一段历史时期，中国的文人想要实现安邦治国或修身齐家的人生理想，大多只能通过刻苦攻读参加科举考试的

---

① 张怀涛：《不同学科对"阅读"概念的不同认识》，《山东图书馆学刊》2012 年第 6 期。

方式才能实现，因而在中国的科考时代，有一句话是相当流行的："万般皆下品，唯有读书高。"① 毫不夸张地说，当时的中国整个社会把读书看成是人生最崇高的事情，这在同时期的世界各国也是相当罕见的。关于读书，中国的儒家经典《论语》首句："学而时习之，不亦乐乎。"中国古代的儿童启蒙读物《三字经》里还有："玉不琢，不成器。人不学，不知义。"认为玉不经过打磨雕刻，不会成为精美的器物；人若是不学习，就不懂得礼仪，不能成才。这些中国儿童在牙牙学语时就被灌输的读书理念和读书意义，经过一代代人的口耳相传播，已深深地烙印在不同历史时期的学子心灵深处。我们从小就耳濡目染的许多历史故事如"头悬梁锥刺股""凿壁偷光""映雪读书"等，都极大地激发了中国一代代学人发奋刻苦读书，耕读传家为此成了中国的一个基本历史文化传统。唐代著名书法家颜真卿，曾经写有一首流传千古的《劝学》诗："三更灯火五更鸡，正是男儿读书时。黑发不知勤学早，白首方悔读书迟。"② 这位以"颜体"书法称著于世的大学者用自己的切身经历，劝诫人们年轻时要勤奋学习，不要等到老了，才发现已错过读书的好时光。可以说，只要我们稍加留意，就会发现在浩如烟海的中国古书典籍中，记录下了许多读书人关于阅读的心得体会，并经过一代代学者的积极传播，成为留给中华子孙后代的一笔宝贵精神财富。

---

① （北宋）汪洙：《神童诗》，王不语、余竹译注，吉林文史出版社1994年版，第3页。
② （唐）颜真卿：《劝学》，引自薛晴、常建新编著《中华美德古诗选读》，科学普及出版社2002年版，第152页。

现代人的阅读

虽然中国是一个具有悠久阅读历史传统的文明古国，但在资讯技术发达、智能手机普及的今天，读书活动似乎已不再是现代中国人的主要生活爱好。2012年据有关报刊转引联合国教科文组织进行的一项调查显示，全世界每年阅读书籍数量排名第1的是犹太人，平均每人1年读书64本，美国、俄罗斯55本，北欧24本。由此可以看出，世界上读书多的民族永远是强大的民族。相比之下，中国人的读书现状令人担忧，由中国新闻出版研究院组织的第九次全国国民阅读调查显示，中国13亿人口，平均每人1年读书4.3本，扣除中国大中小学生在学习过程中阅读的各级学校学习使用的教科书，平均每人1年读书1本都不到！舆论界由此感叹，"中国人年人均读书量仅为1本，远低于人均64本的以色列"。造成当代中国民众不爱读书的原因，大致有"工作忙，没时间""爱上网，没有读书习惯""爱看电视""玩手机看微信""不知道看什么书"等。调查结果说明，在资讯发达的信息时代，如何阅读文化经典，保持对文学的审美感受和求知兴趣是一个值得认真思考的问题。

不过，联合国教科文组织进行的这个读书调查数据并不十分科学，因为它主要是针对现代人的纸质书阅读进行统计调查，而现代人的阅读方式随着互联网时代的到来而呈现出多样化倾向，传统的书本阅读只是人们读书的一种方式而已，事实上现在的年轻人阅读电子书的时间相对更多一些。有的人一周也不一定看完1本纸质书，但同一时间段里电子书可能看了四五本。例如前些年十分红火的当年明月的《明朝那些事儿》，一开始就是悄悄走红于天涯网的一个小众论坛"煮酒论史"，经过网民口碑传送才被传统纸质媒介和学术界关注到的。《明朝那些事儿》一书最早由作者当年明月（本名石悦）于2006年3月10日以"就是这样吗"的ID发布在天涯虚拟社区"煮酒论史"论坛，迅速引起了关注中国历史的网民的广泛关注，到5月，他的《明朝那些事儿》帖子已经超过了100万的点击率，这对于"煮酒论史"这样一个小论坛来说，是前所未有的，以前的帖子最高的也才十几万点击率。这样的点击率也引起了该论坛某些人的质疑，这些人使用极其恶劣的言辞诽谤和污辱当年明月及"明矾"（当年明月的支持者别称），并用网络技术恶意影响当年明月《明朝那些事儿》作品上传到该论坛，由于论坛版主对此恶意行为采取不作为态度，最终导致"明矾"发起了持续三个月的大规模"倒版运动"，该运动致使三名论坛版主被免职。作者当年明月也因"明月门"事件愤而离开天涯论坛，掉头转战新浪博客，到8月《明朝那些事儿》点击率已接近1000万，如此高的网络点击率终于引来社会的广泛关注。① 《明朝那些事儿》于2009年3月21日连载完毕，作者边写作边集结成书出版发行，全套书一共7本，从明朝开国皇帝朱元璋出生讲起，到崇祯皇帝自缢明朝灭亡。以史料为基础，以年代和具体人物为主线，并加入了小说的叙述笔法，对明朝十七个皇帝和其他王公权贵以及小人物的命运进行全景式展示，尤其对明朝的官场政治、战争、帝王心术着墨最多，并加入对当时政治经济制度、人伦道德的历史演义。当年明月所著《明朝那些事儿》，成为2007—2008年度系列畅销书第一名，位列全国十大畅销书之一，也是近三十年来中国最畅销之史

---

① 参见天涯社区、新浪网以及其他互联网站有关《明朝那些事儿》的评论帖子。

学读本，该书畅销之势迅猛，很快席卷当时国内各大实体书店柜台最显眼的畅销书区域。而自 2007 年开始，凭借《明朝那些事儿》在读者中的口碑相传，当年明月连续 7 届荣登中国作家富豪榜。可以说，当年明月的《明朝那些事儿》掀起了一场草根讲史风潮，很多人因为他的写作而相信，"历史原来可以写得很好看"。许多人在网络上追读《明朝那些事儿》后，又毫不犹豫地掏出荷包里的真金白银购买纸质版的《明朝那些事儿》。时至今日，《明朝那些事儿》的影响已扩展到了海外，至今该书系列作品已被译为日、韩、英等多国文字出版发行。

除了《明朝那些事儿》，还有易中天的《品三国》、于丹的《论语心得》等作品的阅读火爆现象，在一定程度上说明，今天的人们不是不喜欢读书，不是不关心国家、民族的历史典籍，只关注当下，而是有选择地采用个性化的方式读书，即根据自己的兴趣或舆论导向选择性读书。根据中国互联网购书读者群中颇具影响力的"当当网"在 2014 年所做的《2014当当中国图书消费报告》显示，在 2014 年，当当电子书籍下载册数接近6000 万册，占据当当网图书销售总量的 20%，而在网上直接阅读电子图书的读者人数则要远远高于这个数据。另一家互联网公司"网易云阅读"发布的《2014 年移动阅读报告》显示，借助于智能手机等电子产品的普及，当前移动阅读的用户规模已经达到 2.42 亿，2014 年电子书籍总阅读量已经超过 14 亿册。在关于看书动因的调查研究中，67% 的读者把移动端的阅读当成一种消遣的手段。① 关于这种阅读习惯的转变，在亚马逊的调查中有所显示——电子阅读普及率近三年连续攀升，56% 的受访者表示，电子书提升了阅读总量，其携带方便、价格实惠、使用便利。这些定向调查在

---

① 参见《羊城晚报》2015 年 1 月 27 日第 5 版 "数据控" 栏目。

一定程度上说明，在今天这个知识大爆炸的信息时代里，人们的阅读动力（具体呈现为多样化目的）与封建科举时代的阅读动力（通过读书改变人生命运）有了很大的区别，这就需要我们对人类的阅读活动本身进行必要的深入研究。

在今天这个互联网时代，电脑系统办公化的普及，尤其是智能手机的出现，昭示着人类社会已经开始进入机读时代。西方学者凯文·凯利在《必然》中把这种机读时代的阅读方式总结为屏读（Screening）[1]。换句话说，今天的人们随时随地都在阅读，但是这种阅读的载体已经发生了变化，纸质书的阅读已经开始让位于各种电子屏幕，我们阅读各式各样的电子屏幕。无论是在任何地点任何时间，人们都在专心致志地阅读，只不过屏读时代的阅读更多是指向了泛阅读，停留在一种阅读的操作姿态上，就像用眼睛扫一下屏幕，手指轻轻划过页面，就可迅速浏览标题，并且因为电子信息太多，人们只能通过标题有选择地进行阅读。呈现在电子屏幕上的阅读，已经无法具备纸质书所固有的思考深度和审美意义。我们要知道，电子媒介就是为信息而生，它的存在，自动取消了思考深度和审美意义。传统阅读的文化意义在这种快速翻页阅读中已经丧失殆尽了，人们不再是为了文化记忆而阅读，而是习惯性地浏览信息获取性阅读。在这种阅读行为改变中，人们会逐渐丧失文化记忆的能力，丧失训练自己的大脑快速运作的能力，因为有电子媒体可以帮助人们更好地记忆。更重要的一点还在于，在屏读时代的阅读行为中，我们很难看到人与人的思想交流，也看不到人面对电子屏幕时情感的变化，传统阅读那种反复回味的情感体验和审美感受已经不复存在。

---

[1] ［美］凯文·凯利：《必然》，周峰、董理、金阳译，电子工业出版社2016年版，第1页。

因此，哪怕仅仅是为了文化知识的积累传承，我们也有必要回到传统阅读。

在人类追求人生意义的学习阶段，人的阅读可以是侧重于实用性的阅读，在人生学习的每一个阶段，都要扎扎实实地把该学习的知识要点弄明白，力求融会贯通，以便在自己的人生道路上得到文化知识的指引；但从更高层次的文化角度看，人更需要通过阅读的帮助，从书本知识那里学到前人的人生探索和经验积累，形成自己的健康人生价值观念和高尚人文情怀，最终促使自己成长为人类进步的积极推动力。日前有一则小故事在微信群中流转：大意是说有一个青年学生十分崇拜杨绛先生，高中快毕业的时候，他给杨绛写了一封长信，表达了自己对杨先生的仰慕之情以及自己即将成人的一些人生困惑，杨绛先生回信说："你的问题主要是读书不多而想得太多。"[①] 杨绛先生这句话说得很好，思考是人类进步的阶梯和动力，但在一个人学会思考之前，需要有足够的阅读作为知识积累，用以有效帮助人类正确思考。人在年轻时候的很多想法其实前人都总结过了，但你读书太少了，没有遇到类似的总结和思考的书本，当你在为自己思考的东西沾沾自喜时，其实不过是因为无知在浪费自己的宝贵时间。有前人的经验借鉴，而有意视而不见，偏偏要走一条"属于"自己的道路。说到底，一个人的智慧和经验，是无法与数千年的人类智慧与经验相提并论的，人是单纯依靠自己的身高，还是站在无数巨人的肩膀上，更能看到人类思想的高度？

在今天，阅读文化书籍的作用，主要在于以下几个方面：一是学习文化知识、传播文化知识，二是提高道德修养、陶冶思想情操，三是人际交

---

① 转引自倪大龙《读博如修行，且读且珍惜》，《中国科学报》2015 年 3 月 16 日，第 7 版。

往中交流思想、了解社会。阅读的作用，对不同年龄段的人来说，确实是存在一定差别的。北京大学语文教育研究所前几年对此做过专项调查，发现国民读书如按学习阶段划分，读书读得较多的还是小学生，但到了初二，就几乎是个转折，之后便一路下滑，到了高中阶段读书几乎都是为了应考，除了教材教辅，就很少读课外书。高中三年完整地读过几本课外书的中学生已经是极少数。大学生读书状况也不乐观，很多大学生没有阅读非专业书籍的习惯，即使偶尔读一下非专业书籍，也是为了考试或者求职，读的是很实用的书。① 从调查中可以发现，在校大中学生，许多人认真读书的原因，可能主要还是第一点，即通过读书获得文化知识，或者换个方式来讲，就是通过读书获得社会认可的某一文凭或某种职业资格，从而为自己今后的社会求职与发展谋得一技在身，以及作为自己人生事业走向成功的立身之本。当然，在一定意义上看，这是一种典型的实用主义读书心理，即读书必须为我所用，我国教育界的一些专家为此担忧，这种功利性阅读的"读书有用论"一旦泛滥，将会成为未来国民阅读的"敌人"。

因而，让大中小学生多读经典名著，这非常重要，它不仅是学语文的需要，也是为学生树立正确人生价值观的需要。现在的学生读书很少，好多人除了教材教辅，基本上不读书，课外阅读，特别是经典阅读也未能认真列入学校教学的视野。北京大学教授温儒敏认为，我们老是抱怨语文教学低效、贫血、不健全，什么原因？很多人可能全归咎于考试，认为是中考高考和各种考试制约了语文教学，所以学生不读书或者很少读书。都在责怪应试教育，就是没有从自己教学上找找原因。在应试教育的大环境

---

① 温儒敏：《如何提升青少年名著阅读的兴趣》，《中华读书报》2014 年 11 月 26 日，第 1 版。

中，我们肯定会受到制约，但总还会有些空间，我们可以让学生考得好，但又学得不那么死板。如果一个学生阅读面广，视野开阔，语文素养一般也会比较高，考试也不会差到哪里。不要把一切负面的东西全都归咎于应试教育，我们要面对应试教育这个现实，采取某些必要的平衡。让学生多读书，同时又应对考试，考得好，这两者完全可以结合。[①] 那些已走出校门的成年人，读书的兴趣更多地应该是充实自己和了解社会，这样的读书兴趣，功利性目的不是很明显，同时也会随着社会热点问题的不断转换而不断跟进调整自己的读书兴趣。

从社会所能提供的读书条件看，很长时间以来，高校图书馆都是大学生最爱去的地方。每逢暑期将近，就是大学生从图书馆借书的高峰期。一些"70后""80后"离开校园后这样回忆大学时代的生活：一忙完考试，同学们便争抢着去图书馆借假期读物，唯恐去晚了，好书就被人借走了。现如今，争抢借书情景不再出现，高校图书借阅量逐年下降，在图书馆里出现的身影，几乎都是准备考研的学生。为何高校图书馆越建越大，看书的学生却越来越少？在信息时代背景下，影响大学生阅读的因素有哪些？如何唤醒高校沉睡的借书证？

出于对高校图书馆借阅率的担忧，南京理工大学近年来做了一项调查。该校图书馆统计了2011年、2012年和2013年师生的读书记录，并进行了分析。结果显示，不仅全校不少借书证处于"沉睡"状态，甚至有的学生进入学校后便没有进过图书馆。以2013年为例，有925名本科生和194名硕士生一年内没有进过图书馆。这表明，很多借书证没有被使用过。

---

① 温儒敏：《如何提升青少年名著阅读的兴趣》，《中华读书报》2014年11月26日，第1版。

如今，图书馆借阅量下滑，是否意味着高校师生的阅读热情不再了呢？随着时代的变迁，高校图书馆的大量图书资源得不到合理利用。在信息技术快速发展、数字资源逐渐丰富的时代，如何盘活现有的纸质书籍资源，又如何指导学生更好地利用数字图书资源？在"快餐文化"的冲击下，高校怎样激活大学生的阅读热情，为学生提供优质的阅读服务和阅读环境？这些问题值得认真思考。

南京理工大学开展的一项针对 1100 余位本科学生课外阅读情况的调查显示，绝大多数学生来图书馆的主要目的是上自习，其次才是借书还书等。"这并非发生在某一所高校的孤立现象，全国很多高校都是如此。"在学者张小兵看来，这种现象令人担忧。"一个人的阅读状况，直接影响了他的成长、职业能力和对社会的贡献。一所大学的精神境界，则在很大程度上取决于全校师生的阅读水平。"不同学历层次学生的阅读状况也出人意料，"统计显示，本科生进图书馆的比例是最高的，硕士生其次，博士生最低。以 2013 年的数据为例，阅读量排在前 50 名的学生中，本科生占绝大多数，硕士生约占 20%，博士生仅有两人"。高校教职工的借阅情况同样不容乐观。在接受调查的教职工中，教师进图书馆的频率比学生还低，且借阅的书籍以专业课程类书籍为主。此外，图书馆图书的借阅次数，每年减少 1 万—2 万次。"这在不少高校是普遍现象，下降的数字虽然不太明显，但是每年都呈下降趋势，应引起重视。"南京理工大学图书馆馆长张小兵分析说。

"不去图书馆不代表不读书"，如今，电子书的流行以及自购书的便捷，在一定程度上削弱了师生对图书馆的依赖。南京理工大学的调查也显示，在课外阅读书籍来源上，约七成学生使用手机与电脑进行网上阅读，人数排名第一；到图书馆借阅纸质图书的学生数排名第二；自己购买图书阅读的学生数排第三。张小兵表示，电子图书并不能取代纸质书籍。"电子书更适合快餐式阅读，如果进行精读或科研，往往更需要纸质书籍。因为进行科研或者精读，往往需要在书上做标注，并需要反复阅读。"

针对大学生的阅读话题，2012年2月，有关媒体特意在高校对大学生做过抽样调查，上海《青年报》在上海交通大学、华东师范大学、华东政法大学、上海大学、上海师范大学、上海立信会计学院、上海商学院7所上海高校进行了一次"大学生课外阅读问卷调查"，发现目前大学生中普遍存在着两种反常现象：一是文本阅读缺乏，二是母语素质堪忧。

首先，是文本阅读缺乏问题。在接受调查的大学生中，"中国古典四大名著"全部通读过的只有22.7%，而29.0%的受访者表示，一本都没有完整地看过。不少大学生表示，读书只读与课程相关的教科书，读课外书只能是"副业"，考研、考证才是"正业"。虽然有63.6%的学生认为，大学生应该朝着全知全能的方向发展，理应博览群书；20.8%的学生也认可"应当在精通专业基础上读经典书籍"。但是，同时又有69.7%的学生认为大学校园的读书氛围一般，自己读书的"功利性很强"；10.2%学生"只读有实用价值的书"。不少同学坦陈对课外书籍的选择，首先集中在自己的专业领域内，课外阅读只不过是把专业学习从课内延伸到了课外，这种阅读兴趣的养成在很大程度上是因为他们承受着未来就业的压力，或忙于为出国、考研和考各种执业资格做知识准备，很少有人能静下心来看与所学专业无关的文化书籍。在问及为何对专业以外的经典书籍没有阅读兴趣时，很多人的回答是"找工作的时候人家也不会问你读没读过莎士比亚，读不读课外书对找工作好像没什么影响"。信息时代的电子传媒发达，更让不少学生以网络阅读为主，热衷于快餐文化，无心细细品读经典名著。

上海《青年报》的这个调查结果，让许多学者在震惊之余陷入沉思，近些年来，很多高校的管理者为了提高大学生的文化阅读兴趣，在制订教学计划时，都要求大学生在校学习期间，必须选修一定学分的文化素质教育课程。例如上海交通大学，在2009年修订的培养计划中，文化素质教育课程以通识教育核心课程的形式进入培养计划，每个学生必须修满25个通识教育核心课程学分才能毕业，这个学分要求不可谓不高，而且学校为通识教育还制定了一整套包括课程申报、过程管理、结果考核、教材建设、网站建设、师资经费等在内的管理方法，希望从制度上保证文化素质教育的有效实施。但是，这些以超越不同学科功利性目的的文化素质教育课程，大多最后也不能逃脱功利化的命运，——不少学生仍带着完成通识学分的功利目的来选修通识课程。也就是说，如果通识课程只是为了帮助学生完成大学毕业需要达到的课程学分，而不能让学生真正潜下心来读几本与自己所学专业无关的好书，思考一些人文价值的精神层面问题，那么开设文化素质教育课程的成效是要大打折扣的。

其次，是大学生的母语素质问题。在今天全球化的文化背景下，在中国社会迈向现代化过程中，中国众多大学努力提升国际化科研水平，积极建设世界一流大学的时代背景下，中国当代大学生的母语表达能力和写作能力却严重不足，已经成为一个不争的文化教育事实，具体表现在汉语语文基础薄弱、书面表达能力不足。根据有关方面调查，许多大学生在校期间花大量的时间学习外语，考四六级甚至八级、考雅思托福，却不愿花费一点时间学习自己的母语——汉语，毕业求职书上的个人介绍材料，中文写作文不通字不顺，意思表达不清、错字连篇者大有人在。甚至有的大学毕业生在参加毕业招聘面试时大秀特秀其外语表达的流利通顺，试图以此宣称自己外语比中文好，并不以此为耻反为荣。这种现象如果放任下去，长此以往，民族文化的历史传承势必受到严重影响。更让人诧异的是，我们的许多学校对此语言地位倒置现象视若无睹，反而通过相关规定推波助澜，强行规定学生如果英语没考过四级，即使大学所学科目全部及格，也不能获取学士学位甚至是本科毕业文凭。

应该看到，语言不仅是重要的思维工具和交际工具，也是人类文化传承的有机载体，一个人从出生开始就接受到的母语教育，其口耳相传的语言内涵，其实就是民族精神与民族文化得以传承的不可或缺因素。等到走进了学校的大门成为一名学生，学生的语言表达与理解能力，不仅是他学好专业知识、在专业领域走得更深更远的基础，更是他个人整体文化修养的综合体现。试想，一个对自己的母语没有兴趣、母语运用能力低下的人，如何能对自己的民族国家有感情，又何来的民族文化自信？所以，提高学生母语的阅读能力和写作能力，绝不仅仅是工具性的实用主义训练，更重要的是要培养大学生对母语的热爱，增进学生对民族传统文化的文化情感。

在经济社会发展的过程中，一些人会认为中国传统经典文学已经落后，他们认为中国传统经典文化已经无法适应现代经济社会发展的潮流，对于经济社会的发展是一种阻滞。这种认识忽视了文化的传承具有相对独立性，我们不能简单认为经济社会发展了，文化就可以顺着经济发展而得以自动优化。中华民族经历了五千多年，形成了独特的文化，在人群中形成了独特的文化氛围，在人们的头脑中已经深深地印下了中华文化的烙印，这是经济社会的发展取代不了的。①

众所周知，中国经典文学是我们中国人智慧和文明的结晶，蕴含着丰

---

① 参见上海交通大学官网人文学院"学者笔谈"栏目有关文章。

富的人文教育资源。大中学生阅读经典文学，能够从中获得民族文化的优良熏陶，从中感受优秀经典文学作品的无限魅力；能够不断提高自我的知识文化修养；能够在外来文化形态的强力冲击中静下心来，坚守心灵的净土，守着心中的文化信念；能够感受到中华文化给我们带来的精神陶冶的力量，使得我们在众多文化中找到自身的价值。大中学生阅读中国经典文学，能够获得中华民族精神的享受，如同在自己的心里注入一泓甘露，滋润着干涸的心灵。大中学生阅读经典文学，在思想的享受中培养了爱国热情，深刻地认识到中华民族强大的凝聚力和感受到中华文化特有的感染力。中国文学经典不只是代表了中华民族文学的成就，更是一座中华民族精神价值取向的丰碑，它以生动形象的情感表达方式感染读者，弘扬人性的真善美。它以自己独有的性质滋养人的思想情感，是大学生人生成长道路上的精神加油站。大中学生阅读中国经典文学，如同游览先哲们的思想圣地，使得自己的身心得以进一步的发展。并在对中国经典文学的深入探究中，进一步感受传统文化的巨大的精神力量，这对于促进中国新时期精神文明建设，提高国民素质起到积极作用；对于指导现代的文学创作，发展中国特色社会主义文学很有必要。大中学生阅读中国经典文学，可为学生提供一个广阔的历史视野空间，丰富自己的精神生活，理解中国的文化底蕴，帮助人们树立正确的世界观、人生观和价值观，健全人格，使得学生更深体会到中华文化的力量，使得他们尊重和爱护中华民族的优良传统，并使之名扬四海。

根据上面所举有关报刊的调查，88%的接受调查大学生认可自己在针对中国传统经典文学流失现象中扮演着重要角色。中国传统文化经典作为中华文化的瑰宝，在中国文史学界占据了举足轻重的地位。仅仅依靠大中学生的文学阅读来影响、号召整个社会重视中国传统文化传承，力量是非常单薄和有限的。尤其在今天这个文化多元化的时代背景里，大中学生一定要提高个人思想文化认识，广泛阅读中国经典文学作品，提升自身的文学修养。当然，国家要在政策上重视对中国传统文化的宣传，通过不断强化的行政手段和教育手段在人们的头脑中形成保护中国传统文化的意识，认识到中国传统文化在现代生活中不可缺少的重要性。通过持续不断的宣传教育让学生们看到，中国传统文化能够在经历人类历史数千年的风风雨雨后，依然屹立在当代社会，这足以体现其强大的文化生命力以及广泛的社会基础。它在一定程度上说明在当代社会依然需要优秀的传统经典文化，因为它们，我们国家才更有中国特色，因为它们，我们国家才有了文化繁荣富强的精神基础。它们不应该也没有理由在现代社会中逐渐消逝，我们更应该思考的是怎样运用中国传统文化中的思想，人生观、价值观、世界观来改变自身为人处世的方法，而不是选择抛弃中国几千年来形成的优秀的传统文化。这就是说，我们要通过阅读文化经典，积极思考怎样把我国特有的优秀文化融合到现代生活中来。建设中国特色社会主义现代化社会，需要拥有核心的中国特色社会主义现代化社会的文化体系，需要拥有始终激励着中华儿女奋勇向前的精神支柱，需要拥有指导中国保持向前发展的精神动力，而中国传统文化将会为我国建设成为现代化的国家提供强有力的精神支撑，激励一代又一代中华儿女为中华民族的伟大复兴而努力拼搏。

尊重阅读

如何才能提高学生的阅读兴趣和母语文化素质？学者们各有高见，有要求尊重历史文化的，也有强调当下文化特点的，在此我们无法一一列举，仅以现代国学大师钱穆当年在其《国史大纲》的序言为例，钱穆先生在他的《国史大纲》序言中明确要求，凡读《国史大纲》者，必先具下列诸信念。

一、当信任何一国之国民，尤其是自称知识在水平线以上之国民，对其本国已往历史，应该略有所知。（否则最多只算一有知识的人，不能算一有知识的国民。）

二、所谓对其本国已往历史略有所知者，尤必附随一种对其本国已往历史之温情与敬意。（则只算知道了一些外国史，不得云对本国史有知识。）

三、所谓对其本国已往历史有一种温情与敬意者，至少不会对其本国已往历史抱一种偏激的虚无主义。（即视本国已往历史为无一点有价值，亦无一处足以使彼满意。亦至少不会感到现在我们是站在已往历史最高之顶点，此乃一种浅薄狂妄的进化观。而将我们当身种种罪恶与弱点，一切诿卸于古人。此乃一种似是而非之文化自谴。）

四、当信每一国家必待其国民具备上列诸条件者比较渐多，其国家乃再有向前发展之希望。（否则其所改进，等于一个被征服国或次殖民地之改进，对其国家自身不发生关系。换言之，此种改进，无异是一种变相的文化征服，乃其文化自身之萎缩与消灭，并非其文化自身之转变与发皇。)①

　　钱穆先生虽然讲的是历史文化，但他一再强调一个人必须对本国的既往历史文化怀有敬畏之心，才有可能带着敬意阅读历史。如果一个国民对自己民族的以往历史无所了解，对历史所蕴含的民族文化与民族精神的文化传承性缺乏起码的文化尊重和价值认同，那他不仅会成为一个无文化之人，更可能会陷入民族虚无主义的精神迷茫之中，这样的人是不可能得以身心健康发展的。钱穆先生还指出，任何文化创新都需要建立在了解历史、了解传统的基础上："今人率言'革新'，然革新固当知旧。……唯藉过去乃可以认识现在，亦惟对现在有真实之认识，乃能对现在有真实之改进。"② 也就是说，只有了解了人类的过去，才能正确认识人类的现在，创造人类的未来。

　　从钱穆先生的历史文化意识角度反思我们今天，我们这个时代最缺什么：文化与经典。

　　文化是以天下为己任的学子们创造的。中国的文化先贤在思考人类社会带有普遍性问题的过程中，尝试并探讨解决这些人类社会问题的方法、途径，于是便有了哲学意义的"道"。"道"的提出，彰显出中华民族的知识分子独到的文化思考。把这些文化思考的结晶付诸文字记录下来，并据此构建起一个独特的文化知识体系，便成了中国的道家文化典籍。也就是说，经典是一个时代学者们智慧的结晶，是一个时代文化的思想高度。不同时代的文化经典，串联在一起，就像是连绵山脉的一个个高峰。一个民

---

① 钱穆：《国史大纲·序》，商务印书馆1996年第三版，第1页。
② 同上。

族、一个国家的文化历史就是由这些山峰连缀而成的。站在这样的认知立场上进行经典阅读，就如同和这些文化巨人一起站在文化思想的高峰上，用心和情感去抚摸文化巨人的脉络和灵魂。

所以，从历史文化的传播角度看，真正的文化经典并不多。譬如老庄道家文化，能被学者们接受的道家经典主要有四部：《周易》、《老子》、《庄子》、郭象《庄子注》（以后每个朝代都有一两部好的注释，然皆在这四部之下）。就史学经典而言，也不过七八部：《左传》《国语》《战国策》《史记》《汉书》《资治通鉴》《史通》等（在这些文化典籍之外的历史文献，大多是站在各自的文化立场对已有的文化经典进行重新阐释）。在这个意义上看，经典就是文化的精华，学习文化，就要学习经典。

还有中国的"儒家文化"，儒家学说为春秋时期孔丘所创，倡导人伦亲情、入世事功、修身养性、道德纲常，其中心思想是孝、悌、忠、信、礼、义、廉、耻，其核心是"仁"[①]。孟子则在孔子的"仁爱"思想基础上，提出了"仁者无敌"[②] 的主张。在孔孟身后，儒家学说经历代统治者的推崇，以及历代学者如董仲舒、韩愈、二程、朱熹、王阳明等人的发展和传承，使其对中国文化的发展起了决定性的作用，在中国文化的深层观念中，无不打着儒家思想的烙印。尊奉儒家文化者为数众多，但没有人敢公开标榜自己的论著能够超出阐述儒家之道的《论语》《孟子》，但这并不妨碍历代的儒家学者从一己的阅读体会中，对儒家经典文献做出独具个性的文化阐释。

儒家文化的核心是"仁"，这个字是会意字，从字形看是两个人，

---

① 孔子："克己复礼为仁"，《论语·颜渊》，李泽厚译注，中华书局 2015 年版，第 165 页。

② 《孟子·梁惠王上》："彼陷溺其民，王往而征之，夫谁与王敌？故曰：'仁者无敌。'" 万丽华、蓝旭译注，中华书局 2006 年版，第 1 页。

"仁"就是爱人。想到自己，同时要想到别人，这就叫"仁"。在思想上树立爱人类、爱他人的观念，亦即仁的观念。"己所不欲，勿施于人"，自己不愿意接受的，就不可以加诸别人，人同此心，心同此理，所以有"仁"有"义"。孔子人生理想的最高境界是仁，孔子一生行"仁"，但这不是个人处世的匹夫之仁或小恩小惠妇人之仁，而是治理有方为民造福的大仁大义，是"克己复礼，仁在其中"。

仁爱的思想在春秋时期已经出现，但是孔子之前人们只是泛泛而谈。弟子问什么是仁？孔子答曰："爱人。"爱人就是不仅仅爱自己身边的家族、亲属、尊长等，还要爱身边以外的别人。孔子敏锐地把握了时代的脉搏，赋予"仁"以深刻的含义，不遗余力地加以鼓吹，使它成为越来越受重视的极其重要的社会政治和伦理观念。

"仁"的另一个含义与人的自我修养有关。孔子在回答颜渊问仁时曾说："克己复礼为仁，一日克己复礼，天下归仁焉。为仁由己，而由人乎哉！"[1] 所谓克己，即约束自己，复礼即践行周礼。复礼的具体内容是什么呢？孔子说："非礼勿视，非礼勿听，非礼勿言，非礼勿动。"[2] 这就是说，约束自己，视听言动一依周礼便是仁。不过，应该指出的是"为仁"是一种"由己"的自觉行动，而不是"由人"的被迫行为。因此仁就是一种道德自觉。它不是出于对法律的惩处或舆论的非难等外在力量的恐惧，而是出于人格的觉悟。如果说仁的第一层意思（爱人）是按照礼的要求去做的话，仁的第二层意思（克己复礼）就是在于自己。因此仁就是人的自觉。

现代社会的到来，昭示人类进入了一个新的时期。如果说儒家文化把

---

① 《论语·颜渊》，李泽厚译注，中华书局2015年版，第165页。
② 同上。

人类从外在的自然状态中解放出来，回到了内在的精神世界；现代意识则是要把人类从内在的精神性中解放出来，确立人的主人地位。现代意识不是不要儒家文化，不是不要终极关怀，而是希望通过帮助人类树立自我意识，超越必然王国走向自由王国。当年，庄子与后学谈论儒家思想时，就曾借子贡之口做过这样的评语，"客曰：'孔氏者何治也？'子路未应，子贡对曰：'孔氏者，性服忠信，身行仁义，饰礼乐，选人伦，上以忠于世主，下以化于齐民。将以利天下。'"①

我们也可以借用钱穆先生的话：在当代社会，任何一国之国民，尤其是自称知识水平线以上之国民，对别国之历史文化，亦应略有所知，因为国际化的大环境决定了我们要培养的人应是有世界眼光、能吸取全人类文明优秀成果的人，不同国家的历史文化，既可以让学生具有理解、包容和尊重异质文化的宽阔胸怀，同时也为学生认识自己的文化传统提供全新的视角。这是大学生所应该具有的文化自觉，而文化自信则是建立在文化自觉基础之上的。

如何回到经典阅读？

许多被调查的学生反映文化经典难读。难在历史时期相隔、生活处境有别、人生境界不同，当然，不同时代的语言在一定意义上也是个问题。正因为难读，就需要有人加以引导，但放眼文化市场，对经典阐释好的今人书籍并不多。就中国经典特别是儒、释、道文化经典而言，要么就是从音韵、训诂入手，发掘字词意义的"古文经学"派，结果越训越繁，越训越碎，思想被埋于琐碎之中，能入不能出；要么就是重在阐释经典义理的"今文经学"派，因不从文字入手，只从个人和现实的需要着眼，六经注

---

① 《庄子·杂篇·渔父》，方勇译注，中华书局2010年版，第380页。

我，自说自话，往往与经典的本义相距较远。不过，阅读文化经典需要注意的问题，是用现代人的经验和需要理解文化经典，这在一定程度上往往跑调变味。正确的方法是回到文化经典，弄明白文化经典的本意后，再做现代性阐释。①

怎样才能回到文化经典呢？从宏观的文化历史层面看，回归基于经典阅读的人文教育，首先要直面我们所处的无法回避的大环境——全球化的冲击。全球化竞争对人的适应性要求更高，全球化时代，使得中国的教育、文化和大学都处在一种比较状态，有多种的参照系、多重的视角。经典阅读是强调回到人、回到理解和思考、回到人的自我陶冶意义上的教育，是从工业化到后工业化时代转换的需求。竞争需要、训练需要，是通过应对当下的挑战而反诸自身，重新发现和思考"人"的内在含义。这个全面竞争的时代，也对学生的内在素质和可适应性提出了更高的要求，而能够触及这种内在素质培养的教育，只能是人文基础教育，通过和古往今来的人类伟大心灵的交谈，我们才能在今天这个歧路丛生的世界获得一种基本的方向感和价值定位，有效应对历史挑战。

从微观的自我成才层面看，人需要加强对自身的思考，一个民族的历史，是靠文化经典传承的，一个缺乏文化经典滋润的灵魂，就像是干瘪的稻谷，无法传续自己的生命基因。泰戈尔把古代以来的各国文学称为我们人类为自己建立的世界，他认为人类用语言和思想、感情建立的文学世界，不仅可以扩大我们"人的世界"，还可以扩大我们自己的生命，让我们和世界产生无限可能的联系。而经典是先人的财富。以经典阅读为核心和基础的人文教育，关系到人们如何用传统的、长期积累和沉淀下来的语

---

① 参见上海交通大学官网人文学院"学者笔谈"栏目有关文章。

言、符号和价值体系表述和理解当下的矛盾。经典阅读则是承续传统、反思传统、把传统带入同当代生活的对话中去的最基本的路径，通过阅读与古今中外先哲先贤进行对话，从而让自己的精神达到一个新的高度。在如今这个电子娱乐横行的消费时代，在这个充斥着快餐文化的商业时代，潜下心来，安安静静地读几本好书，享受阅读的快乐，进而养成阅读的兴趣与习惯，能在阅读经典的过程中，找到自己安身立命的精神家园。

善于阅读

中国古代的文人学者，大多喜欢用言简意赅的描述语言来表达对事情（或问题）的看法，因而在著述时往往通过简洁的诗意表达来陈述自己的观点和看法，这种诗意性的叙述语言有别于西方逻辑严谨的叙述性语言，这样的语言陈述大致相当于今天所说的观念或观点，故称为"观"。例如，孔子说："好仁不好学，其蔽也愚；好知不好学，其蔽也荡；好信不好学，其蔽也贼；好直不好学，其蔽也绞；好疆不好学，其蔽也乱；好刚不好学，其蔽也狂。"[1] 在孔子看来，仁、知、信、直、勇、刚等这些道德情操的培养，每一样都是通过学习才能获得。由此可知，人的思想品行、聪明才智能养成，基本上来自人的读书和思考。孟子说："人皆知以食愈饥，莫知以学愈愚，故善材之幼者，必勤于学问以修其性。"[2] 他的意思是说，

---

① 《论语·阳货》，李泽厚译注，中华书局2015年版，第245页。
② （西汉）刘向，卢元骏注释：《说苑今注今译·建本》卷三，天津古籍出版社1987年版，第74页。

人的基本能力在小时候并非有很大差距，而造成人生巨大差别的原因是学习习惯不同。孔子嫡孙子思认为："学所以益才也，砺所以致仞也。吾尝幽处而深思，不若学之速；吾尝跂而望，不若登高之博见。"意思就是一个人与其整天将自己关在屋里苦苦思索，还不如利用片刻时间从书本中学到的知识多。他的爷爷孔子更是这样认为："可以与人终日而不倦者，其唯学乎。其身体不足观也，其勇力不足惮也，其先祖不足称也，其族姓不足道也，然而可以闻四方而昭于诸侯者，其唯学乎。"① 一个人想要获得他人的认可和尊重，不是靠身体健壮有力气，也不是靠祖上传下的名声，更不是靠自己一生下来就是皇亲国戚，只有具备过人的学识能力才会让人尊敬，汉代刘向曾说："唯学问可以广明德慧也"②，这是古代无数智者的经验之谈。

知道读书的道理还得会读书，每个人都要明白自己需要读什么样的书。一个人既要勤于读书，还要善于读书。有的人就是整天泡在书中，可就是怎么也读不懂、读不通、读不进，甚至越读越糊涂，这说明读书有得法与不得法的区别。从古人的读书事迹中，我们可以归纳出许多读书方法。

学习读书要从年轻做起，持之一生，要防懒惰，有恒心。古人说的好，"时过然后学，则勤劳而难成"③，意思是一旦错过最佳时机，以后再学，即使再努力刻苦，也很难有所作为，这是古人的读书心得体会。年轻学习，条件最好。往往懒惰，失去时机，再学，就会付出更大的努力。人

---

① 《孔子家语·观思第八》，王国轩、王秀梅译注，中华书局2014年版，第17页。

② （西汉）刘向，卢元骏注释：《说苑今注今译·建本》卷三，天津古籍出版社1987年版，第74页。

③ 《礼记·学记》，引自《礼记集解》，（清）孙希旦撰，沈啸寰、王星贤点校，中华书局1989年版，第956页。

"然莫能为者，偷慢懈惰，多暇日之故也。是以失本而无名"①。有条件读书却做不到，多是因为懒惰放松自我。"夫学者，崇名立身之本也，仪状齐等，而饰貌者好，质性同伦，而学者智"，"人才虽高，不务学问，不能至圣"②。据《吕氏春秋·傅志》记载："宁越，中牟之鄙人也，苦耒耕家之劳，谓其友曰：'何为而可以免其苦也？'其友曰：'莫如学。学三十岁则可以达矣。'宁越曰：'请以十五岁。人将休，吾将不敢休；人将卧，吾将不敢卧。'十五岁而周威公师之。"这段记载里说的是东周时期郑国有个叫宁越的人，农民出身，问人如何可跳农门，朋友说，没有比学习更好的办法，努力学习三十年，就可以做官发达了。宁越说，"请以十五岁。人将休，吾将不敢休；人将卧，吾将不敢卧"，他硬是挤出他人休息的时间努力学习，通过学习积累知识来改变自己的人生命运，终于在学习十五年后，"而周威公师之"，成为东周皇朝的一代帝师。当然，学习是人生的一部分，活到老，学到老，是人生学习的最高境界。史书记载，晋平公年已七十，对手下人说，"欲学恐已暮矣"，他想学习，但感觉自己年纪太大了，手下一个叫师旷的说，"何不秉烛乎？"要他点灯读书，平公说他不应戏耍君主，师旷回答说，"少而好学，如日出之阳，壮而好学，如日中之光，老而好学，如秉烛之明。孰与昧行乎？""平公曰'善'"。师旷的意思就是少年的时候喜欢学习，就像初升的太阳一样；中年的时候喜欢学习，就像正午的太阳一样；晚年的时候喜欢学习，就像点蜡烛一样明亮；点上蜡烛和暗中走路哪个好呢？也就是说，人老了仍能坚持学习，总要比不学习混日子"昧行"要好。

---

① （西汉）刘向，卢元骏注释：《说苑今注今译·建本》卷三，天津古籍出版社1987年版，第74页。

② 同上。

读书学习要专注。不能杂念太多。春秋时齐国的梁丘据与晏子同朝为官，某日感慨："吾至死不及夫子矣!"梁丘据是晏子的朋友，就对晏子叹息说，我一生也赶不上你了。晏子回答说，"婴闻之，为者常成。行者常至。婴非有异于人也，常为而不置，常行而不休者，故难及也"①。晏子的回答很明确，我听说，不停地做常常就能成功，不停地走常常就能走到。我没有与他人不同的地方，只是常做而不罢手，常走而不歇脚罢了，你怎么能说一辈子再努力也赶不上我呢!

人的一生确实是这样，你努力去做了，不一定能成功。但你如果不做，那肯定就不能成功。一个人只要有恒心、有行动，专心追求你的人生方向，总会有所成就。怕就怕一个人这也想做，那也想做，但就是从不认真去做，就像古人说的那样，"杂施而不逊，则坏乱而不治"②，也就是人的学习如果杂乱无章而不按学习规律读书，打乱了学习的条理性，就无药可治了。学习不能没有目标，不能没有重点也没有恒心。"通道之要，观始卒之端，览无外之境，远遥乎无方之内，徬徉乎尘埃之外，卓然独立，趋然绝世，此上圣之所游神也。"③ 人的一生，凡有所得，必有所失，名利地位，丰衣美食，各种物质诱惑无不让人心动。人能经得起诱惑，方能静心于所追求的学问，实现自己的人生理想。

读书要有良师益友。《礼记·学记》中有这样一句千古名言："独学而无友，则孤陋而寡闻。"意思是说，如果学习中缺乏学友之间的交流切磋，就必然会导致知识狭隘，见识短浅。古今中外善于读书治学并且成大器

① 《晏子春秋·内篇·杂下第六》，陈涛译注，中华书局2016年版，第247页。
② （西汉）刘向，卢元骏注释：《说苑今注今译·建本》卷三，天津古籍出版社1987年版，第74页。
③ 同上。

者，大多十分重视结交学友，并在讨论与交流中获益匪浅，道理就在于此。学习的过程，是需要老师和朋友的帮助的，"君子不羞学，不羞问。问讯者，知之本，念虑者，知之道也。此言贵因人知而加知之，不贵独用其知而知之"①。向人学习不羞耻，问人问题不羞耻，提问是获得知识的根本，凡事多思考才是正确的学习方法。这就是说，学习最可贵的就是因为学习过程中要明了书中的道理，不懂就问，这样才会更好地学习，没有他人的帮助，完全靠自己的理解而去获得知识的真谛几乎是不可能达到的目标，这是读书明理的基本规律。古人为此说过，"讯问者，智之本，思虑者，智之道也；中庸曰：好问近乎智，力行近乎仁，知耻近乎勇。亲贤学问，所以长德也；论交合友，所以相致也"②。智慧的养成，要靠求教和询问，获取智慧的方法，就是思考，亲近有学问的人并且向有学问的人学习知识，才能使自己的智慧有所增长。《诗经》说："如切如磋，如琢如磨"，学习贵在切磋，没有朋友，怎么切磋。亲近贤者学习，可以长德行。和朋友讨论学问，可以互相增进知识，说的就是这个意思。

读书贵在博览。古人曾说，"熟读唐诗三百首，不会做诗也会吟"③。意思就是"熟能生巧"，诗读多了，背熟了，即使自己不会写诗，也可以随口说出很多有名的美好诗句来。陆游是我国古代留存诗作至今最多的诗人。他诗作得多，书也读得多。他在《解嘲》写道："我生学语即耽书，万卷纵横眼欲枯。"在《题老学庵壁》中又说："万卷古今消永日，一窗昏晓送流年。"可见其读书之多、读书之勤。像陆游一样爱读书、勤读书的

---

① （西汉）刘向，卢元骏注释：《说苑今注今译·谈丛》卷十六，天津古籍出版社 1987 年版，第 523 页。

② 《礼记·学记》，引自《礼记集解》，（清）孙希旦撰，沈啸寰、王星贤点校，中华书局 1989 年版，第 956 页。

③ （清）孙洙：《唐诗三百首·序》，龙文凡注解，文化发展出版社 2011 年版，第 1 页。

古代文人还有很多。如北宋秦观"挥汗读书不已"（秦观《在岭外贬所》），清代袁枚"寒夜读书忘却眠"（袁枚《寒夜》），等等。

读书贵在回味。古代文人博览群书，并不是为了消遣打发时间。书对他们来说犹如精神伴侣，有些书读了，隔段时间回想起来，又重新翻开来读，又有新的体会，正如同苏轼所说的"旧书不厌百回读，熟读深思子自知"（苏轼《宋安淳秀才失解西归》）。文人书房里摆满了书，每一本书都是文人精神世界的一部分，生活在这些书中，文人有一种精神的归宿感，所有这些书对于文人来说，都像是知心朋友一样，文人可在不特定的时候翻开某本看看，正如明代的于谦在诗中所说的："书卷多情似故人，晨昏忧乐每相亲。"

读书的过程，就是和书里的思想情感进行交流的过程，在这个过程中，一旦和书的作者的思想感情发生了共鸣，就会感受到莫大的精神的愉悦，这就是读书之乐。早在东晋时期，就有诗人陶渊明对这种读书之乐作了鲜明的描述："好读书，不求甚解。每有会意，便欣然忘食。"① 需要指出的是，这里的"不求甚解"，不是说不要探究书里的内容，而是指先寻求自己当下正在思考的或渴求的内容，和自己当下正思索或渴求的内容无关的暂时不管它。这就是带着思考、带着精神的欲望去读书，一旦从书中找到答案或获得情感的共鸣，就会得到一种精神的满足。这样的读书，就是一种快乐的读书。北宋哲学家陆象山在一首诗中又对这样的读书作了论述："读书且戒在慌忙，涵泳工夫兴味长；未晓不妨权放过，切身须要急

---

① （东晋）陶渊明：《陶渊明集·五柳先生传》，逯钦立校注，中华书局1979年版，第307页。

思量。"① 这里的"未晓不妨权放过"相当于陶渊明所说的"不求甚解"，而"切身须要急思量"也正相当于陶渊明所说的"每有会意，便欣然忘食"了。

读书可以改变人的精神世界，书籍使文人生活在不同于世俗的精神世界中。沉浸于书的精神世界中的人，一旦与书籍疏远，离开书中的精神的照耀，就会感觉自己渐被世俗的尘埃所染，感觉自己从里到外不再是属于那种纯粹的精神的人了。宋代文人黄庭坚对此有过生动的描述："人不读书，则尘俗生其间，对镜则面目可憎，对人则语言无味。"② 而唐代著名书法家颜真卿的描述则和黄庭坚所写有异曲同工之妙，他说："三更灯火五更鸡，正是男儿读书时。黑发不知勤学早，白首方悔读书迟。"③ 意思就是说，如果少年不努力读书，人的精神被俗世侵染，到老了就会后悔光阴不等人，在年轻时白白浪费了读书的大好时光。

---

① （宋）陆九渊：《陆象山语录》，《象山先生全集》卷三十四，四部丛刊电子版，影印嘉靖刊本。

② （宋）黄庭坚：《苏轼文集》卷五，《苏轼轶文汇编·记黄鲁直语》，孔凡礼点校，中华书局1986年版，第2542页。

③ （唐）颜真卿：《劝学》，引自薛晴、常建新编著《中华美德古诗选读》，科学普及出版社2002年版，第152页。

附录

改变，从阅读开始①

（朱永新）

关于阅读，我有四句话，或者是四个观点，这也是我经常讲的。

第一个观点，一个人的精神发育史就是他的阅读史。我们经常说一个人躯体的发育跟精神的发育是完全截然不同的两条路线，躯体的发育更多的跟遗传基因有关，当然也跟人早期的饮食关系密切。那么阅读是什么呢？阅读跟躯体的发育没有太大的关系，但人精神的发育同样也需要"食物"，阅读实际上就是精神进食的过程。人的精神成长是和阅读紧密地联系在一起的，因为人的智慧和思想，是没有办法完全通过遗传从父母亲那里获得的，每一个个体都要重新开始阅读的过程，没有捷径好走。因此，没有阅读就永远不可能有人的心灵成长，不可能有人的精神发育。阅读当然不可能改变人生的长度，但是它可以改变人生的宽度和厚度。它不可能改变人生的物象，但是它可以改变人生的气象，阅读能够在我们超越世俗生活的层面上建立起精神世界。

我们曾经提出建设中华民族共同的精神家园，提出构建社会主义的核心价值体系，但是讲了这么多年，我们却一直没有寻找到最有效的方式。

---

① 朱永新：《改变，从阅读开始》，《我的阅读观·代序》，中国人民大学出版社 2012 年版，第 1 页。

倡导阅读也许是最佳切入口。

今天，我们的社会缺乏共同的语言，而缺乏共同语言，又怎么可能有共同的理想、共同的道德标准和共同的价值观呢？

共同的阅读，是能够形成我们这个民族共同语言和共同精神密码的关键，共同的阅读，是形成我们这个民族核心价值体系的唯一途径。

第二个观点，一个民族的精神境界取决于这个民族的阅读水平。阅读绝对不是一个简单的个体行为，我连续多年一直在呼吁设立国家阅读节，很多人觉得这是小题大做，阅读不就是个体的行为吗？一个人读不读书，跟民族、国家有什么关系？我认为，一个民族的竞争力实际上取决于它的精神力量，而它的精神力量不是取决于人口的数量，而是取决于人口的质量，人口的质量在很大程度上取决于它的阅读能力。国际阅读协会在总结了阅读对于人类的巨大影响以后，在一份报告里指出，阅读能力的高低直接影响一个国家和民族的未来。

我经常举犹太人的例子。我觉得犹太民族非常值得我们关注，以色列本土的犹太人大约不到600万人，全世界的犹太人加起来也才3000万人，跟我们中华民族的人数是无法相比的，我们的国土也比他们大得多，但犹太人对人类思想的贡献却让我们中华民族以及世界上其他很多民族感到汗颜。犹太民族是值得我们关注和研究的民族。看看这些伟大的名字——马克思、爱因斯坦、弗洛伊德、海涅、卓别林、毕加索、门德尔松、基辛格、斯皮尔伯格、玻尔、费米、罗斯柴尔德家族、摩根、洛克菲勒、巴菲特……在全美200名最有影响的名人中和100多名诺贝尔奖得主中，占美国总人口2%—3%的犹太人占了一半；在全美名牌大学教授中，犹太人占1/3；全美律师中，犹太人占1/4；美国的百万富翁中，犹太人占1/3；全美文学、戏剧、音乐的一流作家中，犹太人占60%……

一个民族获得这些杰出成就，靠的是什么？是智慧。而智慧的背后，是犹太人精神成长历程中对于书籍宗教般的情怀。犹太人嗜书如命，将阅读置于很高的地位：每4500个犹太人就拥有一个图书馆；在以色列，平均每6个人就订一份英文报纸；犹太人会在书上涂一层蜂蜜，让孩子一生下来就知道书是甜的，他们还喜欢将书放在枕边。近百年来，人类历史上出现了三位伟大的犹太人思想家。马克思的唯物史观彻底改变了人类对社会和历史的认识；爱因斯坦的相对论改变了人类对时间、物质、空间的认识；弗洛伊德的精神分析学说改变了人类对自我的认识。20世纪80年代，犹太人就有98个诺贝尔奖获得者，现在几乎每一年的诺贝尔获奖者里面都有犹太人血统。犹太人为什么那么强大？它的经济更不用说了，美国人讲，全世界的钱在我们美国人的口袋里，我们美国人的口袋在他们犹太人的脑袋里。最近有本很流行的书叫《货币战争》，这本书里讲到，目前在控制着整个欧洲经营的，包括美国发行货币的，不是美国，而是犹太人发行的美元，他们几乎控制着全世界的经济命脉。用经济、金融的观点来看，差不多全世界50%的银行由犹太人控制着。犹太人有个特点，就是阅读能力强，平均阅读量在全世界各个民族里面是最高的，每人每年平均阅读65种书。我们中国人每人每年平均阅读5本书，还包括教辅书、教科书。

人类那些最伟大的思想、最伟大的智慧，都在那些最伟大的图书之中。对人类的思想进化来说，从信息到知识，从知识到人类的理解，从人类的理解到人类的智慧是一个精神和智力逐步升级的过程，每一个人、每一个民族都在一步步往上爬行，汇总起来就构成历史以及我们当下所处时代的精神高度。一个时代要超越过去的时代，必须通过阅读构建起我们新的知识体系、智慧体系。不去和孔子、荀子、孟子、庄子他们的著作对话，就达不到先秦时期的思想高度。不去和文艺复兴时代那些大师们交流，就达不到文艺复兴时代的思想高度。对我们来说，每一个时代的人，都必须重新开始学习过程，这是人类的伟大之处，也是人类的可悲之处。当人类没有阅读生活的时候，就和其他的动物一样，因为人类有文字、有思想，才超越了其他的物种。

第三个观点，一个没有阅读的学校永远不可能有真正的教育。我经常讲，在我们躯体发育的过程中，最初的母乳很重要，然后开始自主进食，否则就会营养不良。精神发育也是如此，学校教育充其量就是母乳，让你拥有了最初的滋养，但只看教科书、教辅书的孩子，就会精神发育不良。如果用这个标准衡量，现在95%以上的孩子都是精神发育不良，他们除了教科书、教辅书，除了做试题，没有阅读。只有阅读的孩子才能拥有健康的精神发育过程。所以我说，没有阅读的教育，没有阅读的学习，是训练，不是教育。而且我一直认为，人的精神饥饿感只有在中小学阶段才能够形成。人的躯体是有饥饿感的，白天几个小时不吃饭躯体就会觉得饥饿。阅读也是一样，阅读是由精神的饥饿感来推动的，一天不读点东西，不和文字打交道就很难受，说不出来的难受，非得拿着一本书或者一本杂志才能宁静下来。

只有在学校教育阶段，才有机会培养一个人的精神饥饿感。有一次我在北京大学做讲演时说，大学可能是阅读的最后一个阵地。尽管有点亡羊补牢，但是我觉得它是最后一个站点，真正的阅读黄金时期是在中小学。只有有精神饥饿感的人，才会去阅读。我有一个朋友到英国去，看到乞丐在看书。乞丐也可能有阅读的需要，任何人无法阻止乞丐去阅读，他虽然物质生活贫穷，但是他照样可能有精神饥饿。培养这种精神饥饿感最敏感的时期是中小学阶段，养成一种阅读的兴趣、习惯。孩子们在最美丽、最美好、最伟大的图书的滋润下，获得了心灵的充实，获得了心灵永久的需要。当然并不是说其他阶段就不重要，可以从人生任何一个阶段开始培养精神饥饿感，但我们知道，就像学外语一样，我们经常说12岁以前是学语言最敏感的时期。

苏霍姆林斯基曾经讲过："一个学校可以什么都没有，只要有了为教师和学生的心灵成长而准备的图书，那就是教育，要无限地相信书籍的力量。"① 过去，我们讲学校的概念就是房子、设备、电脑房；实际上并不是这样，只有真正的阅读走进我们学校的生活，那才是学校，才是好的教育。

第四个观点，一个书香充盈的城市必然是个美丽的城市。城市的美丽当然要体现在它的外表、它的规划、它的建筑，但是真正美丽的城市，要靠这个城市人的品位和气质。人的品位气质靠什么？我认为最重要的是阅读。所以一个最优秀的城市，应该拥有大量最善于阅读的市民，有浓厚的读书之风。中国人不习惯送书，不习惯把书作为礼品。我觉得书应该成为中国人礼品生活很重要的一个组成部分，发现了一本好书就要和朋友一起分享。在西班牙，世界阅读日4月23日那天，巴塞罗那的妇女们赠送丈夫或者朋友一本书。这一天，全西班牙图书降价10%。

可能很多人知道"9·11"，但是不知道"9·11"的时候布什在为孩子们读《可爱的山羊》。接到报告后，布什说，别急，让我读完。伊丽莎白女王七十大寿的时候在做什么？她没有参加任何的文娱庆典，而是邀请几个小孩子到白金汉宫，为她读书，读名著。汪洋到重庆推荐一本书，叫《地球是平的》，很快这本书在重庆销售一空。我觉得领导、文化名人去推

---

① 朱永新：《新教育》，漓江出版社2009年版，第49页。

荐一些好的图书，还是起了很大的作用。

英国 1992 年做了一个很有意思的活动，叫图书起跑线计划，希望年轻的父母在孩子出生不久和孩子一起阅读。保健人员在孩子 7—9 个月的时候，会送父母一包礼品，其中有两本免费的图书，一本阅读指南，一本首都图书馆的邀请书，有 300 个家庭参与了这个活动。大约 10 年以后，英国伯明翰大学对这 300 个家庭进行跟踪研究，发现这些家庭的孩子在基本学历测验方面的成绩，明显优于其他的孩子。会阅读的孩子的智力发展、智慧成长甚至人格发展，都会好于其他的孩子。

那我们需要什么样的阅读？当然是有益身心的阅读、深阅读，有品质的阅读、自主的阅读、立体的阅读、优雅的阅读、生命价值选择的阅读，精读、慢读。纸质阅读和网络阅读完全不是一个概念，我们主张的阅读是以青少年为主体的、以大众阅读和纸质图书为主的阅读，它更是一种生命价值选择的阅读，是超越知识的心灵的回归和精神的重建。

今年，我再次提出建立国家阅读节，国际阅读日是 4 月 23 日，因为这一天是莎士比亚、西班牙塞万提斯的辞世纪念日，所以我想把孔子诞辰日作为中国的阅读节。阅读节不仅仅是一个形式的问题，也有仪式的意义，很多事情是需要一种姿态的，是需要一种心理的诉求的。拥有了我们自己的阅读节以后，就会有一种唤醒麻木灵魂的力量，那是一种催生和支撑的力量。

我觉得推荐读物是永远需要的，阅读指导是永远需要的。图书大厦里茫茫书海，我看到很多人根本就不知道怎么选书，只是听说什么书好他就去买什么书。现在很多书完全是炒作出来的，中国非常缺少负责任的书评家。美国有很多专职的以评论好书为业的职业评论家。我认为，我们应该建立起这样的制度，今后国家图书馆应该有专职的、独立的书评员。现在一些部门、机构推荐图书的时候还经常受到一些书报社利益关系的影响，这是非常不应该的，应该专门有人负责每年给全社会推荐最好的图书。

最后我想说的是，让阅读成为中国人日常的生活方式。我就希望有那么一天，我们在飞机、火车、地铁、公共汽车等公共场合，也能够看到我们的国人静静地拿着一本书在那里阅读。让阅读成为中国一道普通的美丽的风景线，而不是几个人碰到一起就搓麻将、打牌。

书香校园是构建书香社会最重要的基础，我们新教育的梦想是通过推进学校阅读去推动中国实现这样一个改造，我们的梦想就是从书香校园走向书香社会。新教育尽自己的一份心力，努力去做，尽管它是一个草根的民间教育实验，但在唤起阅读的方面，已经做了一些非常有意义的探索，也的确在这个过程中改变了一大批教师的行为方式，改变了一大批孩子的生活方式。

我想和大家做一些这样的分享，谢谢大家。

第二章　人与阅读

对意义的探究是人类自身生存的精神需要，万物之灵的人来到这个大千世界，便从此走进了一个具有无穷意义的世界。从小到大，一直到老，人一直都是在不断的学习和实践中，探索着大千世界与人之生的意义，同时也在不断地通过各种方式来表达自己对大千世界与人之生的意义的理解，文本就是其中的一种人类用来表达自己对世界与人生的意义理解的有效方式。而文本阅读，就是文本读者把文本意义从文学文本转换到自己的"理解世界"的一种精神活动。但在读者如何"理解"和怎样"理解"的问题上，中国学界历来存在不同看法。这里，我们将尝试对文本阅读应该如何"理解"进行必要的学理性探讨。

认识世界从人开始

法国人卢梭曾经这样说过："我觉得人类的各种知识中最有用而又最

不完备的，就是关于人的知识。"① 可以说，一部人类文明史，既是人类创造和改造世界的历史，也是人类自己不断认识了解自己的历史。人们之所以要不断地认识了解自己，是为了更好地确定自己在世界中的地位和所起到的作用，使自己的生存更加有益于人类世界的健康发展。因此，作为人类文明得以具体表现的一门人文知识，文学也是在自身的发展中不断地加深了对人的认识。文学是"人"学②，主要是用来表达人的思想情感、兴趣爱好、生活命运、理想追求的，自从人类有了文学的萌芽开始，表现人一直是文学的基本主题。如果说，通过不同的文学文本所表现出来的人存在着一些差别的话，其差别也主要是在如何表现人和表现人的什么这一焦点上。当我们沿着文学发展的历史轨迹，从过去的文学一直扫描到现在的文学，我们会在不无惊讶中发现，人类文明进步的程度越高，对人的本质认识就越困惑，分歧也越大。有关人的研究，从人的存在到人的社会性到人与自然关系再到人的神性崇拜和人的精神意识，对人的探求一步步由人与外部联系向人的本质深入。然而，对人的理解仍然远远不够，即使是到了今天，人类的科学技术已有了突飞迅猛的发展，对人类社会的理解已经有了足够多的理性认识，但是关于"人是什么"的话题，仍然是人们关注的一个焦点，并时常借助于文学的形式加以具体表现，法国当代作家布勒东在其成名小说《娜嘉》中的第一句话："我是谁?"因其深刻地表示出人对人的本质的困惑不解，在一夜间就变成文学的经典问话。而法国学者福柯的一声惊呼："人将被抹去，如同大海边沙地上的一张脸。"③ 福柯宣称

---

① ［法］卢梭：《论人类不平等的起源和基础》，李常山译，商务印书馆 1982 年版，第62 页。

② 参见钱谷融《论文学是人学》，《钱谷融研究丛书》，华东师范大学出版社 2008 年版。

③ ［法］米歇尔·福柯：《词与物——人文科学考古学》，莫伟民译，上海三联书店 2001 年版，第 506 页。

"人死了"和"人本主义的终结"，除了给世人的精神世界带来一场不亚于原子弹爆炸的震动之外，还明确表示出西方一些学者对社会科学技术的进步与人的生存产生诸种矛盾后，人被迫放弃自我，在无可奈何中不断丧失了自我选择的权力，最终被社会彻底异化的一种悲观的理性思考。同时，它也从另一方面，说明了人类对自己的思考一直就没有停止过，并且随着社会的发展变化增加了新的思考内容。

　　从历史角度看，人对自身的理性思考很早就已开始，西方著名的"斯芬克斯之谜"就已经十分生动传神地说明了当时的人们，对人与客观物体存在的整体性把握已经有了一定的理性认识，即人的成长过程是在不断变化中的，也就是人会从用四条腿走路变成两条腿走路再到三条腿走路，这其实已经很明确地告诉我们，人对自己的领悟性思考是从"变"中得来。到了古希腊的苏格拉底和中国的孔夫子时代，人类对人的认识已经有了哲学意义的自我意识概念，像苏格拉底就一再提示人们要"认识你自己"，孔夫子也通过不断地教育自己的门生，要"吾日三省吾身"①，以此来强调人类自我反省的必要性。这些文化先哲为什么要一而再地告诫人们认识自己呢？这是因为，认识自己的目的就是认识人的本质，也就是人之所以为人的那种本质意义。孔子为此还说过："君子务本，本立而道生。孝悌也者，其为人之本与。"② 这段话的意思是说，人明白了人作为人的本质意义后，就可以用它来建立规章制度，规范人们的公众行为。从苏格拉底和孔子的话语里，我们可以认识到，他们对人类的思考，已经很明确地把作为思考对象的人，区分为本质和非本质两个方面。

---

① 孔子，李泽厚译注：《论语·学而》，中华书局2015年版，第2页。
② 同上。

到了后来宗教神学的兴起，人类对人的思考又有了新的变化，尽管东西方宗教神学存在种种差异，但就其本质来说，都是试图借助神学的至高无上论来解说人的本质。像西方的基督教就强调上帝的本质是"仁慈的"，因而人应"扬善"而"抑恶"，而作为我国儒教的普及文本《三字经》，开篇第一句话就是"人之初，性本善"。这些人本观念的思考反映在文学活动上，就直接催生出了普罗米修斯、大禹、后羿式的为了民众的幸福，甘愿自己受苦的文学英雄。到了欧洲的文艺复兴时期，对人的尊重已摆在了头等重要的位置上，这种人本思想具体表现在文学活动上，则是"神"曾有过的至高无上地位，已被"人"所替代，对人的歌颂成了一切文学的主旋律，即使是米开朗基罗等艺术大师笔下的教堂壁画，其重彩描绘出来的宗教神圣里，也掩盖不住其中透露出来的浓浓的人性关爱和仁慈。

进入现代文明后，西方世界对人的本质把握，有了更加深入的理性认识，其中的弗洛伊德的"精神分析学说"的创建，可说是为人类了解自己打开了心灵的一个窗口，人类由此更加科学而理性地关注着人的心灵与精神存在状况。通过巴尔扎克、茨威格、马克·吐温等作家笔下的文学人物，我们对西方现代文明不断进步，却给人类心灵深处带来的孤独、空虚、焦虑和痛苦有了感同身受的深切了解，尼采则对之表示出彻底的失望。其一，人的生命失去了不朽性。没有了灵魂不死，人的死就成了无可挽救的死。其二，人的生命也失去了神圣性。上帝创造的那个目的论宇宙崩溃了，人不再是中心，而只是宇宙永恒生成变化过程中的偶然产物。总之，人的肉体和灵魂似乎都丧失了根本价值。正是有感于此，尼采喊出了惊世骇俗的一声："上帝死了！"并且宣告："一个时代正在来临，我们要为我们当了两千年之久的基督徒付出代价了：我们正在失去那使我们得以生存的重心，——一个时期内我们不知何去何从。"①

确实，资本主义在西方世界的出现，可说是人类历史上的一场重大社会大变革，它完全打破了人类社会出现等级制度以来形成的传统社会结构，从根本上改变了人的生存处境，也彻底改变了人们旧有的文化价值观念，迫使人们不得不重新思考自己的人生意义和生存价值。资本主义社会把个人从各种封建等级制度的束缚中解放了出来，似乎给每个人都带来了平等、自由和民主，但在整个社会激烈的竞争意识支配下，成功的欲望驱使着人们想尽办法超越竞争对手，每个人都在为了自己的利益和成功奋斗。于是，人与社会的关系紧张恶化，个人从封建社会的"家长式的专制及等级制中摆脱出来，却付出了放弃群体关系这个代价。人们的相互关系失去了道德义务感和情感特征，从而变得靠单一的经济利益来维持。所有的人际关系都基于物质基础"②。

面对这样一种社会现实，人们不能不重新认识资本主义社会的文化价值观念对人际关系造成的伤害，对"自由、平等、博爱"的社会观念产生怀疑，并在物欲横流、唯利是图的社会现实中观察到了人类本身的人格缺陷。站在文化哲理的角度上，一些学者不无悲伤地发现，给人类带来精神痛苦的现代文明环境，就是人自己创造的，人无法在创造物质文明的同时实现精神文明的终极障碍，其实就是人本身。这种理性认识反映在文学创作上，就出现了对"人"重新"定位"的种种具体表现，归纳起来大致有以下三种。

一种是把"人"看成是一条怯懦的"虫"。对人持这种观点的代表作

---

① 周国平：《尼采与形而上学》，新世界出版社 2008 年版，第 10 页。

② ［美］艾恺：《世界范围内的反现代化思潮——论文化守成主义》，贵州人民出版社 1991 年版，第 76 页。

家有陀思妥耶夫斯基、卡夫卡等，陀氏通过《罪与罚》中的拉斯柯尔尼科夫之口，不无悲愤地说出"人是虱子"，卡夫卡的《变形记》中的格里高里则是以人的外形昆虫化，展示出现代人的心灵被社会所异化后的孤独痛苦。这两位作家笔下的文学人物，一个已被异化成甲壳虫的外形，但还保存正常人的心灵；一个在外表上依然是人，但在内心世界有着不知何时被沦为虫的无穷恐惧。但在对人的本质认识上他们有一点是相同的，即他们都看到了一个金钱至上的社会必将导致人性的彻底丧失，因为在一个失去理性的社会里，人仅拥有人性，就只能任凭这个非理性的社会肆意宰割。了解到这一点，我们就有可能真正触摸到作家在创作时那颗因人性丧失而痛苦的心灵。

另一种是把"人"当成凶猛的"野兽"。持此看法的主要是20世纪五六十年代出现在欧美的"荒诞派"和"垮掉的一代"等，代表性作家作品有凯鲁亚克的《在路上》、萨特的《禁闭》等。如果说，卡夫卡等作家笔下人，在社会中只是一只毫无反抗能力、任人随意宰割的虫；那么，萨特等作家笔下的人，在社会中就是一只富于侵略性的猛兽。萨特在《禁闭》中通过剧中人加尔森说出："他人就是地狱"，这句话直截了当地说出每一个人与他人、与社会之间存在着水火不相容的对立关系。凯鲁亚克的《在路上》则集中表现了一群年轻的流浪汉，他们不愿意过着成家立业的正常人生活，整天在酗酒、吸毒、性刺激中寻求快感，尽情地亵渎着文明社会制定的一切规章制度，用疯狂和堕落来麻醉自己那颗空虚和痛苦的心灵。萨特在他晚年的一次谈话中这样说："我可以说明这个社会是不道德的，它不是为了人，而是为了利润而建立的，因此，就应该彻底改变它。"① 站在今天的角度看，萨特他们选择以个体放纵的方式去改变社会的性质，显然是矫枉过正了，但他们对资本社会的性质分析则是入木三分的。

还有一种就是不愿轻言放弃理想，"重新寻找上帝"的人。19 世纪的德国人尼采宣称"上帝已经死了"②，对现代西方社会和人生表示了彻底的失望。但是西方社会在 20 世纪 60 年代，借助于第三次技术革命的成功，开始步入"后现代"时代，许多以前在科幻小说里描写的东西，在科学技术的帮助下变成了现实，航天事业的迅速发展，帮助人类实现了登上太空的梦想；计算机技术正以令人不可思议的速度，全方位地占领人类的生活空间；核能源和太阳能的科学开发利用；生命科学中关于脱氧核糖核酸的发现，尤其是单体细胞的提炼和培育获得成功，人类复制自己已不再是痴人说梦。生活中的一切都在科学技术进步的推动下，令人不可思议地改变了，迫使人类不得不重新认识周围的意义世界。许多人终于发现，人类对人的了解（不论是人的情感或是人的精神追求还是人的创造能力等）其实远远不够，人需要重新寻找回人的一切，文学也需要在变化中重新认识人。法国作家贝克特在《等待戈多》里，就深刻地揭示了这样一个人生哲理：即人们只要拥有人生的希望，就有了生活的勇气。他的剧中人物一直都在企盼中等待着，"到明天一切都会好的"，因为"戈多明天准来"。可以说，人们在"等待戈多"中点燃了人生的美好希望，也恢复了对人类的

---

① ［法］萨特：《七十岁自画像》，沈志明、艾珉主编《萨特文集》，人民文学出版社 2005 年版，第 5 页。
② ［德］尼采：《查拉图斯特拉如是说》，《尼采全集》4 卷，杨恒达译，中国人民大学出版社 2011 年版，第 11 页。

信心，以致我们可以这样说，"旧的上帝"虽然已经死去，但是一个"全新的上帝"又在人们的心中诞生了。或许有些人被问及"心中的上帝"究竟是什么时，也会和《等待戈多》的作者面对"戈多是什么"的询问一样，显现出一脸的茫然无知，但这在某种文化意义上已经不太重要，重要的是人们已经耐心地等待，重新拥有了对生活的希望和信心。

当然，这些不同的西方作家各自所处的生活环境、文化观念、人生态度不同，导致他们对现代人的文化定位存在着极大的分歧，但这并不妨碍他们从各自的生活观察角度对人性做出深刻的文学揭示，同时也在作品人物的人性压抑或人性张扬中体现出对人的生存关怀，这也为我们从多层次、多角度深入了解现代人复杂的生活处境和矛盾心境，提供了多种选择和比较的机会。同时，它还从不同的文化层次启发我们，作为生命个体的人，如何在社会转型的时代巨变中寻找到可以安身的精神家园，其实就是人类亟待解决的首要问题。

在我国，真正开始用现代文明的眼光来审视文学与人的关系，起始于五四新文化运动。如果我们能以一种不带任何偏见和政治色彩的眼光，来回顾中国新文化运动，我们就会从内心深处真切感受到新文化运动的兴起，对后来的中国文学发展所产生的巨大影响，主要通过两个方面体现出来。这两个方面，借用胡适先生的话来归纳：一是"活的文学"，即通过对语言工具的除旧革新，也就是以平实如话的白话文来代替简约典雅的文言文，使之作为文学创作的工具和手段；二是"人的文学"，这个观点是周作人在《新青年》五卷第六号上发表的同名文章中提出来的，它被胡适先生誉为"新文学运动最平实伟大的宣言"。因为它表达了新文学运动要通过对人的价值发现，来建设以人为中心，重点反映以人性为主的文学目的。

　　应当指出，在中国这个从孔夫子开始就一直强调"文以载道"的文学主张（这个主张也被历代的封建统治者所认可），并因之形成了千百年来一直不变的特定文化语境里，提出"人的文学"观念，其本身所具有的革命性意义是带有根本性的。周作人还进一步把他的"人的文学"观点具体解释为"个人主义的人间本位主义"，即他认为文学的根本性质在于个人，也就是在具体的文学活动中，个人的情感历程、对人生的体验程度以及对人的灵魂的感悟观照，将在文学活动中占据着主导的地位。站在今天的角度看，这种艺术见解在今天的文学实践不断强化"个体的艺术个性"文化语境下不再觉得新鲜，但在当时却无疑是投向旧文学观念的一颗重磅炸弹，其产生的影响在当时是十分巨大的，因此，胡适对之给予很高的评价。

　　然而，五四新文学运动就已提出"人的文学"主张，但在后来的新中国文学研究中，并非一帆风顺地延续下来，而是在不断受到社会诸多非文学因素的影响和制约下，在一路的磕磕碰碰中摸索前行，有时还会走入歧途甚至是倒退，20 世纪 50 年代上海华东师范大学年轻教师钱谷融提出"文学是人学"观点时，尽管时光的物理轨迹已从周作人提出"人的文学"观点时向前滑行了一段距离，但对于钱谷融而言，该文学观点的提出所受到的压力和冲击，并不亚于新文学运动时期新旧两大文学阵地相互间的狂轰滥炸，并因此文学主张，在以后的政治运动中屡屡得到非正常的特殊关照。在一个政治决定一切的特殊文化语境里，一个纯文学观点的提出，因其无视政治所拥有的至高无上地位，由此产生的文学后果，只能是一面倒地对"文学是人学"观点的全面批判。一个合理的文学主张，无法在一个正常的学术氛围里深入地展开讨论，对文学的解读简化成了单一的阶级分析，也就是把文学研究等同于阶级的工具，人际间的阶级立场掩盖了人的个性和人的社会性共存的有机关系，钱谷融提出"文学是人学"，其着眼点和基本内容是把人的生活体验、人的审美感受、人对生命的独特领悟超越于意识形态之上，为此，他提倡的"文学是人学"观点，就是要用人与人的人性关系来取代人的阶级性关系，这在当时阶级斗争决定一切的文化氛围里，遭遇围攻和批判应是一种必然。当人们终于从阶级斗争的生活旋涡中解脱出来后，对人类的本质关怀，也就理所当然地成了文学的主要内容。新时期的文学，一开始就能够在社会上产生巨大的思想影响，就是它的情感指向都是从重新认识人开始的。当我们回过头来巡视新时期的"伤痕文学""反思文学"等时，无一不是强烈地表现出对人的生存关怀这一点，像刘心武的《班主任》、茹志鹃的《剪辑错了的故事》、张一弓的《犯人李铜钟的故事》、高晓声的《李顺大造屋》等，作家们都不约而同地把文学故事的生活面，放到新中国成立以来几十年的历次政治斗争给人的生存带来沉浮起伏动荡不安的背景下，在反思"政治"对"人性"的粗暴干涉中，表现出对真正意义上的人类关怀。也正是在这样的文化背景直接推动下，从1979年开始，我国学术界对人、人民性、人道主义以及人的异化等与人相关的有关问题，进行了一场前所未有的学术大讨论。在这场长达数年，但实际上并未结束的关于"人"的讨论中，人们终于通过学术争论，把作为世界观和历史观的"人道主义"和作为伦理原则和道德规范的"人道主义"区分开来，并对人性与人的阶级性等问题在理论上进行了广泛和较为深入的探讨。① 今天，我们回过头去观看这场争论，虽然在这场学术争论的后期，由于某些非学术因素的介入，这场学术争论最终无法在学术界对"人"的探讨达成共识，但它终于突破了我国在"人"的研究上的一些局限，打破了长期以来"人道主义"就是资产阶级思想的这种将阶

---

① 参见胡乔木《关于人道主义和异化问题》，人民出版社1984年版。

级观念强加给学术研究的思想束缚，并对今后关于"人"的研究冲破种种意识形态的枷锁奠定了理论基础。

不过，随着我国社会主义市场经济的逐步形成，对经济建设重要性的一再强调，在某种程度上，对人以及人的生存与价值观念，又产生了一定的认识偏差和影响。这种偏差具体表现在文学活动中，呈现出重视人的实用价值，强调人作为一种社会商品的文化符号意义。于是，人的生活意义，就被一些人片面地理解为对物质的占有，这种思想不可避免地对文学产生一定程度的负面影响。由于人的存在并不简单地表现为对生活被动地接受，人在被动接受时缺少一定的理性认识和判断能力，就会自动放弃思想的独立品格，使人沦落为物质的工具或奴隶，像中国当代作家朱元的《我爱美元》《生活无罪》等作品，尽管作者极力宣称这是 20 世纪末"现代人结束精神流浪的悲壮努力"，但其通篇表现出来的金钱至上、享受堕落的思想，即使再多包装上几层时髦的"世纪末情绪"华丽外衣，读者从中闻到的，也只有早在 19 世纪末就被批判现实主义评论家批臭了的陈腐不堪的东西。尽管如此，这些青年作者和策划出版的编辑对此并不以为然，他们认为，20 世纪 90 年代的中国社会，已是一个世俗化的社会，这个世俗化社会给小说所表现的那种"追求享受、玩世不恭"的文化思潮提供了滋长的土壤。他们还为此找到了西方的"后现代主义"理论，作为这股思潮的文化依据，早在 20 世纪 80 年代，美国的文化批评家弗雷索里克·杰姆逊就在一篇访谈录中告诉中国读者："后现代主义所推崇的恰恰是被斥为'低级'的一整套文化现象，如电视连续剧、《读者文摘》文化、广告模特、大众通俗文学以及谋杀故事、科学幻想等等。""商品化进入了建筑、艺术、文学甚至哲学领域。"① 这种文化现象对我国文学造成的消极影响是非常突出的，它迫使许多作家从往日宁静的书斋里走了出来，在市场竞争的残酷无情中，努力为自己的文学创作求得生存与发展。这其中，一些作家是靠提高作品的质量去获得社会的认可，另有一些作家则是靠标新立异达到目的。对此，智利著名诗人聂鲁达曾经有过非常生动的描述，他说："那些被一个残酷时代的商品环境逼得走投无路的作家，时常拿着自己的货物到市场上去竞争，在喧嚣的人群中放出自己的白鸽。残存于昏暗的傍晚和血红色黎明之间的那一丝垂死的光，使他们处于绝望之中，他们要用某种方式打破这令人窒息的寂静。'我是最优秀的'，他们喊道。'没有人能和我相比。'他们不停地发出这种痛苦的自我崇拜的喊声。"② 从中国的文坛现状看，确实不乏如此之类赤膊上阵、自吹自擂之徒：有的自认为是"中国文坛五百年来第一人"；有的公开标榜自己是"美女作家"；也有被称为"天才少年作家"的。但这些封号大都当不得真，因为"第一人"并没经过任何一家权威机构评选认定，所谓的"美女"也只是样子长得马马虎虎过得去罢了，而"天才少年"倒确实是少年，但离天才恐怕还有很长一段距离。这些花样说穿了都是在玩障眼法，是在文学之外下的功夫，目的是尽快把他（或她）写的东西推销出去，即把文学当作商品来操作。因而，他们在某种意义上确实是痛苦的，由于过分地陷入商业炒作的活动中，必然会带上一定的功利目的，也在一定程度上造成他们精神的颓废与思想的堕落，这就使他们不再拥有坚守文学理想的快乐。他们的呐

---

① 引自唐小兵《后现代主义：商品化和文化扩张——访杰姆逊教授》，《读者》1986 年第 3 期。

② 张炜：《怀疑与信赖》，载愚士选编《以笔为旗——世纪末文化批判》，湖南文艺出版社 1997 年版，第 213 页。

喝，主要是为了心里发虚的壮胆需要，而不是文学理想实现的由衷欢唱。

何以成人：知行知止

在一定意义上，21 世纪是一个物欲横流、观念不断更新的时代，是一个没有统一原则、立场混杂的文化主义时代，也是一个追求快意浏览、缺乏深度品味的阅读时代。各种文化观念争先恐后地寻找机会"乱哄哄，你方唱罢我登场"，在这样一个乱哄哄的文化时代，以往的审美阅读批评已无力对商业化的文学创作进行指导性的赏析评点，取而代之的文化批评又没有足够的耐心去细心品味文学文本，而是常常借助文学文本作为幌子来宣讲自己的文化主张，文化批评在开拓了文学阅读视野的同时，也把文学阅读带入了一个没有文学独立特性只有文化存在的大众阅读时代。

文化观念无法统一，人的审美价值观念就很难形成共识，由此必将对人的"存在价值"产生质疑。欧洲现代学者萨特认为人的"存在"分为两种：自在的存在和自为的存在。自在的存在是一个物体同其本身等同的存在。自为的存在同意识一起扩展，而意识的实质就在于它永远是自身。萨特认为，我们的思想超越自身，超越一切，因此人类的存在永远是自我超越，我们在存在中永远超越自我。因此，我们无法占有我们的存在，我们的存在永远在我们自身之外。也就是说，存在先于本质。① 从萨特的角度

① ［法］萨特：《存在与虚无》，陈宣良等译，生活·读书·新知三联书店 1987 年版，第 27 页。

看人的存在，人的存在独立于人的意识之外，一切的存在都是合理的，一切的生活事实都是文化存在，一切的文化存在都有它生存的理由。

其实，早在西方的存在主义哲学思潮之前，中西方的文化先贤就已对"人的存在和人的意识"关系进行过启迪性的领悟思考，像古希腊的苏格拉底就一再提示人们在纷繁的社会现象面前要保持清醒的头脑，因为人离不开社会，"人是社会的动物"，因为"从本质上讲，人是一种社会性动物；那些生来离群索居的个体，要么不值得我们关注，要么不是人类。社会从本质上看是先于个体而存在的。那些不能过公共生活，或者可以自给自足不需要过公共生活，因而不参与社会的，要么是兽类，要么是上帝"①；中国的孔夫子也通过不断地教育自己的门生，凡事必要反省自己，"吾日三省吾身"②，以此来强调人类自我反省的必要性。这些文化先哲为什么要一而再地告诫人们努力认识自己呢？这是因为，认识自己的目的就是认识人的本质，认识自己是为了更好地成人，也就是人之所以为人的本质意义。

第一是"知行"。中国古代的文化典籍《礼记·中庸》第十二章："君子之道，费而隐。夫妇之愚，可以与知焉。及其至也，虽圣人亦有所不知焉。夫妇之不肖，可以能行焉。及其至也，虽圣人亦有所不能焉。"这段话的意思是说普通男女虽然不贤明，也可以实行君子的道，但它的最高深境界，即便是圣人也有做不到的地方。汉郑玄注："言匹夫匹妇愚耳，亦可以其与有所知，可以其能有所行者，以其知行之极也。"③

---

① ［希腊］亚里士多德：《政治学》。转引自［美］艾略特·阿伦森《社会性动物·前言》，邢占军译，华东师范大学出版社 2007 年版。
② 孔子，李泽厚译注：《论语·学而》，中华书局 2015 年版，第 2 页。
③ （清）孙希旦：《礼记集解》，沈啸寰、王星贤点校，中华书局 1989 年版，第 2 页。

"知"的象形字"𢄖"《说文解字》解释：知，词也，从言从矢，本意是谈论打猎、行军的经验，后来代指知识或道德观念。庄子说："吾生也有涯，而知也无涯。"① 然后由知识形成"良知"即判断是非与善恶的能力，孔子曰："吾有知乎哉？无知也。"② "行"在甲骨文里的本意是"十字路口"，名词；到了《说文解字》时"行，人之步趋也。从彳从亍。凡行之属皆从行"，已从名词转为动词。因此，"行"的第一层面是动词，有行动即身体力行的意思，是实践论层面的；"行"的第二层面是名词，指人的德行即人的思想品格，是哲学层面的。

中国古代，"知""行"关系问题一般是分开叙述的，先秦诸子中，孔子认为求学之人可分为"生而知之者，上也；学而知之者，次也；困而学之，又其次也；困而不学，民斯为下矣"③。他明确区分了"学"与"知"，并将"学"看成是知识的来源，知识是"学"的结果。墨子把认识的来源归结为"闻之见之"，主张"口言之，身必行之"；孟子主张："人之所不学而能者，其良能也；所不虑而知者，其良知也。"④ 老子主张："不出户，知天下"⑤。

"知"与"行"并提，始见于《左传》和《尚书》。《左传·昭公十年》："非知之实难，将在行之。"《尚书·说命中》："说拜稽首曰：'非知之艰，行之惟艰。'"孔颖达解释为："言知之易，行之难。"⑥ 意思就是认识事情的道理较易，实行其事较难；明白认知事物的规律道理是一回事，

---

① 庄子：《庄子·养生主》，孙通海译注，中华书局 2016 年版，第 44 页。
② 李泽厚译注，《论语·子罕》，中华书局 2015 年版，第 117 页。
③ 李泽厚译注，《论语·季氏》，中华书局 2015 年版，第 235 页。
④ 孟子：《尽心·上》，万丽华、蓝旭译注，中华书局 2006 年版，第 287 页。
⑤ 老子：《道德经》第四十七章，（魏）王弼、楼宇烈译注，中华书局 2011 年版，第 273 页。
⑥ （唐）孔颖达：《尚书·说命中》，中华书局 1998 年版，第 8 页。

能够做到做好是另外一回事。荀子则明确提出"不闻不若闻知，闻之不若见之，见之不若知之，知之不若行之"。这些认识可说是达到了先秦哲学对知行关系认识的最高成就。两汉时，知行关系的讨论以董仲舒和王充二人的观点为代表，前者主张人"不学而自知"，即不学也知；后者认为"学之乃知，不问不知"，即有学才知。宋元明清时期，知行问题成为思想界争论的一个重点问题。程朱学派主张知先行后，强调知的作用；王守仁提出知行合一，否定了知与行的界限；王夫之认为行先知后，行可兼知，主张行优于知、行高于知。从先秦以降到清代，中国的学者对于知与行之间孰先孰后、孰轻孰重、孰难孰易，见解各有所不同，大致归类一下各家观点，关于知行关系的探讨，大概可以分为"先后""难易""合一"三大观点。

一是知行的先后关系，程（程颢、程颐）朱（朱熹）学派认为是"知先行后"，程颐说："君子之学，必先明诸心，知所养，然后力行以求至，所谓自明而诚也。"[①] 认为只要有了知，行是自然而然的。他举例说，譬如有人要去京师，必须知道出什么门，走什么路，否则便去不了。于是得出结论："须是识在所行之先"，"知了方行得"。朱熹继承和发展了这种观点，认为学问不外乎致知、力行两件事。他经常知行并提，强调两者不可偏废。但要究问知行先后，他则认可"当以致知为先"。明末清初的王夫之并不认同程朱理学关于知先行后的观点，他把"非知之艰，行之惟艰"的古老命题和孔子"先难后获"思想巧妙结合起来，"由行而行则知""由知而知所行"，进而"行可兼知，行高于知"，"且夫知也者，固

---

① （宋）程颐：《颜子所好何学论》，《二程文集》（江西巡抚采进本），商务印书馆 1937 年版，第 577—578 页。

以行为功者也。行也者，不以知为功者也"，得出"知非先，行非后，行有余力而求知"① 的结论。

二是知行的难易关系，《尚书·说命中》有"知之非艰，行之惟艰"的说法，即"知易行难"。但是，当代学者方克立先生研究认为："甲骨文和金文中都没有'知'字，只有'智'字。"因此《说命中》是伪《古文尚书》中的一篇。"在商朝以至西周时期，提出'知之非艰，行之惟艰'的命题是不可能的。"但"至迟不会晚于东晋"②，因为，《春秋左传·昭公十年传》有："非知之实难，将在行之。"这说明在春秋末期"知易行难"的思想已经提出来了。

该观点出自《春秋左传》中记载的一个故事：鲁昭公十年（前532），晋平公卒，各国诸侯都按传统礼节，派了大夫一级的使臣到晋国去参加葬礼。郑国大夫子皮"将以币行"，即打算在葬礼完毕后接着举行庆新君登基之礼，带着见新君的厚礼前往晋国。子产告诫他说："丧，焉用币？用币必百两（辆），百两必千人。千人至，将不行。不行，必尽用之。几千人而国不亡！"子皮不听劝诫，"固请以行"。结果正如子产所言，晋平公葬礼后，各国大夫因欲见新君的要求遭到婉拒，子皮一行目的没达到，钱也花完了，"尽用其币"而归。子皮从这件事得到了教训，他很有感慨地对子羽说："非知之实难，将在行之。"子皮的"非知之实难，将在行之"与《尚书》"非知之艰，行之惟艰"大体上是一个意思，都是讲的认识一件事情，懂得一个道理并不困难，真正把它付诸行动就比较困难了，关键在于"行之"。只有"行之"，知或不知、真知或伪知才得到了检验。

---

① （明）王夫之：《尚书引义·说命中》，《船山全书》第二册，岳麓书社2011年版，第312页。

② 方克立：《中国哲学史上的知行观》，人民出版社1997年版，第3—4页。

三是"知行合一"的观点。明武宗正德三年（1508），心学集大成者王阳明在贵阳文明书院讲学，首次提出"知行合一"说："知之真切笃实处，即是行；行之明觉精察处，即是知，知行工夫本不可离。"① 在王阳明看来，所谓"知行合一"，不是一般的认识和实践的关系，王阳明指出："知是行的主义，行是知的工夫，知是行之始，行是知之成。"② 强调了知与行的关系是理论和实践的关系，学有所得，就要努力践履所学，使所学最终有所落实，做到"知行合一"。他认为，"凡人"之所以不能"做圣"，主要就是由于"知"与"行"分家了，"行"离开"知"便是乱"行"，"知"离开"行"便不是"真知"。因此，他的主张实质在于把"知"和"行"结合起来，不能离开"行"而求"知"。

王阳明的"知行合一"思想，大致包括以下两层意思。

（1）知中有行，行中有知。王阳明认为"知行原是两个字，说一个工夫"。从道德教育上看，王阳明极力反对道德教育上的知行脱节及"知而不行"，突出地把一切道德归之于个体的自觉行动，这是有积极意义的。因为从道德教育上看，道德意识离不开道德行为，道德行为也离不开道德意识。二者互为表里，不可分离。知必然要表现为行，不行不能算真知。道德认识和道德意识必然表现为道德行为，如果不去行动，不能算是真知。

（2）以知为行，知决定行。王阳明说："知是行的主意，行是知的工夫；知是行之始，行是知之成。"意思是说，道德是人行为的指导思想，按照道德的要求去行动是达到"良知"的工夫。在道德指导下产生的意念活动是行为的开始，符合道德规范要求的行为是"良知"的完成。

---

① （明）王阳明：《传习录中·答顾东桥书》，吴光、钱明等编《王阳明全集》，上海古籍出版社2011年版，第39页。

② 同上。

知行关系究竟应该怎么理解？是先知而后行，还是行而再知，或者是知行合一？站在不同的文化认知立场，就会对这个问题得出不同于他人的结论。在王阳明看来，知不是行、行更不是知！两者没有先后，更不是你有我无的关系，而是这两者，根本就是一回事！其实问题的关键在于"一"才是知行合一观点的精髓。是针对程朱学派提出的"格物致知"的观点提出来的，知就是行，行就是知，只有"知行合一"才可穷天下事理。这是因为，"心即理也，天下事又有心外之事，心外之理乎？"①他认为天下事层出不穷，用朱熹的办法绝不可穷尽。王阳明的言下之意便是唯"知行合一"方可"平天下"。

王阳明的知行合一说主要针对朱学而发，程朱理学包括陆九渊都主张"知先行后"，将知行分为两截，认为必先了解知然后才能实行。王阳明提倡知行合一正是为了纠朱学之偏。他提出知行合一，一方面强调道德意识的自觉性，要求人在内在精神上下功夫；另一方面也重视道德的实践性，指出人要言行一致，表里一致。王阳明的知行合一说深化了道德意识的自觉性和实践性的关系，克服了朱熹提出的知先后行的弊病，他说："知是行的主意，行是知的功夫；知是行之始，行是知之成。只说一个知，已自有行在；只说一个行，已自有知在。"②知与行二者不能分离，也没有先后。"知行合一"的一个重要作用就在于防止人们的"一念之不善"，当人们在道德教育上刚要萌发"不善之念"的时候，就要将其扼杀于"萌芽"，避免让这种"不善之念"潜伏在人们的思想当中，从而解决人们的"心

---

① （明）王阳明：《传习录上》，吴光、钱明等编《王阳明全集》，上海古籍出版社2011年版，第2页。

② （明）王阳明：《传习录中·答顾东桥书》，吴光、钱明等编《王阳明全集》，上海古籍出版社2011年版，第39页。

病"，这才是他的"立言宗旨"。梁启超对此有过这样的评价："知行合一之教，便是明代第一位大师王阳明先生给我国学术史上留下最有名而且最有价值的一个口号。"①

在王阳明所处的年代，社会上道德败坏，世风日下，上至皇帝下至大臣们，为了争权夺利而纷争不断，明朝的统治面临着严重的危机。在教育上，也是腐败不堪，王阳明曾经指出：当时的文人不务正业，靠钻研一些"雕虫小技"来表现自己，相互倾轧、争夺名利，外表虽然衣冠楚楚，口头上还宣扬着自己要为恢复三代的儒学正统而奋斗，内心却如同禽兽一般。当时的学校教育，由于受到科举的影响，学生都用心于记诵八股文，追逐名利。教师所教的，学生所学的，都已经不是"明人伦"的教育内容了。因此，他提出了"知行合一"的主张，反对道德教育上"只知不行"或者"只行而不知"的人。他进一步提出，当时之所以会出现道德败坏的情况，除去当时的社会大环境之外，士大夫们所奉行的程朱理学"先知后行"的道德修养方法也是一个重要原因。由于把知、行分成两个部分，因此当产生不善之念的时候，虽然还没有实施这种不善之念，但是也无法禁止。简言之，只有百姓亲眼所见，并躬身而行才能治国；只教导他们理论则无效，这有悖"知行合一"的原理，有悖心性。

王阳明的知行合一说深化了道德意识的自觉性和实践性的关系，克服了朱熹提出的知先行后的弊病，但是同时也抹去了朱熹知行说中的知识论成分。王阳明的观点虽然有利于道德修养，但忽略了客观知识的学习，这就造就了以后的王学弟子任性废学的弊病，清初的思想家甚至把明亡的原

①　梁启超：《王阳明知行合一之教·引文》，载《梁启超全集》，北京出版社 1999 年版，第4895—4896 页。

因归于王学的弊端。中国古代哲学家据此认为，不仅要认识（"知"），尤其应当实践（"行"），只有把"知"和"行"统一起来，才能称得上"善"。

第二是"知止"。在"知止"的认知上，"知止"的"止"字的甲骨文是一只鸟歇在树枝上，是羽飞乃止的"止"，"止"字最初意义为根基，后来发展出停止、目标、依据等意思。儒家文化典籍《大学》开篇："大学之道，在明明德，在亲民，在止于至善。知止而后有定，定而后能静，静而后能安，安而后能虑，虑而后能得。物有本末，事有始终，知所先后，则近道矣。"① 知，通常指知识或道德观念，然后由此形成"良知"即判断是非与善恶的能力。也就是说，"知"的第一层面是"知道"，即掌握所学的知识和知道做人的道德准则；第二层面才是由"知道"形成自己内心的"良知"。南宋大儒朱熹对此有一段注："明德新民，皆当止于极好处。止之为言，未到此便住，不可谓止；到得此而不能守，亦不可言止。止者，止于是而不迁之意。"② 又曰："止者，所当止之地，即至善之所在也。知之，则志有定向。静，谓心不妄动。安，谓所处而安。"③ 朱熹注解的"止"，主要是一种境界，是一种做人所追求的至上的境界。在朱子看来，"止"的真正含义是"止于至善"，人们之所以不能止于至善，关键是因为对事理看得不真切，不知何者为至善所在。

但明代学者王阳明对朱熹的注解有不同看法，《传习录》里有记载他和学生的一段对话："爱问'知止而后有定'，朱子以为'事事物物皆有定

① 《礼记·大学》，引自（清）孙希旦撰《礼记集解》，沈啸寰、王星贤点校，中华书局1989年版，第1410页。
② （宋）朱熹：《大学》，《朱子语类》卷十四，（宋）黎靖德、王星贤点校，中华书局1985年版，第230页。
③ 同上。

理'，似与先生之说相戾。"先生曰："于事事物物上求至善，却是义外也，至善是心之本体，只是'明明德'到'至精至一'处便是，然亦未尝离却事物，本注所谓'尽夫天理之极，而无一毫人欲之私'者得之。"① 王阳明认可的"知止"，即"有悖道德之事应知而即止"，以"知止"为始，以有"得"为终。这句话是教育人们凡事要知足，要经常调整自己的心态，防止人性贪婪的弱点的迸发。

"知止"还有这样一层意思，指人生归宿或人生选择。1919 年，弘一法师（即李叔同）给好友夏丏尊写了一幅字："知止"。题款是："己未八月，书贻丏尊居士。大慈定慧弘一释演音。"对此字幅，弘一法师没做太多解释。当年，一代名士李叔同毅然放下人世浮名皈依佛家，佛事鼎盛的杭州灵隐寺，有幸接纳了弘一的剃度。但这一剃度，却引发了各界争议，弘一为什么弃荣华、妻子如弊履，盛年出家？对此，人们提出了破产说、遁世说、幻灭说、政界失意说，不一而足。可以说，促使他做出这个选择的原因当然很多，但他在给妻子（诚子）的诀别信中，提到了自己选择出家的主要原因："做这样的决定，非我寡情薄义，为了那更永远、更艰难的佛道历程，我必须放下一切。我放下了你，也放下了在世间累积的声名与财富。这些都是过眼云烟，不值得留恋的。"由此书信可以看出，李叔同选择皈依佛教，便是选择了自己的人生归宿。对他而言，"止"即"归宿"或"立场"。对佛教而言，"止"为梵文奢摩他的意译，又译"止寂""禅定"，指通过坐禅入定，扫除妄念，专心一境，达到寂静的境界。由此可知，他的"知止"，即对人生目标、归宿和自己的原则立场有明确了解。

---

① （明）王阳明：《传习录上》，吴光、钱明等编《王阳明全集》，上海古籍出版社 2011 年版，第 2 页。

在他看来，"知止"即对归宿有明确了解，就是志有定向，妄念不萌，外念不摇，以泰然的心情，在纷杂的尘世之中，求一颗安定之心。"能知所止，则方寸之间，事事物物皆有定理矣。"为了避免亲人朋友打扰，他的禅房上贴着四个字："虽存若殁"，将所有探访的脚步阻止在门外，以此绝情方式来传达自己的坚定信念。

由以上例子可以看出，在古人眼里，"止"是个多义词。除上述几种解释之外，墨子对"知止"的感悟是"知止，则日进无疆，反者，道之动。知足不辱，知止不殆"①。隋朝文中子（王通）在《止学》里说："大智知止，小智惟谋。"② 在这些中国文化先哲的文章里，"知止"就是知道停止、适可而止、适时而止，意思非常自然。一个"止"字，人们经世受用不尽，成了人生达到人格顶级的标尺。隋代的大儒王通将一个"止"字，演释成了一部大作叫《止学》，由"止"阐述做人的哲理，指出一个"止"字，关系着人生的成败荣辱，只有把握好"止"的尺度，知道该做什么和不应该做什么，才能更好地把握人生的方向。

人生活于其中的社会，充满了各种各样的诱惑，但只要谨守"知止"，就能以"有得"为终。就如同儒家文化典籍《大学》中所说的："为人君，止于仁；为人臣，止于忠；为人子，止于孝；为人父，止于慈；与国人教，止于信。"③ 同理，为圣人，当止于"明明德于天下"，是其所以"止于至善"者也。也就是说，"止"，是人性善与恶的警戒线，知止而退到线内，明哲保身：知而不止，滑出线外，则其祸无穷。"人生而有欲"，

---

① （隋）云中子：《止学诠解》，天津古籍出版社2018年版，第3页。

② 同上。

③ 《礼记·大学》，引自（清）孙希旦撰《礼记集解》，沈啸寰、王星贤点校，中华书局1989年版，第1410页。

有欲望而不知道遏止，连原来的欲望也会失去；有所得而不知道满足，连原来有的也会失去。人生一世，唯有领悟到"知止"的真谛，常思贪欲之害、常戒非分之想、常怀律己之心、常念法纪之威，方能避免权力失控和行为失范，真正做到事业有成、造福社会。

世界华人首富李嘉诚的办公室挂着一幅字："知止"。经营企业多年的他，深知"知止"两个字对一个企业而言是多么重要，在一次参加中国当代企业家学业典礼时，面对着中国当代的优秀企业家，他说："我从十二岁就开始投身社会，到二十二岁创业时就已经过了十年非常刻苦的日子，到今天我已工作六十多年了。在香港我看过有些人成功得容易，但是掉下去也非常快，是什么原因呢？'知止'是非常重要的。全世界很多企业之所以失败，最少一半都是因为贪婪。"① 为此，他还用"知利之止，知欲之止，为知人生之成局"来对"知止"做出解释，并把写有"知止"字幅高悬于办公室的醒目之处，用以警策自己，以此作为自己一生牢记的标尺。

事实也证明，李嘉诚的成功秘诀就在"知止"二字。他既是一个"知己之可行"的勇者，即他明确自己每一次行动的目的性和可靠性，知道在什么时候适可而止；同时，李嘉诚还是一个"止己之不能行"的智者，即他克制住自己带有危险性和毁坏声誉的每一种行为，只做有把握能做好的事情。

"知止"不同于知足。"知足"是由人的，人家给多少，你"虽不满意，但可接受"；"知足"是不贪，是对"已经得到满足后"的精神反刍。"知止"是不随，是"获取过程中"的主动放弃。知足是不妄不贪，"知

---

① 李嘉诚：《长江商学院 EMBA 毕业典礼上的讲话》，汕头大学官网，2004 年 6 月 28 日。

止"是克己不随。知足不易,"知止"更难。由此可知,"知止"比"知足"境界更高一层。老子的《道德经》曰:"知足不辱,知止不殆,可以长久。"① 清代学者周希陶的《增广贤文》云:"知足常足,终身不辱,知止常止,终身不耻。"② 意思是说生活平安莫贪求,在人性的道德与贪欲中克制自己的行为,知止才能安人,也才能自安。

人的意义与阅读意义

意义作为人类认识世界的一种思想产物,是人类社会实践的文化结晶,因为有了人的主体意识的参与,原本亘古不变的自然便成了"人化的自然"③,人的主体意识在改造"人化的自然"中,因其思想立意、文化品格等的不同,而有意义高下之分。一旦人失去了对意义的追求,人之生也就失去了生存的价值,其之生也就形同于行尸走肉。因此,人之所以为人,在很大程度上正是因为有了人生的意义。而这些人生的意义,也因为有了人的主体意识的积极介入,因而便有了常变常新的意义生命力,从而在一定程度上激发起人类对意义的不断探究精神。

对于人类与其他生物之间存在的这种对意义的不断探究精神差别,马

---

① 老子:《道德经》第四十四章,(魏)王弼、楼宇烈译注,中华书局 2011 年版,第256 页。

② (清)周希陶编:《增广贤文》,张丽丽主编《增广贤文 格言联璧》,北京教育出版社2015 年版,第30 页。

③ 马克思:《1844 年经济学哲学手稿》,中共中央马克思恩格斯列宁斯大林著作编译局《马克思恩格斯全集》第3 卷,人民出版社2002 年版,第53 页。

克思曾经说过："动物是和它的生命活动直接同一的"，而"人则把自己的生活活动本身变成自己的意志和意识的对象"①。这就是说，人类是在一定的文化范围内，按照自己的意志和意识去改造生活，并在改造生活的活动过程中创造出符合人的意志的意义世界。正是有了这种创造的意识作为动力，人类才会从洞穴群居到结草为庐再到搭木为屋进而建造出符合现代文明生活需要的现代大都市。而动物正是因为缺少了人的这种创造意识，过分地依赖于动物种性的遗传本能，因而它们只能一代代地重复着亘古不变的生存方式。也正是因为有了这种意识上的本质差别，人才能通过智慧，去对生活做出具有非凡艺术想象力的文化解释。关于这一点，原始社会的神话故事便是一个非常典型的意义范例，我们不妨以两个比较具有代表性的古代神话故事《女娲补天》和《大禹治水》做进一步的分析和说明。

《女娲补天》的故事核心指向，是与原始人类生活密切相关的"天灾"。自然灾害发生了，人们就会主动去思考这样的问题：天灾究竟是怎么回事？缺少现代气象科学知识的原始人类，自然就会认为可能是天上有了一个破洞，于是就希望有一个能上天的神来帮助人类补好这个洞。在这样的认识心理驱动下，就出现了像《女娲补天》这样的神话故事。《大禹治水》的故事核心指向，比之《女娲补天》，与原始人类的生活更加密切，它所说的其实就是发生在原始人类身边的"地祸"。古时的河水经常借风作浪，泛滥成灾，不仅淹没人类耕种庄稼的田地，还直接威胁到人类的安身之所，为了人类能够安居乐业，必须对洪水进行治理。于是，鲧和禹父子两代人勇敢地站了出来，担负起了带领民众治理洪水的历史重任。抛开

---

① 马克思：《1844 年经济学哲学手稿》，中共中央马克思恩格斯列宁斯大林著作编译局《马克思恩格斯全集》第 3 卷，人民出版社 2002 年版，第 53 页。

俩人治水方法的成败得失不论（故事中已有结论并已得到社会的广泛认可），其人物的半人半神身份，其由人化身为熊疏导水道的超凡能力，其中所包含的文化内涵，就值得我们深思，即原始人类迫于一定的生存压力，需要以自己的能力去改变恶劣的生存环境，当他们发现无法依靠自身的能力去实现改变生活的愿望时，就会以丰富的艺术想象力，让自己的生活愿望通过神话故事得到较为充分的实现，由此而构建起一个充满大胆想象的神话世界。鲁迅先生就此说过："昔者初民，见天地万物，变异不常，其诸现象，又出于人能力所能之上，则自造众说以解释之：凡所解释，今谓之神话。"[1] 所以，人类社会的早期，以神话故事为代表的文学创作，主要是用来解释各种自然和生活现象的，但在解释的过程中，虽然也表现出了一定的科学认知水平，但所彰显出来的，却是原始初民的超凡脱俗的想象能力。

从人类学的意义角度去解释原始神话故事，其本身主要包含着两层意义世界：第一层，主要表现为物质的意义世界，是原始初民对自身生活于其中的自然界的求知态度，它依赖于一定的物质条件而生存，人类社会之所以能够从混沌一步步走向澄明，在一定的文化意义上，人类对自然界的孜孜不倦求知态度，在其中成了生生不息的动力源泉；第二层，主要表现为精神的意义世界，是原始初民超越自身能力的精神，它虽然起因于一定的物质条件，但又在一定程度上超越物质条件，因而其实质并不在于如实记录人类征服自然的每一次行动，而是要借此表达人类征服自然的愿望和决心。从这样的认知角度去看原始神话故事，"神"的出现本身并不是用来与客观生活相验证的，而是用来表现人的主观愿望的，其实质就是代表

---

[1]　鲁迅：《神话与传说》，《中国小说史略》，人民文学出版社1982年版，第9页。

人类特意创建出来的一些特定文化符号所构成的精神象征。这就是说，神话故事的出现，是为了满足原始初民征服自然的愿望而创作出来的一些带有特殊意义的文化符号，而神的意义世界，其实也就是人类用一些特定文化符号所构成的意志世界，神的本质其实就是人类用来表现人的意志的一种特殊文化符号。对神话故事的这种本质把握，其实也就等于证明了这一点：作为文化形式之一的文学，其意义世界和人的意义世界本身是相通的。

如果把文学阅读的眼光，从原始神话扩展到文学的其他方面，也不难发现，文学的意义世界始终是和人的意义世界联系在一起的，比如诗歌，不管它是传统的抒情诗歌还是当代的象征诗歌，它们要么表现人的情感，要么表现人的某种特定的人生感悟。时代变迁的文化影响，不可避免地会对文学的表现手法带来一定的影响，文学的表现手法可以千变万化，但在表现人的情感或人生感悟上是始终不变的。这就是说，不管人类社会发展到什么生活阶段，文学的表现样式出现什么样的变化，文学的意义世界始终是和人的意义世界有机联系在一起的。

一旦文学与人的意义关系明确下来了，文学阅读的意义，也就变得简单明了。一方面，文学阅读的活动者是人，且长期以来，人一直在精神上主宰着自然，但对自己的了解并不十分清楚，以至于在科学昌明的 20 世纪，西方仍有学者在大声质问"我是谁"。人们需要从各个方面对人进行更加深入的了解，而文学的意义世界和人的意义世界本身是相通的，这就为人了解自己提供了一个有效的途径，因而，人阅读文学就等于解读人自己。另一方面，文学阅读的对象是文学，人之所以要对文学进行阅读，是因为人需要了解文学的意义世界，文学的意义世界不仅是物质的，也是精神的，更是文化的。由于文学的文本是人类用一些带有特殊含义的文化符号所构成的，是用来表现人的人生思考和人生感悟的，这些带有特定含义的文化符号构成了文学的意义世界，因而也就带上了一代代人的文化思考痕迹，对这些带有特殊含义的文化符号进行阅读，进而把握文学的意义世界，对了解人类改造物质的自然和人类在改造自然中的精神形成，以及人类的情感思维世界，都是十分必要的。

所以，阅读文学的意义其实就是阅读人的人生意义。这一点应该是没有什么歧义的，有歧义的是人如何去理解"人生"的意义。

文学阅读活动是伴随着人们的社会活动而出现的，据《汉书·艺文志序》记载："古者诸侯卿大夫，交接邻国，以微言相感，当揖让之时，必称诗以谕其志，盖以别贤不肖而观盛衰焉。"[①] 这段历史记载，说明了我国早在春秋时期，各诸侯国之间的礼尚往来，大多是以文学形式之一的诗作为开场白的，由此可见诗歌在当时的社会活动中，起到了非常重要的作用，是一种必不可少的社交文化礼仪。这种文化现象的形成，一方面，说明了诗在当时的社会生活中已经起到了一个不可缺少的沟通作用；另一方面，也在一定程度上揭示了当时的人们愿意通过诗的文学形式来表达自己的人生志向。人类社会活动的需要，促使诗歌适应社会的需要而成为人们生活中一个不可或缺的文化因素。同时，诗歌也是古人强调自身的道德品质修养所必须具备的几个主要条件之一。如孔子的《论语·泰伯》中提出："子曰：兴于诗，立于礼，成于乐。"《论语集解》中引包咸注解释说："兴，起也。言修身必先学诗。"孔子还在《论语·季氏》里教育儿子孔鲤说："不学诗，无以言。"他为什么要让儿子学诗？因为"诗可以兴，可以

---

① 《汉书·艺文志》，郭绍虞主编《中国文学批评史》，上海古籍出版社 1979 年版，第 30 页。

观，可以群，可以怨；迩之事父，远之事君；多识于鸟兽草木之名。"① 从这些言论中看出，孔子是认可诗与人的社会生活和道德品质修养之间存在着十分紧密的联系的，由此也构成了孔子"诗教"的文艺思想核心。这样，人们需要通过对诗的文学阅读去了解他人的人生志向，去弘扬人们的自身道德品质修养，这一人类社会需求，反过来又促使对诗歌的文学阅读，成为人类社会一种必要的文化活动。

也就是说，文学阅读活动是通过人与人之间的审美信息传达，来完成其文学的最终目的。俄国作家列夫·托尔斯泰曾经这样说过："文学活动是以下面这一事实为基础的：一个人用听觉和视觉接受他人所表达的感情的人，能够体验到那个表达自己感情的人所体验的同样的感情。艺术活动是建立在人们能够受到别人感情的感染这一基础上的。"② 在这里，托尔斯泰所强调的"感情"，并不是日常生活中人们的普通情感，而是文学活动中被审美化了的艺术情感。这种情感源自文学活动中的审美交流，并在审美情感的交流过程中对他人产生积极影响。托尔斯泰对此作了补充解释："艺术起源于一个人为了要把自己体验过的感情传达给他人，可是在自己心底重新唤起这种感情，并用某种外在的标志表达出来。"③ 如果我们把文学阅读的审美传达动力理解为作家内在的创作动因，那么托尔斯泰所说的"外在的标志"应该就是作家通过文学创作获得的审美结晶——文学文本，并由这个外在标志——文学文本从作家手中接受传达文学审美信息的艺术使命，进而促使文学活动的审美情感传达得以完满实现。

在科学文化极不发达的远古时代，人类尚未发明文字用以传达生活信

---

① 《论语·阳货》，李泽厚译注，中华书局2015年版，第245页。
② ［俄］托尔斯泰：《艺术论》，丰陈宝译，人民文学出版社1958年版，第46页。
③ 同上书，第48页。

息，文学活动中的审美信息传达，主要依靠口头传授和肢体动作模仿，因而表现出两大特点：一是文学创作者和文学接受者作为文学活动的共同参与者，并不像今天有着明确的文学分工；二是文学作品在传达过程中，可能因为接收者与传达者的理解不同而发生改变。这就是说，远古时期的文学作品，本身就不是固态的，不能被更改的。文学作品被创作出来后，在文学的审美传达过程中，被不断修改、补充。它们总是在文学活动的审美传达中，根据人们的社会生活经验的积累、科学知识的逐渐深入，而不断地被修改完善。从这样的认知角度去看文学活动的审美信息传达：它一方面由最早的文学创造者通过文学表演的形式，向文学活动的接收者传达人类体验世界的审美认知和文化知识；另一方面文学接收者也通过文学活动把自己的审美体验反馈给文学创造者，甚至直接结合自己的审美体验修改、完善文学作品，并将之传授给下一个接收者。也就是说，在人类早期的文学活动中，文学的接收者同时也是文学的传达者，他在接收文学的审美信息的同时，也会根据自己的理解再向他人传达文学的审美信息。

这样，人类早期的文学传达活动，就呈现出了这样一个明显特征：文学的审美传达，在一种直观互动的动态化交流方式中完成文学的审美认知目的。

随着社会生活的进步和发展，尤其是文字的出现和社会分工的日益具体，人类的文学阅读活动审美传达交流方式也发生了一定的变化，文学作品被一定的文字限制为固态化文学文本。特别是人类进入文明社会以后，由于社会分工的明确化和精细化，社会的各种因素得以渗透进文学内部，以往的"作者负责传达，读者负责接收"的文学阅读传达模式逐渐被"写作—审稿—印刷—出版—发行—阅读"的社会系统化文学阅读传达模式所替代。这就是说，随着文明社会的出现，人类的文学传达活动也发生了一定的变化，由早期作者与读者共同参与的直观互动方式，转变为作者通过社会系统化组织向读者传递文学信息的间接接收方式，文学阅读的审美信息传达活动，也因此呈现出一定的复杂性和多元性。

从文学阅读者的文学接受角度看，具有不同审美目的的文学阅读者，会对同样的一个文学阅读对象得出各自不同的文学阅读结论。就像鲁迅先生说过的那样："《红楼梦》，单是命题，便因读者眼光，而有种种：经学家看见《易》；道学家看见淫；革命家看见排满；才子佳人看见缠绵……"① 这种文学阅读现象产生的主要原因，是阅读者在文学审美认知时的文化背景、性格爱好、人生理想等方面存在着一定的文化差别，从而导致不同的文学阅读结论出现。西方现代派诗人艾略特就此指出："欣赏诗的读者不只是'一个'而是'无数个'，我以为批评理论常犯的错误之一，便是假想在一面只有'一个'作者，在另一面只有'一个'读者。"② 他的意思是说，文学文本一经问世，就会随着时间的不断延伸，催生出一批批新的读者来。也就是说，文学文本不会因为时间的延伸而发生新的变化，但浏览文学文本的具体读者里会经常出现新的身影，因为随着时间的不断向前推移，总会有新的读者加入文学阅读者的行列。这样，一批批带着不同审美目的的读者主动走进文学阅读者的行列里面，依据自己的审美理想和审美标准通过文学阅读活动与文学文本进行审美对话，进而做出符合自己美学标准的文学评价。

应该看到，不同的读者在参与文学阅读活动时，各自的文学审美标准

① 鲁迅：《集外集拾遗补编·〈绛花洞主〉·小引》，《鲁迅全集》第 8 卷，人民文学出版社 2005 年版，第 179 页。

② 引自叶维廉《中国诗学》，人民文学出版社 1995 年版，第 129 页。

和审美理想是存在一定差别的，有一部分文学阅读者在参与文学活动时，所持有的文学审美心态，主要是无明确目的的文学消遣审美心态，因而在文学阅读的审美传达认知过程中，他们大多抱着相当轻松的休闲心情，在选择文学审美对象时，这一类读者一般会主动选择那些娱乐性、趣味性、故事性较强的文学文本作为自己的文学阅读对象。

也有一部分文学阅读者，他们参与文学阅读活动的目的，主要是获取文化知识教育，用以提高自己的文学审美水平，以便在文学阅读的审美传达认知活动中，准确把握住文学阅读审美对象的艺术内涵。宋代名士沈括的《梦溪笔谈》就收录了一则欧阳修与姻家丞相吴育"善求古画真意"的生活故事。

欧阳公尝得一古画《牡丹图》，其下有一猫，未知其精粗。丞相正肃吴公与欧公姻家，一见曰："此正午牡丹也。""何以明之?""其花披哆而色燥，此日中时花也；猫眼黑睛如线，此正午猫眼也。有带露花，则房敛而色泽。猫眼早暮则睛圆，日渐中狭长，正午则如一线耳。"

丞相吴育依据古画中所画的花之颜色润燥和猫眼的变化等生活经验，判断古画的画意是正午牡丹。其结论因符合生活常识而令人信服。因而在文学阅读活动中，这一类读者大多选择文化知识性较强的文学文本作为文学阅读对象。

还有一部分文学阅读者参与文学阅读活动的目的，既不是休闲消遣，也不是获取文化知识教育，而是从中寻找到能寄托自己人生理想的文学审美对象，借此抒发自己的人生志向和人生追求，实现自己的文学阅读再创造能力。因而他们参与文学阅读活动的目的，并不仅仅是了解作者的文学创作动机，或是认识文学文本的审美内涵，而是要在准确把握文学审美对象的审美含义基础上，积极通过文学的审美想象和审美联想进行文学审美再创造，创造出属于自己的文学审美价值。例如，儒家先贤孔子，就从大雪纷飞中傲然挺立的松树和柏树那里品味出"岁寒知松柏之后凋"的人生哲理，宋代名士周敦颐也有"予独爱莲之出于淤泥而不染"的人生感言，《宋人轶事汇编》所辑《拊掌录》里，也收录有苏东坡的一则生活轶事：

东坡在玉堂，一日，读杜牧之《阿房宫赋》几数遍，每读彻一遍，即咨嗟叹息，至夜分犹不寝。有二老兵皆陕人，给事左右，坐久甚苦之。一人长叹操西音曰："知他有甚好处，夜久寒甚不肯睡。"连作冤苦声。其一曰："也有两句好。"其人大怒曰："你又理会得甚底？"对曰："我爱他道天下之人不敢言而敢怒。"叔党卧而闻之，明日以告。东坡大笑曰："这汉子也有鉴识。"

苏东坡对老兵的评价是真正发自内心的，苏东坡一生流离颠簸，追根溯源皆出自"言事获罪"，对此他可谓感受甚深。老兵的一句牢骚，其实是在无意中点破了苏东坡对现实生活的切身体会。

今天的我们，在选择文学阅读时所面对的问题在于，与持续保持高速发展的国民经济相比较，对文学的审美认知却越来越趋向分化，在后现代文化批评"消解深度""消解意义"的口号带动下，今天的文学已基本成为一块可以任人捏掐的橡皮泥，随便谁拿它掐成什么就是什么，无论是"戏说的历史"还是被"穿越的时空"，任何一位作家都可以根据自己对文学的理解加以个性表现，而不必顾及他人是如何理解文学的。就20世纪90年代以后的中国文学而言，作为一种事实存在的艺术表现，亦无力维持自己的独立审美品格，只能走向七嘴八舌各说各话的个性化文学立场。可以说，今天的中国文学，已不可能回到20世纪80年代那样，作家们在张扬自己的文学个性的同时，还相互拥有一个彼此关注的群体话语对象，比如寻根文学对民族历史文化的执着追寻；先锋文学对文学叙述形式的痴狂迷恋。

应当看到，任何一种文化思潮，都是一个特定时代的文化表现，伴随着我国改革开放以来的中国社会发生了一系列的重大变革，中国的文学研究也经历了三次大的文学转向：由新中国成立以来较长时间的"向外转"（主要是政治立场主导），到 20 世纪 80 年代前期的"向内转"（主要是文学的审美本质探讨），又到今天的"向外转"（与文学相关的民族、历史、政治、宗教、文化等）。与此相呼应的是，中国的文学思潮也从"现实主义"一下跳到"现代主义"然后跳到"后现代主义"，这种大幅度跳跃的文学研究现象，与中国的改革开放步步深入有着紧密的联系，中国的改革开放政策，需要大量的国外资金与先进的文化思想观念来推动，因而必须在最大限度上打开过往相对封闭的国门，中国与世界各国之间的经济、贸易、文化交流日趋活跃，来自西方的各种文化思潮，也得以在不同程度上对中国社会产生一定影响，对中国的文学研究也造成相当大的影响，在一定程度上迫使中国的文学研究从"让文学回到文学本身"的自我净化幻想中醒悟过来，明白了文学不可能独立生存于当今社会。不管我们愿不愿意承认，当今的文学，早已深陷到文化、宗教、政治、民族、生态环境等各种人文因素相互交织而成的社会网络之中，文学已不可能把自己封闭在纯粹的艺术象牙宝塔里面。只有正面错综复杂的社会关系，文学才有可能摆正自己的生活位置，才能尽快与世界文化思潮融为一体。这种认识在某种意义上，促使中国的文学研究与代表世界先进水平的西方文学研究基本上实现了同步。

进入 21 世纪的中国作家关于文学的意见分歧是非常明显的，在一个颠覆权威的文化时代，文学没有了权威也就没有了楷模，一切的文学经典和文学大师都在被文化重新解构，传统的社会价值观念和伦理道德观念也在质疑中不断被更改。同样，那些本身承载着传播文学精神的中国文学刊物，也在社会经济、文化转型的市场大潮中饱受冲击而苦苦寻求自己的生存之地。许多文学刊物的现在处境，与20世纪80年代曾经有过的辉煌岁月相比，简直就是繁华过后满目荒凉的现代版本"南柯一梦"。同时创刊于1979年的《当代》和《花城》这两家大型文学刊物，即是两个很有代表性的例子。如《当代》刊物，在20世纪80年代最辉煌的时候，发行量一度达到55万册，在一段较长的时间内，也能够维持在每期20万—30万册的发行量上。身处改革开放前沿的广州《花城》杂志，也曾有过自己的一段快乐时光，最高的一期发行量曾接近65万册，有时还因为所刊发的作家作品受到读者热捧一抢而空，不得不重新开机加印。那段日子可真是"读者关心、作家喜爱、刊物开怀"的美好时光。然而，时光进入90年代以后，由于改革开放的逐步深入，社会市场化、商品化大潮给人们的正常生活带来了巨大的冲击，文学刊物也身不由己地被卷进这个社会文化大潮里面，在迫不得已失去国家在财力和人力上的有力支撑后，孤独地走向自谋生路的生存之道。于是，文学刊物在"大众读物"和"市场化"体制改革的双重夹击下，曾经有过的辉煌早已一去不复返，文学对社会的影响力也一落千丈，《当代》和《花城》这两家大型文学刊物的发行量急剧下降，大多维持在一期两三万册的销售量，一些发行量无法达到每期一万册的"生死存亡线"的文学刊物（如《芙蓉》《莽原》等），被迫对办刊方针和宗旨进行调整和变革（即所谓的"改版"），有的干脆就终止办刊（如《昆仑》《漓江文学》等），关门卷铺盖走人。更要命的是，那些打着"大众文化"旗号的通俗读物，也借着改革开放的东风，以前所未有的文化活力闯入社会的文化消费地盘，并以从"文字到图像"的全方位展示手段，对读者的视觉和想象力带来种种让人眼花缭乱的诱惑。今天的文学，在全国各地的"文化搭台、经济唱戏"的各种社会活动中，经常只是出面扮演一种为"招商引资"穿针引线的"帮闲"角色，各种商业广告也因此得以堂而皇之登陆文学刊物的版面，迫使文学在"美文"的内容与"媚俗"广告夹页这两种不太和谐的文化夹缝中，彰显出为生存而扭曲的文学灵魂。

但是，令中国文坛伤感的更大问题还在于，虽然国内几个以现代中国作家名义设立的文学奖项还在一如既往地如期举行，但多年来对这些奖项所引起的种种非议，已经把这些奖项逼到了非常尴尬的处境，没有一个奖项能因为引领文学潮流或是审美眼光的深刻独到而引来人们由衷的敬意和赞赏，反倒有一些中国作家公开宣称不把获得国内奖项当一回事，甚至还因为此起彼伏的"贿选""拉票"等丑闻时不时被拉上新闻和网络的"曝光台"，让那些对文学依然怀有一份敬意的作家或读者那颗脆弱的文学心灵感到无比的疼痛。

这样的文学社会效应，受伤的并不仅仅是文学。

作为人类对人类自身的理性思考，主要体现在对人类的生存条件和精神追求的终极关怀上，其核心内涵即是"人类的幸福和我们自身的完美"①。然而，随着人类社会的科学技术的不断进步，人类的精神追求却日益复杂混浊，人的崇高使命感大有被人的个人化追求压倒的趋势，有的人不仅自身在堕落，而且以文学的方式在宣扬着堕落，并在一定程度上给文学带来一个选择的难题：文学是要向媚俗投降，还是要坚守理想。

长久以来，有一部分人的理性认识有一个误区，即要实现人类的幸福就是要最大限度地发展经济，由此获取满足人类生存和发展所必需的物质

---

① 《马克思恩格斯全集》第40卷，人民出版社1985年版，第7页。

财富。因此，对物质利益的渴望和追求一直是他们生活的内在驱动力，也是他们唯一的精神支柱。后现代主义文化思潮的出现，又在一定程度上满足了他们对文化理论的精神依赖，这也是近几年的中国文学越来越低俗化的一个重要因素，或说当今的人在现代生活中因为活得太累，所以需要寻找某种方式来让饱受压抑的情感得以宣泄散发，以此让失去平衡的人体内部机制得到有效调节，文学当然是其中一种可以选择并且看上去较为高雅的情感散发方式。

尤其严重的是，向来都是思想上坚守理性主义的坚定鼓吹者和捍卫者的知识分子，其内部阵营也出现了分化，由于市场经济到来的社会转型，人文类知识分子不可能在以经济建设为中心的社会中充当主要角色，他们的生活地位和文化地位因此产生了巨大落差，一股强烈的失落感像乌云般弥漫在这些知识分子的心头，北大学者陈平原面对着近几年北大中文系考生录取分数线连续下跌的现象，不无感慨地说："这一现象之所以值得注意，因其代表了当今中国人文学者的命运。政府和企业都愿意重奖'有突出贡献'的科技精英，经济学家和法律专家也日益得到社会各界的礼遇，惟有人文学者可有可无备受冷落。所谓'衣食足，知廉耻'；所谓'存在决定意识'、'经济基础决定上层建筑'；所谓'经济增长必带来体制变更'、'经济的自由必然带来政治的民主化'——穷怕了的中国人（从政府到民间），普遍相信只要经济发展，一切矛盾将迎刃而解。借用今夏北京流行的文化衫上的话：'有钱和没钱，感觉就是不一样！'冷落无法'来钱'的人文科学，对于这个以经济建设为中心的时代，几乎是天经地义的。"① 在中国当代作家贾平凹的《废都》里出现的庄之蝶之流，整日在喧

---

① 陈平原：《学者的人间情怀》，珠海出版社 1996 年版，第 102—103 页。

嚣的市井中随波逐流地放任自己，其实就是在通过这种话语方式诉说着他们的生活失落感。

在现实生活中，确实也不乏庄之蝶式的人文知识分子。他们有过往日的辉煌，曾经一些人在介绍他们时，称其为"学者"，并在前边加上"著名"或在后面加上"大师"。他们曾经熟视无睹地整日面对着鲜花和笑脸，到如今却门前冷落车马稀。社会转型造成的精神失落，让他们猝不及防，"传统知识分子以理性方式影响社会的情景，正由商业性的明星、歌星、影星、体育明星和政治活动家取代。由于人们对理性、真理、正义、价值、尊严感这些近代以来知识分子赖以存在的条件和基础的兴趣消逝，知识分子的社会地位正在被取代。知识分子存在的大本营——大学也不再是文化的基地，不再是思想性生活的园地，也受制于'消费性'社会和市场社会的一般原则：实用性，直接性，短期性。大学成为培训班，成为社会生产专业人才（商品）的工场。传统意义上'传道、授业、解惑'式的教育已经死亡。传统的名著和价值观念无人顾及和关注"①。

我们把文学阅读的眼光投向国外，投向那些被无数作家视为文学至高荣耀的诺贝尔文学奖获得者，美国著名作家福克纳在接受诺贝尔文学奖时说过："一切优秀的艺术作品都应该使人的心灵变得高尚，使他的勇气、荣誉感、希望、自尊心、同情心、怜悯心和自我牺牲精神……这些情操正是昔日人类的光荣——复活起来，帮助他挺立起来。"② 英国著名诗人艾略特在获奖致辞时也说过："我认为诺贝尔文学奖颁予诗人的时候，一定是确认诗具有超民族的意义存在。"③

---

① 李小兵：《市场经济与价值矛盾》，东方出版社 1996 年版，第 69 页。
② 诗刊社编《诺贝尔文学奖获得者诗选》，中国文联出版公司 1987 年版，第 103 页。
③ 同上书，第 72 页。

让我们打开流传已有几千年印迹的人类文明发展史，站在凝聚着人类几千年文明智慧的文学宝库面前，面对着孔子、孟子、老庄、李白、杜甫、苏轼、曹雪芹、荷马、莎士比亚、塞万提斯、泰戈尔、托尔斯泰等文学大师留给后人的文字墨宝，众多文学大师追求真理、追求生命价值所表现出来的那份执着坚韧、那种忠贞不渝，就像是一盏盏明灯引导着我们在求知的道路上远行。只要这个世界还需要理想，就需要阅读，因为阅读能帮助我们找到人生意义的正确方向。

人的精神追求终极目标

从推动人类社会进步的文化发展角度上看，明知不可为而为之的人类行为，例如"荆轲刺秦王"，倒是能为文学历史留下一些千古传诵的风流佳话，并能从"风萧萧兮易水寒，壮士一去兮不复还"的悲壮告别里品味到人的精神境界之壮美，明知此去无异于飞蛾扑火、鸡蛋碰石头，仍如此的从容淡定，义无反顾地潇洒前行，荆轲可谓"千古第一壮士"，但他即便能够完成燕太子丹交付的"刺杀秦王"任务，也不可能阻止天下统一的历史进程。无论是社会还是国家，满足人民的和平幸福生活都是首要任务，从这样的认知角度去看战国时期的群雄纷争，各路诸侯占据一方竖旗为王的混乱局面不结束，老百姓就不可能有幸福的和平生活，只有国家统一社会安定了，人民才会有好日子过。因而，荆轲这类历史人物的英雄壮举，提供给后人的更多是在文学的情感层面上的审美意义，而不是其个人行为中体现出来的历史进步层面上的理性认识。这就是说，符合文学审美要求的历史人物，他所追求的人生理想和思想言行，并不一定就能代表历史发展的进步方向，像《三国演义》中的曹操，他一生所追求的是民族和国家的统一，按道理说是应该正面肯定的英雄人物，但他在实现自己的人生追求目标过程中，所采取的一些手段和方法，如挟天子以令诸侯；宁教我负天下人，不教天下人负我；唯我独尊；等等。并不符合传统审美观念中的英雄豪杰为人处世必须正大光明的道德标准，因而在文学作品中成了一个被极力丑化的奸诈小人。这起码从一个文学作品的典型形象角度，向我们证明了文化的历史进步标准和文学的审美观念标准，有时是不相一致的。

不过，中国当代文学对文学认识作用的探讨，与西方现代文学研究的理性认识有一定区别，最起码在哲学思辨层面上是有区别的。现代西方的文学研究，从"形式主义"到"新批评"再到"结构主义"等专注于文学文本内部分析研究，然后突然转向从哲学思辨层面（如现代解释学、解构主义等）对文学的外部因素进行研究，并将之定位在"文化"这一独特研究视角上，其文化研究所表现出来的哲学思辨最终指向，是要达到对研究对象的理性把握。西方的文化批评学者为此明确告诉我们，"哲学是文化的意识，艺术则是文化的自我意识，两者之间构成互补机制，从而使文化有成效地发挥功用和得到发展。哲学给文化带来关于存在的普遍规律，关于呈现在该文化面前的整个世界的信息；而艺术则是文化从中照见自己，从中认识自己，并且只有在认识自己的同时，才能认识他所反映的世界"①。正是居于这样的认识，西方的文化批评研究学者，才能够大大方方

---

① ［俄］卡冈：《文化系统中的艺术》，陆梅林主编《美学、文艺学方法论》，文化艺术出版社1985年版，第367—368页。

地把文学放在文化或哲学的学术视野里进行分析，并从中赋予文学本身新的文化认识价值。中国当代文学缺少"大文化"的哲学观念，只有文学"情趣"以及相对应的文学"理趣"，因而，其文学研究的审美认知与现代西方文学研究的理性认知是有一定区别的。

但在 20 世纪 90 年代以后，随着当代中国的社会转型步伐加快，文学也受到社会转型的影响，越来越走向大众化和通俗化，文学创作着力表现的审美情趣，也呈现出背离文人墨客的审美品位向大众化的通俗趣味靠拢的发展趋向，曾几何时，我们才刚刚为"作家要学者化"（王蒙语）的呼吁欢欣鼓舞，但马上又被"我是流氓我怕谁"（王朔语）的大胆表白噎得目瞪口呆，文学立场的绝然对立，迫使文学批评无法再用单一的审美眼光去解读文学对象，文学身不由己地走进了文化时代。

在一定意义上，20 世纪 90 年代以后的中国文坛，是一个群雄并起、硝烟弥漫的文学竞放时代，也是一个没有原则、立场混杂的文学时代。在这样一个乱哄哄的文学时代，以往的审美文学批评已无力对商品化的文学创作进行指导性的赏析评点，取而代之的文化批评又没有足够的耐心去细心品味文学文本，而是常常借助文学文本作为幌子来宣讲自己的文化主张，文化批评在开拓了文学批评视野的同时，也把文学带入了一个没有文学独立特性只有文化存在的大众时代。

一切的存在都是合理的，一切的生活事实都是文化现象，一切的文化现象都有它生存的理由，20 世纪 90 年代以后的中国文坛，作为一种事实存在的艺术表现，亦无力维持自己的独立审美品格，只能走向七嘴八舌各说各话的个性化文化立场，文学已不可能回到 20 世纪 80 年代那样，彼此都拥有一个比较明确的群体话语对象，比如寻根文学对民族历史文化的执着追寻；先锋文学对文学叙述形式的痴狂迷恋。作家们在张扬文学个性的同时，各自拥有一个彼此关注的文学话题。如果我们用年代作为文学个性的分界线，不难看出那些20世纪80年代就已成名的作家如史铁生、张承志、韩少功等人，他们在90年代以后的文学创作，仍坚守在理想化的文学阵地里，而那些90年代以后才崭露头角的作家，如朱文、韩东、鲁羊等人，则把文学创作带进了平凡庸俗的大众生活。因而在文学实践上，明显表现出认同通俗品位和坚守审美情趣的两大文学创作趋势。

文学观念的差异必然导致文学主张的冲突，1996年5月6日，上海的《新民晚报》，发表了署名为简平的文学批评文章《你是流氓，谁怕你！》。在这篇3000字左右的文章里，作者态度鲜明地公开点名批判朱文的小说《我爱美元》，认为该小说"通篇写的是一个我，整天里想着把所遇见的任何一个女人（不论老少美丑）往床上搬，还帮着自己的父亲'找乐子'，满城满市的找妓女"，这样的文学作品"满是流氓腔的下流"，是"无耻的文字"，但它却能通过刊物编辑的审查公开出版，并且能得到文学评论家的"击掌欢呼"，"称这种'新状态'作家及其作品是人的自由状态在面临商业、政治、历史、文化多重压抑之下的一种抗争和解放"。作者简平因此指出："已有一段时间，我们似乎听不到文学批评界坦诚而正直的声音，对当下的文学创作，一些评论家不是自愿放弃自己的声音，就是加入不痛不痒、吹吹捧捧的媚俗的合唱，要不便不负责任、哗众取宠的为《我爱美元》这样的流氓文学摇旗呐喊，不客气地说，目前的文学批评与其说是不景气，倒不如说是自暴自弃。"

措辞如此尖锐的文学批评，立即遭到小说作者朱文以及他的同人的激烈反击，当年 6 月 22 日的《作家报》，同时发表了王干、韩东、鲁羊的三篇反驳文章，韩东的文章认为，简平的文章"已超出了文学讨论的正常范围，意在从朱文开刀，对当今文学界进行全面的道德声讨，由于涉及写作自由这样的前提性问题，我们不可以坐视不管，必须给以明确而有力的回击"。鲁羊则认为，简平的《你是流氓，谁怕你!》一文，"从题目到内容其实都是一篇粗俗的充满谩骂的非正式的指控书"，作者简平之流，"缺乏的是法律和道德的常识，依仗的是无知和恶毒，这样的人和这样的文章，竟公然蠢动在光天化日之下，这是我们大家的耻辱和不幸"。王干则把这次文学批评活动，看成是一次文学恐怖事件，认为"这一行径无疑是东京地铁'沙林事件'在中国文学界的一次重演"，"是对整个 90 年代文学新人的一次'南京大屠杀'"。

紧接着的 6 月 29 日，《作家报》又转发了王光东、周海波的文学批评长文《文学不能放弃个人的精神高度》，进一步对这一文学批评事件展开讨论。王光东、周海波在文章中提出，朱文、韩东、鲁羊都属于 20 世纪 90 年代在中国文坛崭露头角的"新状态"和"晚生代"小说作家，他们的文学创作"有一个共同特点，就是自觉地游离'群体'之外，以'边缘化'立场抒写自身的生活体验与个人隐私的内心世界，是陶醉于自我阅读和欲望舞蹈的私人写作，是'深度—象征'模式消解后的平面化书写方式"，他们的小说创作实践，"带来了小说创作的多种可能性，给读者以新的阅读感受；同时对传统小说的结构模式和以往小说的叙述方式是一次激烈的冲击"。但是，"理性的欠缺是这些晚生代作家所存在的问题，由此也带来了他们对个人精神高度的忽视"。他们对个人生存状况认同，并加以艺术性表现"消解了小说写作对现实的追问和批判……成为粗鄙化生活传播的同谋"，而"一个优秀的作家一旦没有了关心人类生存的博大人间情怀和超越世俗之上高蹈理性，那必然会使作品失去精神的高度和力度，而使作品呈现出浅陋、艺术品位降低的不良倾向"。

抛开以上引文里所用词汇的情绪化火药味不论，我们不难看出，以上几位所争论的问题焦点，主要还是文学要坚守审美品位，还是要走向通俗趣味的文学观念问题。这场争论，提出了一些值得我们认真思考的问题，那就是小说在放弃了曾经有过的摆出一副导师的面孔进行政治说教的角色以后，是否放任自流的情绪化叙述才是小说创作的正途？今天的小说作家还需要具备一定的社会责任心和正义感吗？……

对这些问题做出个人的回答，是很难让不同意见的人共同接受的，还是让我们回到作家那里寻找对这些问题的文学解答吧。

这次事件的主角朱文是这样表白自己的文学态度的，自己的写作"没有过去也没有将来，没有爱也没有恨，没有近处也没有远方"，文学创作所关心的主要是"人的即时性生存姿态"①。

另一位"晚生代"作家邱华栋，在回答别人对他们写作过分关注"个人化情感"以及经常使用的"反讽手法"时，是这样回答的："你们可以愤怒！可以站起来向我们吼叫，这才是我们要的喜剧效果……我们不是现代派，不是古典主义者，不是现实主义者。我们也不是浪漫主义者，更不是新历史主义者，甚至不是后现代。我们不想打动你

----

①　朱元：《我爱美元》，《傍晚光线下的一百二十个人物》，作家出版社1996年版，第38页。

们，我们不哭，不笑，我们只是说话。"①

与他们的文学主张相类似的一批女作家，则公开标榜用"身体"来写作，即使不看她们写作的文学作品内容，仅仅只看文学作品的标题，我们就不难品味到她在文学创作时的情感放纵现象，从卫慧的《水中的处女》到《床上的月亮》再到《欲望手枪》《像卫慧那样疯狂》，还有她的第一部长篇小说《上海宝贝》，卫慧在短短的几年里面，就以一种快速到位的强化方式，通过文学创作向读者的大脑里强行灌输进她的性开放"新女性主义"立场。我们姑且不论传统文化里的"贞女"道德观念，即使是改革开放的今天，许多女性在自己由女孩变成女人问题上，还是抱着相当慎重的态度，不会轻易委身于人。卫慧等女性作家以如此轻率的态度对待男女之性事，除了要表现自己与传统道德观念决裂的女性主义立场外，还隐含着借此大胆出位、一举成名的写作目的。

与卫慧持相同女性主义立场的林白，在通过文学创作表现男女之性事方面，比卫慧走得更远，在她的《一个人的战争》中，女主人公多米，从小就喜欢自慰，并对男女之性事充满了美妙的幻想，当她喜欢上一个男人，主动要献身于他时，在一种强烈的欲望驱动下，她憧憬着男女的鱼水之欢，会让自己的体验更富有刺激和快感。然而，当这一刻真正到来的时候，她所体验到的却是疼痛而不是快感。林白其实就是要通过这个故事，告诉所有女性，不要对男人抱有美妙幻想。

无论是林白还是卫慧，她们的性描写里面都表现出对个人欲望的极度渲染，性追求的本能满足，性活动的个人体验，这些描写都带有

---

① 邱华栋：《精神接力与叙事蜕变》，《小说评论》1998 年第 4 期。

强烈的女性主义倾向，以及她们的个人化立场。在她们个人化立场极力张扬的背后还隐藏着这样一个暗喻：女性不需要通过男人来获得肉体和精神的满足。这就是说，在她们看来，性是人的一生中需要得到满足的生理和精神需要，满足人的性欲渴望是人所无法回避的人生话题，也是重视、尊重人的本性的最基本体现。在一定意义上，中国的妇女解放，是从破除封建社会的伦理道德观念开始的，这在一定程度上帮助妇女获得了与男人同样的社会和政治地位，但女性主义者们仍不满足，她们仍幻想着在男女交往方面女性能拥有主导地位。这种愿望表现在林白和卫慧的笔下，就是男人和女人所发生的性关系中，女性要么起着主导的作用，要么没有男人的参与，女人也可以满足自己的性欲望。

当然，通过这样一个暗喻，她们更想要表达的另一个目的则是，女性在肉体上的满足不再需要男人的介入，在精神上女性也能够不依赖男人而生存。

于是，卫慧、林白等人就以这样的文学话语方式，通过文学的途径来实现女性主义者试图颠覆男权社会的人生目的。不过，采用这样一种情感放纵的话语方式来实现颠覆男权社会的目的，在很大程度上是要考验一个社会整体的伦理道德承受能力。

毕竟，在一个具有五千年文明历史的泱泱大国里，几千年的文化传统已固定形成了一套比较完善的社会伦理道德观念，在女性的美德方面，中华民族强调的是含蓄、内敛，尤其是在男女交往中，女性大多扮演的是一个被动者的角色。一个女孩子喜欢上一个男孩子，她只能在正常的社会生活交往中，通过种种暗示来启发、诱导男孩子来追求自己，这样才符合中华民族传统的女性美德，一旦谁超越了这个界限，社会就很难接受她的情感需求。很显然，卫慧、林白等女性作家并不想严格恪守中华民族传统的妇女美德，而是要以一种反叛的精神放荡方式，来向这种传统美德宣告决裂。

相对于这些20世纪90年代才在文坛上崭露头角的"新状态"作家，80年代就已成名的文坛老大哥，在文学写作态度上，大多表现出鲜明的理想主义色彩和社会责任感，如作家张承志，面对着今天鱼龙混杂、让人眼花缭乱的文学创作，就公开宣称"我没有兴趣为解释文学的字典加词条。用不着论来论去关于文学的多样性、通俗性、先锋性、善性与恶性、哲理性和裤裆性……我不愿忽视文化的低潮和堕落"，因而要"竖起我的得心应手的笔，让它变作中国文学的旗"，在中国文坛上发起一场"精神圣战"。①另一位作家韩少功，在谈到那些标榜"人性解放"意识的小说创作时，也不无伤感地指出，这些小说"可以一言以蔽之：乏味的偷情。因为偷情，所以大倡人性解放；因为乏味，所以怨天尤人满面悲容"。因而，"今天小说的难点是真情实感的问题，使小说能否重新获得灵魂的问题"。据此，韩少功肯定了作家张承志要"以笔为旗"在中国文坛发动一场"精神圣战"的呼吁，认为这个呼吁证明了张承志"已经有了赖以为文为人的高贵灵魂②。

因而，这些作家对法国当代学者福柯的那句："人死了"的名言感触甚深，他们是真切地从自身的生活处境中感受到了人活着但精神已经死了。"生存还是毁灭"这个困扰了哈姆雷特很久的问题，今天也同

---

① 张承志：《以笔为旗》，愚士选编《以笔为旗——世纪末文化批判》，湖南文艺出版社1997年版，第173页。

② 韩少功：《灵魂的声音》，愚士选编《以笔为旗——世纪末文化批判》，湖南文艺出版社1997年版，第225页。

样摆在了这些作家的面前，有的人因解不开这个"困惑之结"而选择了逃避，也有人选择了堕落，但是有更多的人则在困境中奋起，努力为"人"寻找回精神理想。于是，我们看到在福柯站立的那块文化土壤上，弗洛姆走出了书房，对着人们亲切地呼唤"人性"快点"回归"；赫勒也在对着苍天祈求"人"早日"回家"；海德格尔更是试图以一己的灵性之思为"人"寻找到一个可以"诗意栖居"的家园——①凡此种种都在说明，尽管有的学者已对"人"丧失了信心，但仍有更多的学者在企盼着"人"的重新"再生"。冥冥之中，耳边仿佛听到一个强大的声音穿透了千古的屏障，向着人们呼喊：人啊，努力去"认识你自己"。②

---

① 米歇尔·福柯，法国哲学家和"思想系统的历史学家"，提出了权力话语理论，被认为是一个后现代主义者和后结构主义者。艾瑞克·弗洛姆，美籍德国犹太人，人本主义哲学家和精神分析心理学家。毕生致力修改弗洛伊德的精神分析学说，以切合西方人在两次世界大战后的精神处境。阿格妮丝·赫勒，匈牙利布达佩斯学派最主要的代表人物，也是东欧新马克思主义的重要代表人物，被公认为该学派的发言人。马丁·海德格尔，德国哲学家，20世纪存在主义哲学的创始人和主要代表之一。毕生致力于对西方哲学史的批判，试图发展出一种对于人和世界的新的理解，提出"人诗意地栖居在大地上"。

② ［希腊］《太阳神阿波罗神殿上的箴言》，［德］黑格尔《美学》第二卷，朱光潜译，商务印书馆1982年版，第77页。

第三章　阅读目的

在人类历史上，以儒家文化为基础的中华文明是唯一没有中断过的古代文明。在过去2000多年时间里，儒家文化的发展道路虽然相当曲折和坎坷，但其强大的生命力始终渗透在人们的思想行为规范中。究其原因，儒家文化及其价值观已经成为中华民族精神的重要因素，那些关于做人、处世和立国的名言早已深入人心，并在潜移默化中传布到社会生活的各个角落。所以，就人的学习目的而言，我们也不妨从儒家文化经典开始，孔子的《论语》首章，子曰："学而时习之，不亦说乎。有朋自远方来，不亦乐乎。人不知而不愠，不亦君子乎!"[1]《论语》近两万言，用一个"学"字来挑头，可见"学"在孔子心目中的地位。孔子自己说过："吾十有五而志于学"[2]，在与鲁哀公评价自己最得意的弟子颜回时，也简明扼要地下了这样一个评语："好学"[3]，他也曾自称："十室之邑，必有忠信如丘者

---

①　李泽厚译注，《论语·学而》，中华书局2015年版，第1页。

②　李泽厚译注，《论语·为政》，中华书局2015年版，第13页。

③　李泽厚译注，《论语·雍也》，中华书局2015年版，第71页。

焉，不如丘之好学也。"① 由此可见，"学"应是《论语》的基本核心观念。然而，孔子的"学"具体含义到底是什么，学什么，怎么学，这是值得后来者深究的问题。

可以说，每个人在参与文本阅读活动时，都抱有一定的阅读目的，因为人生活于其中的大千世界，气象万千变幻莫测，尽管科学技术的迅猛发展，帮助人类破解了许多前人无法解答的问题，但仍然有许多自然界和人类的奥秘在等待着人类去破解。文本阅读作为人类精神活动的一个有效组成部分，它所面对的生活现象也是丰富多彩的，为此在文本阅读时，必须有针对性地选择自己的文本阅读对象。但在进行选择之前，他首先要弄明白这一点，自己是为什么而学。因为在具体的文本阅读活动中，虽然阅读活动是从个体的人开始的，但它也与人所生存的社会环境、学习动机、文化传统、人生信念等因素存在着一定的联系，这些因素都会在一定程度上介入个体的读者的文本阅读活动中，影响文本阅读者的审美选择能力和判断能力，在这些能够影响人的文本阅读因素中，人的学习目的是最基本的：即人究竟是为了什么而学。

关于人的读书目的是"为己之学"或是"为人之学"（即人是为了自己而学还是为了他人而学），古今中外的学者看法不尽相同，较有代表性的，主要有中国的传统儒学和西方的现代解释学两个不同的"为学"认知观点。

---

① 李泽厚译注，《论语·公冶长》，中华书局 2015 年版，第 53 页。

孔子："为己之学"与"为人之学"

儒家先贤孔子在谈到人的学习目的时这样说过："古之学者为己，今之学者为人"①，孔子以"为己"还是"为人"作为学习的选择目的，除去"古""今"内涵因时代不同而有所不同之外，人的为学之道，的确有"为己"和"为人"之别。如果我们把孔子这句话联系到他所提倡的"克己复礼"复古思想，不难理解孔子所赞赏的当然是"为己"而学的古人。孔子所谓的"为己"，虽然指的是"自我"，但这个"为己"究竟是为了自己之私利，还是为了实现自己作为一个人的生命价值？要真正认识这一点，就需要在以孔子为代表的儒家"为学"认知基础上，深刻理解孔子倡导的"为学"所包含的道德品格和人生意义。

第一，从以孔子为代表的中国传统儒学认知角度看，人在学习过程中能得到乐趣：当疑问得到解答，自身得到进步，这些都可令人兴奋、愉快，所以孔子才会说："学而时习之，不亦说乎?"所以孔子才会求学时"发愤忘食，乐以忘忧，不知老之将至"②。但在人为了什么而学这一点上，每个人的出发点是不一样的，孔子在分析人学习的目的时，鉴于当时的社会学习氛围充斥着浓郁的功利主义思想，他指出："古之学者为己，今之学者为人。"这里的"古"应当是孔子推崇的周公旦时期的周朝，"今"

---

① 李泽厚译注，《论语·宪问》，中华书局2015年版，第195页。
② 李泽厚译注，《论语·述而》，中华书局2015年版，第87页。

则是孔子所属的春秋时代；"为己"的"己"是指自己即"自我"，因而"为己"可以解释为"自我发展""自我完善"或"自我实现人生价值"。"为己"是孔子倡导的学习目的，"为己"强调自我但不是为一己之私利，是说人的品格修养即是目的。"为人"就是"迎合他人的需要"或"按照他人的需要"而学习。综合起来理解，"为己"是注重个人的知识积累和品格修养，以自我完善为目的；"为人"是欲凭借个人才学求名利于世，以个人所学见知于他人为目的。由此看来，孔子对"为己"之学和"为人"之学是持不同看法的。

从我国历史文化典籍中可以看到，孔子对人的学习目的这一评判，是历代文人的一个重要话题，经常被不同的学者在各种场合引用，影响甚广。如《太平御览》引墨子《新序》曰："齐王问于墨子曰：古之学者为己，今之学者为人。何如？对曰：古之学者得一善言以附其身，今之学者得一善言以悦人。小人自炫其学，欲以学见之于人。"墨子的意思就是小人之学，学习的动机是他们想拥有向别人显耀的资本，出于自我夸耀的目的，知识被人为改变成一种装饰品，学习是为了取信于人、取悦于人，并没有内化为个人修养；而有知识的人之所以被尊重，则是不仅学习这些文化知识，还要付诸实践，即是知为善，行为信。也就是说，学习完全是为了个人的品德修养，这才是学习应有的正确态度。

朱熹则在《四书集注》中引程颐的解释："为己，欲得之于己也。为人，欲见知于人也。"[1] 认同"古之学者为己，其终至于成物；今之学者为人，其终至于丧己"[2]（"为己成物"指自身完善并有所成就，"为人丧己"

---

[1] （宋）朱熹：《四书集注》，岳麓书社 1985 年影印本，第 89 页。

[2] 同上。

则是指为了个人出名而丧失自己本性）。但朱熹的诤友、与他在学术上有过多次切磋争论的张栻对"为己成物"和"为人丧己"说有不同看法："学以成己也；所谓成物者，特成己之推而已。故古之学者为己而已，己立而为人之道固亦在其中矣。若存为人之心，则是徇于外而遗其本矣。本既不立，无以成身，而又将何以及人乎？"[①] 张栻所强调的是学者应该以追求自我完善为根本，专注于修身养性，外在的事业只是其内在德行的自然推衍与外在显现而已，不能舍己立、己达的"本"逐立人、达人之"末"。由此可见，张栻对"为人"的理解与朱子有所不同。"己立而为人之道固亦在其中矣"的说法并没有将"为人"作为完全排斥的对象，只是强调"为己"的根本地位，认为能够为己就能达到"己立"，则"为人"之道自然在其中。朱熹对张栻这一解释颇为不满，在与张栻的信中指责张栻此说为"错解"。他认为："此'为人'，非成物之谓。伊川以'求知于人'解之，意可见矣。"[②]

从朱熹对孔子为学目的的解释中，说明"为己之学"包括两个部分：一是"成己"，就是充实和完善自己，也就是道德品格的自我修炼，实现人的内在本质"自我形成"；二是"成物"，是通过学习获得的文化信息将之转化成个人的智慧，实现人的内在本质"自我超越"。所以"学习"应该重视对人的"品德"自我修炼，最终实现自我超越，这是"为己"的真正目的。相反，"为人"只是关注外在因素的学习，而且是有选择性的，为迎合当前需要而进行的学习，因其过分关注外在因素最终是"丧己"，

---

① （宋）张栻：《论语解·宪问》卷七，《张栻集》，岳麓书社 2010 年版，第 121 页。"成己""成物"说出于《礼记·中庸》："诚者，非自成己而已也，所以成物也。成己，仁也；成物，知也。性之德也，合内外之道也。"意指自身德行充盈，而后事天济众，成就他人。

② （宋）朱熹：《张敬夫》，《朱子语类》卷一百三，（宋）黎靖德、王星贤点校，中华书局 1985 年版，第 2344 页。

就是失去了人的自我，也就是失去了自己的文化个性，沦为一个没有独立思想的行走生物。据此可知，朱熹对孔子"为己之学"观点持积极肯定态度，并通过自己的阐释方式将人的"为己之学"学习成效细化分成"成己"和"成物"两个方面，"成己"是在学习过程中不断完善自我，而"成物"则通过学习不断丰富自己的文化知识并据此帮助他人。朱熹据此认为"圣贤论学者用心得失之际，其说多矣，然未有如此言之切而要者"①。

站在今天的认知角度看，什么叫"古之学者为己，今之学者为人"呢？"为人"，并非为公为大家之意，而是为了摆个学养丰厚样子给别人看，为了求得别人的赞誉，挣得世俗的名声。"为己"才是孔子倡导的学习目标，人去做学问是为什么？孔子认为远古的遗风是求学为了人心灵的建树。譬如今天读书，不仅要让每一个学生学会一种把握知识的能力，让自己能够在这个社会上安身立命，更重要的是让学生通过学习，成为一个有文化有教养，而且对社会有担当、对国家忠诚的公民。那么为人之学又是什么呢？就是学了一点知识以后把它当作生存的工具，比如说去写文章、评职称，作为一种技能谋一份职业，用这样的知识和学问来取悦他人，在社会上为自己谋得一份福利，这就是孔子所说的为人之学。

第二，从先秦时期开始，两千年来的中国学界对孔子这一"古之学者为己，今之学者为人"的古今文人学习态度非常重视，但在"为人""为己"审美认知的具体解释上，则有一些不同于他人的理解。综而论之，主要有以下三种解释。

一是以荀子为代表对"为己"肯定对"为人"否定性解释。荀子曰：

---

① （宋）朱熹：《四书集注》，岳麓书社 1985 年影印本，第 89 页。

"古之学者为己，今之学者为人。君子之学也，以美其身；小人之学也，以为禽犊。故不问而告谓之傲，问一而告二谓之噸。傲非也，噸非也，君子如向（响）矣"①（禽犊：家禽，小牛。古代多用"禽犊"作为馈赠他人的礼物，这里比喻小人之学，不过是为取悦于人。傲：急躁；噸：讲话絮烦）。意思是古时的学者学习是为了提升自己的文化品格，今天的学者学习是为了取悦别人。没人向你求教自己四处教人就是浮躁；人家问一你不仅答一还要答二就是讲话絮烦；浮躁絮烦都是不对的，君子答问应像空谷回音一般，呼应响声恰到好处。按照荀子的诠释，所谓"为己之学"，"学"的目的是完善自己的人格。而"为人之学"的"学"，则只是"入乎耳，出乎口"，听听当作风过耳而已，这样的"学"只是为了显示给别人看，与自己人格完善谬差千里。清朝学者刘宝楠《论语正义》除列举荀子的解释之外，还引《新序》所传墨子答齐王问，"齐王问墨子曰：'古之学者为己，今之学者为人。何如？'对曰：'古之学者，得一善言以附其身；今之学者，得一善言务以悦人'"②。他也是强调古人言行一致而今人忙于取悦他人。

二是肯定"为己"在先"为人"在后，并强调在"为己"的基础上方能"为人"。《河南程氏遗书》卷十九中载有二程（程颢、程颐）与弟子的一段问答："问：'古之学者为己。不知初设心时，是要为己，是要为人？'曰：'须先为，方能及人。初学只是为己。郑宏中云：学者先须要仁。仁所以爱人，正是颠倒说却。'"程颢、程颐还说："何为君子之事？

---

① （战国）荀子：《劝学篇》，张觉撰《荀子译注》，上海古籍出版社 1995 年版，第 1 页。（唐代杨倞注："禽犊，馈献之物也。"刘师培补释："《礼记·曲礼》言：凡贽：卿，羔；大夫，雁；士，雉。是所执之贽非兽即禽，特此文以犊代羔耳。"）

② （清）刘宝楠：《论语正义》，中华书局 1990 年点校本，第 86 页。

蛊之象，'君子以振民育德'。君子之事，惟有此二者，余无他为。二者，为己、为人之道也。"① 从上引二程之语可以看出，二程在这里把为己、为人理解为为己以及人、育德以振民，都属于君子之事。按照这一理解，则为己、为人只有本末、先后之别，并无价值取向上的褒贬与相互对立。宋朝宰相王安石上仁宗皇帝言事书也认为："为己、学者之本也。为人、学者之末也。是以学者之事，必先为己，其为己有余，而天下之势可以为人矣，则不可以不为人。故学者之学也、始不在于为人，而卒所以能为人也。今夫始学之时、其道未足以为己，而其志已在于为人也，则亦可谓谬用其心矣。谬用其心者，虽有志于为人，其能乎哉?"② 从当时的历史背景来看，王安石的这一番话大意是说，学术研究之初始目的，在于对真理的追求，在于促进个人品德修养的提高;只有当个人学养达到一定程度才足以"有余"达到造福社会的效果。因此，那种"己不足"却"志为人"的人常常不自觉地谬用其心，自己能力不够却想要造福社会，虽从本意上讲没有什么大错，但其作为可谓微乎其微哉?

　　三是认为孔子说法没有褒贬和先后之分，而是相互依存辩证关系。这以近代国学大师钱穆的《论语新解》为代表，钱穆先生认为"本章有两解:荀子曰;入乎耳，著乎心，为己也。入乎耳，出乎口，为人也。为己，履道而行。为人，徒能言之。如此解之，为人之学，亦犹孟子所谓人之患在好为人师也。又一说:为己，欲得之于己。为人，欲见之于人。此犹荀子谓君子之学以美其身，小人之学以为禽犊也。今按:此两解义各有当，然当孔子时，学风初启，疑无此后世之现象。孔子所谓为己，殆指德

---

① （宋）程颢、程颐:《河南程氏遗书》,《二程集》,中华书局1981年版，第247、140页。
② （宋）王安石:《议论·杨墨》,《王安石全集》卷六十八，宁波等校点，吉林人民出版社1996年版，第733页。

行之科言。孔子非不主张以为人，惟必有为己之本，乃可以达于为人之效耳。孟子特于古人中举出伊尹、伯夷，柳下惠，此皆为己，而为人之效亦见，故三子者皆得预于圣人之列也。孔子曰：己欲立而立人，己欲达而达人。己立己达是为己，立人达人是为人，孔门不薄为人之学，惟必以为己之学树其本，未有不能为己而能为人者。若如前两解，实非为人之学，其私心乃所以为己而已，疑非此章之本义"①。钱穆先生是从孔子思想中"己欲立而立人，己欲达而达人"（《论语·雍也》篇）的角度来解释"为人"的，认为"己立己达是为己，立人达人是为人"，从而认定孔门不薄"为人"之学，并据此否定荀子和孟子观点中的"为人"文化价值判断标准，更多地突出了"为己""为人"之学相互对立又互相依存的关系。

要对孔子"古之学者为己，今之学者为人"一语进行合理解释，需要弄清楚的是，在这一古今学者为学目的对照的历史文化语境中，孔子有没有厚古薄今的意思。

孔子说过："君子谋道不谋食，耕也；馁在其中矣，学也，禄在其中矣。君子忧道不忧贫。"② 在他看来，完善自己的人格，提升自己的能力，自然就为建功立业、治国平天下打好了基础，自然有了得到福禄的资本。但是，福禄并不是孔子等儒者孜孜不倦追求的终极目的，只是附带品而已。衣食固然为人所必需，但一个人不能在解决了衣食住行问题后，志向还只想着如何得到锦衣玉食、豪车美宅而没有兼善天下之志。"为人"之学者，他的"为学"只是为了得到称誉、赏识和福禄，他是很难从他所做的这件事中得到学习乐趣的，也势必被孔子所看轻。从中国历史上特有的

---

① 钱穆：《论语新解》，引自刘绍瑾《孔子复古思想的审美文化意义》，《上海师范大学学报》2006 年第 1 期。

② 李泽厚译注，《论语·卫灵公》，中华书局 2015 年版，第 217 页。

科举考试制度看，唐代实行科举考试后，以明经、进士二科取士。明经注重帖经与墨义，表面上是独尊儒学，但在实行时却是测试考生对历史经书的死记硬背功夫；进士科考诗赋，主要测试考生的文学才华。众多学子为了实现通过科举考试举步登云的目的，下死功夫专攻这两方面的文化知识，这种针对科举考试而专攻其一的求学结果，难免会催生出许多流弊，韩愈因而叹息说："其学其问，以之取名致官而已。"① 为此，韩愈提出"文以载道"的主张，希望借此扭转不良学风，但直到封建王朝的末期——清朝，顾炎武还是不得不承认："凡今之所以为学者，为利而已，科举是也。其进于此，而为文辞著书一切可传之事者，为名而已，有明三百年之文人是也。"② 即明代学者文人读书著书不过是为了科举和传名，没有什么人为追求真理而做扎实的学问。

为人为己，一字之差，经纬分明：为己者，但求自我充实，尽得风流，"人不知而不愠"，"学而时习之，不亦说乎？"为人者，装腔作势，故作深刻博学，巧言令色以悦人。本来，圣人经典文本言简意赅，具有广阔的言说空间和适用语境。明眼人都知道，为己的并不一定都是为一己之私，古之圣贤也未必凡事为己；为人的也并不一定都是为公，今之学者也不全是为人。孔子简明概括古今学风，是就当时社会情形而论，后人的解释则大多依据自身所处文化语境，虽"义各有当"却"难窥其全"。而且，随着时事变迁带来的历史背景、文化语境的差异，对文化经典阐释中出现不同于以往的现象，自然也是无可厚非的。

---

① （唐）韩愈：《上考功崔虞部书》，《韩昌黎文集校注·文外集上卷》，马其昶、马茂元校注，上海古籍出版社1998年版，第384页。

② （清）顾炎武：《顾亭林诗文集·与潘次耕札之一》，华忱之点校，中华书局1983年版，第206页。

第三，就孔子的为学观点而言，不同时代的学者由于文化语境不同产生认知上的差别，解说上存在一定的争议性是正常的。但孔子的为学观点，是把"为人"与"为己"对立起来阐述的，这一点应该是没有争议的。从人之为学的境界角度上看，"为己之学"成就的是修身养性，也就是后来学者所谓"美其身""因心会道"。从发生学角度看，"为己之学"因"得之于己"，强调自身的人格完善，体现的是一个自我塑造完美的过程；而"为人之学"则"欲见之于人"，学问、文章变成个人沽名钓誉、博取功名利禄的工具，把学习当成功利性目的。前者得诚，后者利己，程子"今之学者为人，其终至于丧己"的解说即是此谓。因此，"为己之学"坚守纯粹的学术品格、保持独立的人格操守，孔子赞赏箪食瓢饮、身居陋巷而"不改其乐"的颜回，其目的也正在此。

从哲学思辨的角度看"为己之学"与"为人之学"，两者的关系应该不是绝然对立的，它们彼此之间有着辩证统一的关系。虽说"为己之学"的学习动机是使自己更加完美，但一个完美的人很显然要比一个并不完美的人对社会的作用和贡献更大，关于这一点，我国的儒家先贤孟子就曾说过一句至理名言："穷则独善其身，达则兼济天下。"① 这句话虽然讲的是"学以致用"的做人之道，但它的文化意义指向是非常明确的，人的学习，小则可以完善自己，大则可以恩及人类社会。代表着中国儒家文化精髓的"四书"（即《论语》《孟子》《中庸》《大学》）之一的《大学》，在谈到人的自身修养时也说："欲治其国者，先齐其家；欲齐其家者，先修其身；欲修其身者，先正其心；欲正其心者，先诚其意。"所以，"为己之学"虽说主要是为了完善自己，但在完善自己的同时，也可以对人类社会做出更

---

① 《孟子·尽心上》，《孟子译注》，杨伯峻译注，中华书局2005年版，第287页。

大的贡献。这就是说，"为己之学"的第一步是为了完善自己而学，但紧跟着的第二步就是"学而优"则兼济天下了，也就是从"为己之学"到达了"为人之学"。南宋五峰学派创始人胡宏也曾就孔子的人之求学目的说过："学贵大成，不贵小用，大成者，参与天地；小用者，谋利计功。"[①]胡宏的观点和孟子虽有所不同，但在通过"为己"实现"为人"目的这一点上两人看法是相通的。

　　古代学者秉持学问为"为己之学"，他们为学，目的在"求真"，收获主要在于"通经明义"；主张"为人之学"的学者，这些人为学，目的在于"经世致用"：满足社会需要，或维系家庭生计。一般说来，以求真为目的的学者，做学问较少受生活条件和社会风气的影响，因为他们具有执着的追求和献身科学的精神，赋予学术以一种与生命同价的内在的神圣性。如颜回箪食瓢饮居住陋巷也不改其乐。再如古希腊的阿基米德，即使被罗马士兵的刺刀架在脖子上，依旧沉浸在数学演算过程中。把学问作为谋生或济世手段的学者，受生活条件和社会现实的影响，通常会因为生存条件的改变而选择变通，始终如一不是他们的人生选择。从这样的辩证认知角度去看孔子的"为学"观点，再联系到孔子的后半生率领众多弟子奔波于诸侯列国之间，终无得到充分施展"兼济天下"的机会，也就不难理解孔子为什么要把求学是"为己"还是"为人"对立起来阐述，并把"为己"视为理想的人格塑造标准。毕竟，在那个"百家争鸣"有相当一部分知识分子认为"儒以文乱法，侠以武犯禁"[②]的年代，在他尚是一介书生而不是后来的封建统治者推崇的"文化先圣"时，"兼济天下"真的

---

①　（南宋）胡宏：《胡子知言》卷三，《纷华》第九，清粤雅堂本。
②　（战国）韩非子：《五蠹》，载《韩非子》，高华平、王齐洲、张三夕译注，中华书局2010年版，第697页。

只是遥不可及的人生理想而不是脚踏实地的社会现实。

在孔孟身后的宋代大儒张载有句名言："为天地立心，为生民立命，为往圣继绝学，为万世开太平"①，可说是在一定程度上补充完善了孔子的为学目的，张载的这四句话也被当代哲学家冯友兰赞为"横渠四句"。"为天地立心"，就是使生之为人能够秉具博爱众生的仁者之心和天下为公的圣人之心。"为生民立命"，则直接来源于孟子"立命"的思想。《孟子·尽心上》有云："尽其心者，知其性也。知其性，则知天矣。存其心，养其性，所以事天也。夭寿不二，修身以俟之，所以立命也。"② 通过修身养性，最后达到这样一种文化境界：即不管一个人的寿命是长是短，都能时时刻刻把百姓的一切和自己联系在一起，那么这个生命个体就可以说已经安身立命了。"为往圣继绝学"，"往圣"者，孔子、孟子所代表的历代先儒也；"绝学"者，孔孟先儒所弘扬之儒学也。"为万世开太平"，即实现张载《西铭》所表达的是先儒也是宋儒的永恒政治理想，让天下所有人能够在桃花源里和平相处，让迷茫困惑的人类重新回归真性诚明的人类精神家园。

张载的"横渠四句"，涉及社会和民众的精神价值、生活意义、学统传承、政治理想等内容。我们如果以张载这四句话来辩证分析孔子的为学观点，学者为己也应该为人，不止为己求学，同时也为人求学。但这个"人"已由"个体的人"扩大成为国家、为社会、为整个人类的文化进步而求学。从现代文明的角度看，这样的为学态度显然很符合个体的人与人类社会之间既独立又和谐的伦理道德关系。当然，它也和以孔孟为代表的

① （宋）张载：《近思录拾遗》，《张载集》，章锡琛点校，中华书局1978年版，第375页。
② 《孟子·尽心上》，《孟子译注》，杨伯峻注译，中华书局2005年版，第287页。

儒家"入世"文化思想更相契合。

西方现代解释学的为学目的：提升自我修养

从西方现代解释学的认知角度看，所谓的为学目的，主要是指："在我们试图理解一个文本，一个传统，或一种文明时，我们所关心的乃是我们从这个文本、传统和文明中可以学到一些什么东西。换言之，我们从事解释活动的目的主要是想丰富我们自身，使我们自己变得更加完美，我们的生活变得更加丰富。"① 在现代解释学知名学者伽达默尔看来，人之所以学习，主要是为了正当地"开发自己的自然天赋和能力"。而文学阅读，即人类学习的一种有效方式。人通过文学阅读，不仅可以了解自己生存的这个世界，了解人类的社会活动、人生思考、精神追求，还可以丰富自己的人生阅历、陶冶性情，正确树立人生追求的目标，使得自己的人生更加丰富多彩。可以说，读书是为了丰富人类自己，使人类更加完美，在这一点上西方现代解释学的观点和孔子的"为己之学"是基本一致的。

与传统文化观念"为己即自私"的认识有所不同的是，现代解释学倡导的"为己之学"并不是强调"自私"的学问，"在自己与他者的关系上，现代解释学强调的是从他者那里找到自己，从而在他者那里回到自己，即通过他者了解自己。因为它所关心的是解释者自己的道德修养，而且这里的解释者并不一定就是一个个人，在不同的文明进行对话时，这个

---

① 黄勇：《解释学的两种类型：为己之学与为人之学》，《新华文摘》2005 年第 14 期。

解释者也可能是整个文明传统"①。

在解释学大师伽达默尔看来，"传统并不只是我们继承得来的一种先决条件，而是我们自己把它生产出来的，因为我们理解着传统的进展并参与到传统的进展中去，从而也就靠我们自己进一步地规定了传统"②。这一切都表明了在历史形成的传统与当代中存在着双向作用：传统作为当代的基础而影响着当代，进入了当代，并在当代继续向前延伸；正因为传统进入了当代，进入了我们的理解视界，传统就在我们的理解中被重新构建着。由于这种双向作用，传统与当代才联结为一个整体，构成了历史。在历史的关联中，传统与当代是互相从属的，传统属于当代，它是当代所理解的传统；当代属于传统，它基于传统并且是传统的进一步展开。

观念化的传统之现实形态就是前判断，这个前判断与海德格尔理解的前结构是一脉相承的。所不同的是，理解的前结构在伽达默尔对前判断作用的分析中被具体化了。前判断发生作用的主要领域之一就是教育。在这里，前判断具体化为所传授的一切现成知识系统，它在我们自己的反思之前被接受了，构成了受教育者的前判断，这意味着，传统借助教育而使自身在现实中合法化、稳定化了，就此而言，我们正是生活在传统之中，或者更确切地说，生活在传统与现实的交织状态之中。前判断的作用还表现在社会的道德领域中，人们从孩童时期起，就潜移默化地接受了社会的伦理道德规范，即被传统所确认的价值观念体系，传统之不可忽视的意义在于，它在当代生活中被当作权威，引导着我们的生活，尽管它的"权威性"在生活中常常产生一种负面影响。

---

① 黄勇：《解释学的两种类型：为己之学与为人之学》，《新华文摘》2005 年第 14 期。
② ［德］伽达默尔：《时间距离的诠释学意蕴》，甘阳译，《哲学译丛》1986 年第 3 期。

毫无疑问，对于我们来说，传统是被给予的，这种被给定性通过我们接受的前判断得以证明；然而它又在我们的理解中被重新规定着，我们并不是简单接受了传统，而是在理解中完成着对传统的持续塑造，理解的首要任务便在于此：在我们所接受的前判断中区别出"真"的前判断和"假"的前判断，把真的前判断融入理解的再造过程中。所谓真的前判断就是与我们的理解相一致的前判断，它是一种"合理的和增长知识的前判断"，它能够使我们在所遭遇的传统中扩展和精确化我们自己的理解；假的前判断属于使我们产生误解的流俗之见。在我们所接受的前判断中，它们是未予区分的交织在一起的，我们就不可能为避免误解而有所选择的只接受真的前判断，相反地，我们只有承认前判断在总体上的合法存在，并充分发挥其作用，才能辨其真假。由此看来，伽达默尔极力为前判断存在的合法性而辩解，是不无道理的，事实上，前判断的合法性中奠定了人类认识的可能性，尽管前判断中包含着种种流俗之见。

其次，现代解释学倡导的"为己之学"，其关注点主要放在人的自我修养的不断提升和不断完善。我们只有在自我修养的不断完善过程中学会认识自己，才有可能通过认识自己去认识他人，并在相互理解和相互尊重的前提下和睦相处。在这一点上，中国儒家文化所强调的"己所不欲，勿施于人"观点与之基本相符。不同的人在不同的历史文化传统、人生理想、性格特征的影响下，必然会形成不同个性，而人的个性形成需要在一定条件下得到表现，并在不伤害他人的前提下实现自己的人生价值。换句话说，人只有学会彼此相互尊重，才有可能保持独立个性。

所谓的"为人之学"，主要是指：在我们"理解一个文本、一个传统、或是一个文明时，我们所主要关心的乃是理解这个文本的作者。这个传统的传人，这个文明的群体，从而使我们在跟这样的个人或团体打交道时，知道应该如何行为处事"①。换言之，我们从事解释活动的目的，并非只是通过他者来理解自我，丰富自我，重新创造自我，而是要寻找与我们不同的他者相处的道德方式。而其前提就是对这些他者的理解。所以，我们在这里从事解释活动的对象，不是某个文本或者任何其他象征符号的人，而是创造和使用这个文本或象征符号的人；而且不是创造和使用文本的任何人，而只是那些活着的、我们将与之打交道的人。而要理解创造和使用这个文本或象征符号的人，光去研究其所使用的文本和象征是不够的，因为我们在这样研究时，我们对文本和象征符号的理解很可能与他们对这些文本和象征的理解很不相同。这里，即使我们的理解比他们的理解更好、更准确，也无助于我们对他们作为这些文本之创造者和使用者的理解。在我们试图理解一个文本或者象征时，要发现这些文本所呈现的一个世界。我们的解释活动的目的不是在这个世界面前理解我们自己，而是在这个世界面前理解他者。而要在这个世界面前理解他者，我们就不能根据我们自己的视野来理解文本和象征所呈现的世界，而是要尽可能从他者的视野来理解这个世界。

在理解他人这一点上，后现代哲学和现代解释学是一脉相承的。在人与人的关系问题上，后现代哲学反对"自我中心论"，主张重建人与人之间的关系。后现代哲学家们批评现代世界观是个人主义的，人被视为皮肤包裹着的独立的自我。他们立足于人类整体利益，主张摒弃个人主义，消除人我之间的对立，认为个人只有在人们的相互关系中才可被理解。特别是大卫·雷·格里芬等人，积极倡导对他人做出贡献，认为这是人类本性的基本方面。与现代社会的个人主义视个人与他人的关系为外在的、偶然

① 黄勇：《解释学的两种类型：为己之学与为人之学》，《新华文摘》2005年第14期。

的和派生的相反，后现代思想家们强调人与人的内在关系，视个人与他人的关系为内在的、本质的、构成性的。后现代哲学推崇"对话"，认为"对话"是解释者与解释者的对话，是一种人际发生的过程，目的是试图推翻居于中心地位的认识主体，倡导不同观察者和认识者之间的平等交往关系，以交往主体形式取代了中心主体形式。如法国学者梅洛·庞蒂就继承胡塞尔、海德格尔的"主体间性"理论，进一步把主体交往置于语言交流中。他认为，在交谈中，每一个存在主体都不是封闭的，双方既说又听，相互理解，彼此自发地进入对方的视境，使我变成他，他变成我，并消除主体自我与主体他人之间的界限。

在哈佛大学比较宗教学者史密斯看来，每个人，或者每个文明传统，都戴着其特有的有色眼镜去看周围的事物。因此，要想真正理解他人，光去看他人所看的事物是不够的，重要的是要能够戴着他们所戴的有色眼镜去看这些事物。把史密斯所讲的话推到我们这里的解释学问题上，我们要通过其创造或使用的一个文本或其他象征来理解别的人，我们就必须根据他们的视野来理解这样的文本和象征。① 也就是说，人之所以"为人之学"，并不仅仅是想通过学习了解自己，在了解自己的同时，人还要通过学习活动理解他者。但在理解他者的时候，人们需要通过自己对学习的这个对象世界进行有效解释来理解他者。

人之学虽然有"为己之学"与"为人之学"之分，但在两者之间不应该做简单的高下优劣划分，现代解释学所强调的"为己之学"，并不完全是出于一己之私的求学之道，因为它所关心和强调的是解释者自己的道德修养，而一个人的道德修养的完善与社会文明的进步并不矛盾，相反，作

---

① 黄勇：《解释学的两种类型：为己之学与为人之学》，《新华文摘》2005 年第 14 期。

为社会一分子的个人的道德修养的完善才是构建社会文明的坚强基石。不过，相比之"为己之学"，"为人之学"更能满足社会对人的各种需求。现代文明的形成和不断发展，加剧了人对社会的依赖，使得人对自己所做的一切，都要从社会需求的角度去加以判断和选择，人之思可以超然于社会之外自由地翱翔，但人之生存则必须完全依赖于社会。由于构成社会的人类的各个组成部分的种族、地域、文化传统、文明程度等方面存在着一定程度的差别，人的"为人之学"在某种程度上能够有效地帮助人和他者进行沟通，或者为人与他者之间的沟通起到搭桥引路的作用，最起码是要像中国的儒家学说所强调的那样，"己所不欲，勿施于人"①，来自不同文化传统的人，在相互之间的沟通发生障碍时，不是以强迫他人接受自己的文化传统为前提，而是以理解他人和接受他人的文化传统为前提。所以，"为人之学"的目的是更好地理解他者，或者是表明自己的生活态度或是交流生活信息时，更好地与他者进行有效沟通。

读者：从为己到为人

从读者的文学阅读过程来看，作为文学阅读对象的文学作品，是否具有能引起读者文学阅读兴趣的审美内涵，或是能以风格独特的审美情趣，向读者的审美经验发起挑战，激发起文学阅读者的审美求知欲望，应是文

---

① 《论语·颜渊》："己所不欲，勿施于人。在邦无怨，在家无怨。"李泽厚译注，中华书局2015 年版，第 165 页。

学作品在艺术传达过程中必须具备的基本条件。我国南北朝时期的刘勰在他的《文心雕龙·知音》篇中曾经这样说过："夫缀文者情动而辞发，观文者披文以入情，沿波探源，虽幽必显。"在这段话里，他强调指出文学作品的审美情趣和审美内涵，是需要文学阅读者的情感投入才能实现完成的。读者在接收到艺术传达过来的审美信息时，必须把自己的思想情感积极投入文学创造的艺术情景之中，由此激发起大脑的审美再造想象能力，才能真正理解把握住艺术形象的审美内涵。不过，由于文学阅读受到各自不同的人生经历、审美理想等文化因素的影响，进而呈现出不同的审美需求心态。对此，刘勰也作了进一步的分析，他指出："慷慨者逆声而击节，酝藉者见密而高蹈，浮慧者观绮而跃心，爱奇者闻诡而惊听。"① 这种"仁者见仁、智者见智"的文学阅读心理差异，表现出个体情感不为他人左右的独立品格，本身有着更为深沉的审美需求内涵，不论其是为了满足一时的情感补偿，还是为了追求一种人生理想的崇高境界，或是为了满足自己的猎奇心理……这一切都意味着文学阅读者对文学创造活动的积极参与，并在艺术传达的过程中，各自寻找到了能满足一己的情感需求的审美对象，并在文学阅读的寻找发现过程中，任由文学阅读者在文学文本提供的艺术情境里，尽情地发挥审美再造想象的主观能动性，以帮助阅读者在审美体验和转化的过程中，自己的审美思维顺利进入文学审美再度创造的文学解读新境界。

文学本身是一种特殊的意识形态，它之所以特殊，原因很多，但其中有一个重要的原因，即作者或读者，通过文学文本传达和接受到的艺术信息，都明显带有强烈的审美色彩。作家在进行文学创作时，通过个人情感

---

① （南北朝）刘勰：《文心雕龙·知音篇》，赵仲邑译注，漓江出版社1980年版，第395页。

的艺术感知、艺术传达等因素，把创作对象带进审美的艺术宫殿，作家在艺术传达过程中的人生态度、文学功力、人生价值观念、审美理想等方面存在的差异，都将集中在他对文学文本的审美对象进行文学解读的审美传达中体现出来，在审美艺术传达中还要凸显个人的审美个性，使自己的审美个性显现得与众不同，由此产生不同于他人的艺术情趣。这种审美传达方式将直接影响到文学创作的质量优劣，乃至决定作家能否在文学创造中超越自己或他人的艺术成就。并且，它集中表现出作家对现实生活进行艺术处理后得到的一种审美价值观念，最终帮助作家把个人的心声通过艺术的方式，在文学作品中传达出来，并在一己的审美情感对生活的审美体验中，抒写人类社会众生的喜怒哀乐，进而通过文学解读获得真正的审美意义。

从读者作为文学接受者的角度而言，对文学作品的艺术阅读，摆在第一位的并不是从文学文本中接收到像传统文学理论所说的认识生活的复杂性，并对作品内容展现出来的生活美与丑、善与恶、真与假的对立矛盾中接受教育，正确树立起自己的人生价值观念，以及在艺术接受过程中，在艺术魅力的陶冶下得到身心舒畅的审美愉悦，并由此而产生感情充实、精神愉悦和审美思想升华。这些只是读者在文学接受过程中，通过审美体验即将获得的艺术信息，而这些艺术信息的获得，将首先取决于文学接受过程中明显存在差别的个人艺术接受能力上。因为作家对生活的审美体验，在艺术想象的帮助下，在文学文本中建构起来的，是一个用带着强烈情感色彩的词语搭建起来的幻象艺术世界，而非真实的物质生活世界。作家高尔基说过："艺术是靠想象而存在的。"① 文学阅读者要在文学活动过程中，

---

① ［俄］高尔基：《论文学技巧》，《文学论文选》，人民文学出版社 1978 年版，第 317 页。

以积极主动的审美态度、丰富的审美想象能力，对文学作品乃至作品所表现的社会生活形态做出审美评价和艺术把握，这也是对作家的文学创造活动合作、参与和最终完成，而且是整个文学活动过程的审美价值最终得以确认的创造性劳动。文学阅读者对文学作品的审美价值做出辨析和确认，也是对生活中新的东西的一种发现——有些发现还可能是作家在文学创作时，自己都未曾觉察或未曾想到的。因此，读者除了凭借个人的生活经验，在文学文本所描绘的艺术生活中寻找物证，还需要借助一定的艺术想象力来艺术地复现生活、认识人生。如果没有一定的艺术想象能力，在文学接收过程中只拥有科学思辨的理性思维，读者将很难领会到文学本身蕴含的艺术魅力。像李白的著名诗句"黄河之水天上来，奔流到海不复回"[①]和王维的著名诗句"江流天地外，山色有无中"[②] 等，仅仅依靠生活经验，是无法领略其中的艺术真谛的。作家借助了艺术想象的艺术创作，为读者创造出一个深邃宽广的艺术世界，而读者借助于艺术想象能力，才可以从有限的文学篇幅里领略到令人回味无穷的艺术世界。在这里，从现实到理想，从生活到文学，是一个非常奇妙的审美体验过程。在这个审美体验过程中，正是艺术想象力，在沟通了现实与理想、生活与文学之联系后，又成为帮助作者与读者在文学作品解读过程中萌生审美共鸣的艺术桥梁。

当然，在一定的审美意义上，作者和读者的审美情感在文学的审美活动中所产生的审美共鸣要做到完全一致是具有相当难度的，或者说是几乎不可能做到的，这是因为每一个个体的人，都有着与他人与众不同的个性特征，都有着自己独特的人生经历，都在那些能够引起自己的审美情思的

---

① （唐）李白：《将进酒》，《唐诗选》，人民文学出版社 1978 年版，第 145 页。
② （唐）王维：《汉江临泛》，《唐诗选》，人民文学出版社 1978 年版，第 113 页。

审美对象面前有着自己用心品味到的审美感受，这种种方面存在的或大或小差别，使得不同个体的人彼此之间的情感沟通要做到完全一致是近乎于苛求的幻想，但这种事实的存在，决不能成为文学阅读活动中回避彼此之间的审美情感实现沟通的一个理由或借口，这是因为，如果我们对我们的审美情感交流对象缺少必要的理解，我们就无法保证我们的文学解读活动具有审美有效性和说服力，在这个意义上，最大限度地理解他人的审美感受，是文学阅读活动的有效性得以保证的一个基本条件。站在这种认识角度上看，虽然读者无法对作者的审美活动获得完全一致的理解，很显然，只要读者不断努力，就可以不断完善读者的审美理解，从而使读者的文学阅读活动更好地避免盲目性。这就是说，读者可能无法真正走进作者审美活动的内心世界，但他可以一步步地走近作者，从不同的角度审视作者的审美活动，用心去细心品味作者的审美情感，从而在最大限度上与作者实现审美情感的交流沟通和相互理解。

读者：“为学”审美心理分析

读者在文学阅读活动的过程中，所表现出来的主动接受的精神和审美再创造的欲望，其实质是读者在文学阅读活动中，对自己的文学再创造能力的积极确认，他需要在作家提供的艺术天地里，不断发现作品的艺术魅力，发现作品的艺术空白，也发现作家没有发现的东西。我国古典文论中的“以意逆志”说，在一定程度上已点出文学接受时读者具有的审美能动作用，其中，“志”是物化在文学作品中的作家的审美情感（包括思想）；

"意"则是读者文学解读时的审美能动性，亦即所谓读者的审美心理表现。文学文本是由艺术词语构建起来的未定性图式结构，读者的文学阅读就是文学创造的再创造过程。读者在这个过程中，拥有自由地主动探索的审美情趣和审美再创造能力，读者必然会带着自己参与文学活动形成的审美经验、情趣、理想等，去主动解读文学文本，通过阅读理解和发现作家，并通过文学文本的再创造解读，表现自己的美学追求和美学理想。这意味着一个文学阅读的主体对文学阅读的对象（即文学文本）进行审美认知、填补艺术空白和进行艺术再创造的活动过程，虽然不同于作家那样把自己的审美情趣艺术物化为文学文本，但读者在文学活动过程中，通过审美情趣的积极探索，一个独特的艺术感知世界就会在心底深处形成。

读者的文学阅读就其主体因素而言，集中表现出能够对文学解读对象产生审美感知的艺术心理结构，并在以审美为主的文学阅读过程中得以充分发挥。

从读者的艺术接受期待心理上看，它要求作为艺术传达有效载体的文学文本，必须具备两个基本条件：一是文学文本必须具有能引起读者的文学解读兴趣的艺术魅力，能给读者认识生活，了解社会的智慧和知识；二是在文学文本的艺术传达过程里，给读者留出一定的艺术空白，以便读者在把自己的审美情感全部投入文学文本创造的艺术情境时，通过主动参与的创造精神，激发起大脑的艺术想象能力，并在与作家艺术情感相互沟通的基础上，进一步品味出文学文本在艺术传达中蕴含的"弦外之音""言外之意"。有了这两个基本条件，读者才能在对文学作品进行审美感知和审美体验时，根据自己的文学兴趣、情感需求、文化素养和人生理想，选择进行文学解读的对象，并依据自己的审美能力对文学作品进行审美再创造。具体表现在文学阅读心理上，大致有以下几种审美心理形态。

第一，消遣性文学阅读。文学作品一般具有一定的审美娱乐性，因此，读者为了消遣而对文学作品进行文学阅读的现象相当普遍。持这种文学阅读心态的读者，其阅读心理在文学解读活动中，表现出一种相当放松的审美状态，他不必为了验证某种人生经验；不是为了从文学作品中得到某种生活的启迪；也不是为了通过文学解读活动验证自己的文学再创造能力，完全就是一种没有任何文学目的的消遣性活动。因此，其文学解读需求较为繁杂，有的是想使自己因工作紧张而疲劳了一天的精神得到放松；有的则是没有任何社会功利性目的的随意游览；有的更是纯粹为了打发八小时工作之外的休闲时光……所以，他们在文学阅读活动中，对文学阅读的审美对象进行选择时，偏向于选择一些娱乐性、趣味性、故事性较强的文学作品进行消遣性文学阅读。

第二，知识性文学阅读。这种文学阅读心理在文化层次上超越以娱情为主的消遣性文学阅读心理，它追求一种对文学内涵的艺术审美把握，以及由此生发的情感愉悦和思想陶冶。因而，它在知识性文学阅读活动中，总希望能从文学阅读对象那里看出点什么，或是得到些文学知识。它与消遣性文学阅读的最大区别，是知识性文学阅读要求文学解读者必须具备一定的生活实践经验和一定的文化知识，还需要了解与文学阅读对象有关的基本知识、表现技巧、艺术特征等专业知识，以便能准确地把握住文学阅读对象丰富的艺术内蕴，即通过知识性文学阅读，品味出文学阅读对象的"个中三昧"。《列子·汤问》中记载：古时有个叫伯牙的人善于弹琴，他的同时代人钟子期善于听琴，伯牙弹琴，志在高山，钟子期赞曰："善哉，峨峨兮若泰山！"志在流水，钟子期又赞曰："善哉，洋洋兮若江河！"给后人留下了"高山流水有知音"的佳话。① 所以，知识性文学阅读同消遣性文学阅读相比较，就有点像俗话所说的"外行看热闹，内行看门道"，消遣性文学阅读大多停留在"看热闹"的文化表层，知识性文学阅读则注重从文学作品中看出某种"门道"来，因而它能从文学阅读活动中得到更多的审美情趣。

第三，创造性文学阅读。它以知识性文学阅读为基础，但又不停留在这个基础的层面上，而是在对文学阅读对象的艺术内涵实现理解性审美认识后，进一步通过想象和联想的审美方式，强化催生出具有审美超越性质的审美再认识，其具体表现或是进一步在理论的高度上，从文学阅读过程的审美认识中，提炼出具有人生意义的哲理性概括。如从孔子的"岁寒知松柏之后凋"② 中品味出做人应该具备的高风亮节；从周敦颐的"予独爱莲之出淤泥而不染"③ 里领会到为人处世要洁身自好；或是运用文学的想象和联想，去对文学阅读对象进行审美的二度创作。如宋人曾以"深山藏古寺"为题进行绘画比赛，在获得第一名的作品里，只见一个小和尚在山脚下的小河边挑水，身后一条崎岖小径蜿蜒伸入大山，逐渐隐入山谷之中。从画面上我们一下子尚难品味出其二度创作的精妙在何处，但结合生活知识去进行审美认识，便不难品味出作者对文学阅读对象进行审美再认识时的匠心独运。诗句的主旨是深山中藏了一座古寺，既是藏了就不能看见，只有通过有和尚必有寺的他径，运用想象和联想，才能顺利完成文学阅读的审美再认识。因此，创造性文学阅读需要得到理性思维和艺术想象

---

① 春秋时代，郑国人列御寇在《列子·汤问》中记载："伯牙善鼓琴，钟子期善听。伯牙鼓琴，志在高山，钟子期曰：'善哉，峨峨兮若泰山。'志在流水，钟子期曰：'善哉，洋洋兮若江河。'"

② 李泽厚译注，《论语·子罕》，中华书局2015年版，第117页。

③ （宋）周敦颐：《爱莲说》，《周敦颐集》，陈克明点校，中华书局1990年版，第51页。

的引导，才能赋予文学阅读对象以新的艺术生命力。

由此看来，一定的审美认知能力，是文学阅读者在文学活动中，发挥自己的主动性创造能力的必备条件。审美认知能力是阅读者主体的各种审美心理因素的有效整合而构成的艺术能力，是实现文学阅读者审美发现的重要因素之一。因此，文学阅读者的审美认知能力的提高，是实现文学审美效应的一个关键环节。可以说，作家的文学创造为读者留下了文学再创造的"艺术空白"，需要文学阅读者充分发挥自己的审美创造能力，不必拘泥于文本中的词语、形式和"本文写出的部分"，而应当以自己的审美情趣和艺术想象能力，在文学作品所提供的、富于艺术意味的形式结构和情感指向里，通过审美的心灵再创造、文学审美的新体验，获得文学审美的再创造情趣，就像朱光潜先生所说的那样："读诗就是再做诗，一首诗的生命不是作者一个人所能维持住，也要读者帮忙才行。读者的想象和感情是生生不息的，一首诗的生命也就是生生不息的，它并非是一成不变的。一切艺术作品都是如此，没有创造就不能欣赏。""每个人所领略的境界都是性格情趣和经验的返照，——欣赏一首诗便是再造一首诗。"①

---

① 朱光潜：《谈美》，《朱光潜美学文集》第 1 卷，上海文艺出版社 1982 年版，第 493 页。

第四章　阅读方法

从人的求知角度上看，抱有什么样的学习态度，持有什么样的学习方法，对学习所产生的效果是不一样的。对此，清代的王夫之从文学创作和文学接受的关系角度作过解释："欲除俗陋，必多读古人文字，一沐浴而膏润之。然读古人文字，以心入古人中；若以古文填人心中，而亟求吐之，则所谓道听而途说耳。"① 他的意思是很明确的，人在读书时，要从自己的心境接受角度去理解文学文本，而不能拘泥于文本中的文字。西方现代学者也有类似的看法，俄国学者巴赫金在他的《在长远时间里》一文中这样告诉我们："在长远时间里，任何东西不会失去其踪迹，一切面向新生活而复苏。在新的时代来临的时候，过去所发生的一切会进行总结，并以新的涵义进行充实。"② 在这段话里，巴赫金为我们指出了这样一个事实，一切存在过的东西都不会因为时间的推移而消失，但一切存在过的东西都将会因为时间的推移被重新认识。同样，作家创作的文学文本一旦定

---

① （清）王夫之：《姜斋诗话·上》，引自龙协涛《文学阅读学》，北京大学出版社 2004 年版，第 304 页。

② 引自杨小清《审美权力假设与理解的合法性问题》，《文艺争鸣》2000 年第 4 期。

型下来，其基本内涵是不会因为时间的推移而彻底封闭起来，而是会在一代代新的读者那里得到不同于前人的新的解释。因此，在具体的文学活动中，读者所面对的文本阅读对象，"即使过去的涵义，也从来不是固定的（一劳永逸完成了的、终结了的），它们总是在随着对话进一步发展的过程中不断变化着（得到更新）。在对话发展的任何时刻，都存在着无穷数量的被遗忘的涵义，但在对话的进一步发展的特定时刻里，它们会随着对话的发展会重新被人忆起，并以更新了的面貌（在新的语境中）获得新生"①。阅读，其实就是和文本进行对话。所以，选择一定的阅读方法，就是选择与文本进行对话的方法。

读书是需要方法的。早在两千多年前，中国古代的学者就意识到学习方法在学习中的重要性，以先秦诸子为例，《老子》第四十八章"为学日益，为道日损"（"为学"就是一种知识的积累。"为道"就是对为学的一种应用，是对自然社会规律的探索。"益"增加积累。"损"就是一种扬弃的过程，去掉自身不好的而保留好的）。对后世影响更大的，应是韩愈的"口不绝吟于六艺之文，手不停披于百家之编"② 和杜甫的"读书破万卷，下笔如有神"……这些观点迄今仍对指导我们如何读书具有重要的启示意义。但从目前掌握的中国历史文献资料看，"读书法"一词，最早应是朱熹提出，后由其门人据此为名编纂成书的。南宋张洪、齐熙同编的《朱子读书法序》："读书法者，文公朱子之所常言，而门人辅公汉卿之所编集也。"［按：辅公汉卿当指辅广，汉卿是他的字，号潜斋，祖籍赵州庆源（今河北赵县），后随父迁居崇德永新乡（今浙江桐乡市）。曾从吕祖谦游，

---

① 引自杨小清《审美权力假设与理解的合法性问题》，《文艺争鸣》2000 年第 4 期。
② （唐）韩愈：《进学解》，钱伯城《韩愈文集》，中国国际广播出版社 2009 年版，第 89 页。

又拜朱熹为师。]辅广的这个辑本，应该是有关最早收集朱熹对读书方法的论述的辑本，同时也是历史上第一个明确以"读书法"命名的著作，可惜的是辅广这个辑本没能流传下来。咸淳年间（1265—1274），即宋度宗赵禥（南宋第六位皇帝）年间，又有鄱阳人张洪、齐熙在辅广编集的本子基础上，重新进行了补订："以辅氏原本为上卷，而以所续增者列为下卷，皆以文集语类，排比缀缉，分门隶属。"① 纂成了新的《朱子读书法》一书，取代了辅书。

实际上，伴随着人类阅读活动的开始，阅读方法就已经产生了，受不同时代学术风尚和个人治学倾向的影响，阅读方法在一代代人的传承过程中不断完善创新。自先秦以来，历代学者将读书作为治学的首要问题，并结合阅读实际，总结提出了很多行之有效的阅读方法，特别是在儒家学者的著作中，这一点体现得最为充分。儒家经典文献孔子的《论语》开篇第一卷就是《学而》，按照唐代学者陆德明的说法，孔门弟子在把孔子生前言论编排成书时，不是漫无义例的，而是有着自己的考虑："以学为首者，明人必须学也。"（见唐代学者陆德明《经典释文》卷二十四）先秦之后，历代学者也有如学思结合、讲论切磋、读行相济、博约相兼等具有普遍指导意义的方法，又有如陶渊明"会意法"、苏轼"八面受敌法"等具有浓郁个人色彩的方法，对指导推动我国历久不衰的阅读活动、促进文化学术的发展，发挥了积极和重要的作用。但是，从现代科学认知的要求角度看，我国古人这些读书方法基本上呈历时性散状分布的文化形态，并没有构成一个完整的阅读理论体系，因而有必要对之进行学术梳理。

---

① （宋）朱熹：《读书法上》，《朱子语类》卷十，（宋）黎靖德、王星贤点校，中华书局1986 年版，第 161 页。

韩愈读书："记事提要"和"纂言钩玄"

"记事提要"和"纂言钩玄"观点出自韩愈的《进学解》篇。韩愈是唐代有关读书言论最丰富的学者，其中又以《进学解》中一段自述读书生活的文字最受世人重视："口不绝吟于六艺之文，手不停披于百家之编；记事者必提其要，纂言者必钩其玄；贪多务得，细大不捐，焚膏油以继晷，恒兀兀以穷年：先生之业可谓勤矣。"① （记事，指记事的文章。提，举出；要，纲要纲领。纂言，立言立论；钩，探索；玄，精微之处）意思是先生整天嘴里就没有停止过吟诵六经之文，手里也不曾停止过翻阅诸子之书；记事的一定概括出它的主要内容，立论的一定探索出它深奥的道理；不厌其多，务求有所收获；不论无关紧要的还是意义重大的都不让它漏掉。没有日光，就燃起灯烛，一年到头，孜孜不倦地研读：先生的学业，可以说够勤奋了。

唐代大家韩愈的《进学解》中的"记事者必提其要，纂言者必钩其玄"这句话，后人经常拿它当作为学格言。据历史文献记载，最早将韩愈的"记事"两句标举为读书法的是南宋理宗朝校书郎姚勉，他在《本朝通鉴长编节要纲目》的序文中指出："记事者必提其要，纂言者必钩其玄，此韩退之读书法也。"明王樵在《方麓集》卷十五《戊申笔记》一文中特别强调"记事者必提其要，纂言者必钩其玄，此韩文公读书要法也"。清

---

① （唐）韩愈：《进学解》，钱伯城《韩愈文集》，中国国际广播出版社 2009 年版，第 89 页。

代桐城派领袖姚鼐也说过："学文之法无它，多读多为，以待其一日之成就，非可以人力速之也。士苟非有天启，必不能尽其神妙；然苟人辍其力，则天亦何自启之哉！"他还认为："凡书少时未读，中年阅之，便恐难记，必须随手抄纂。退之'记事提要、纂言钩元'，固古今为学之定法也。"① 清代另一名人曾国藩对其儿子说："近世文人，如袁简齐、赵瓯北、吴谷人，皆有手抄词藻小本……昌黎之记事提要、纂言钩玄，亦系分类手抄小册也……此科名之要道，亦即学问之捷径也。"②

从现代人的认知角度看，"记事提要"和"纂言钩玄"的意思是说：对于记载事情的书必定掌握住它的要领，对于阐述道理的书必定探索出它的主旨。我们读书要学会在深刻领会原著的基本思想和精神实质以后，用自己的话将书中的主要内容和大意简明扼要地概述出来。所以，阅读时做笔记归纳内容提要，对于提高自己的概括能力很有裨益。

当代著名学者钱锺书先生学贯中西，博古通今，在国内外学术界享有极高声誉。钱先生一生钟情于书，考入清华园时曾发誓要横扫清华图书馆。在清华四年，图书馆基本成了钱先生的家。他的同班同学许振德在《水木清华四十年》中回忆："锺书兄，苏之无锡人，大一上课无久，即驰誉全校，中英文俱佳，且博览群书，学号为八四四号。余在校四年期间，图书馆借书之多，恐无能与钱兄相比者，课外用功之勤，恐亦乏其匹。"他的夫人杨绛在《为有志读书求知者存——记"钱锺书手稿集"》一文中写道："许多人说，钱锺书记忆力特强，过目不忘。他本人却并不以为自己有那么'神'。他只是好读书，肯下功夫，不仅读，还做笔记；不仅读

---

① 引自李柱梁《姚鼐尺牍中的文学教育思想》，《淮南师范学院学报》2010 年第 1 期。
② （清）曾国藩：《曾国藩家书·谕纪泽》，中国画报出版社 2011 年版，第 156 页。

一遍两遍，还会读三遍四遍，笔记上不断地添补。所以他读的书虽然很多，也不易遗忘。"据杨先生说，钱先生读书做笔记的习惯是在牛津大学图书馆养成的。因为图书馆的书概不外借，只能抄录，且不能在书上留下任何痕迹，于是钱锺书便边读边记，从而养成了读书做笔记的习惯。

既然"记事者必提其要，纂言者必钩其玄"这种学习方法这么有用，那么究竟怎么做才能符合人的阅读认知规律呢？

韩愈并没有专文讲解这种学习方法，但在《进学解》中，韩愈假托别人之口，对他的读书生活作过这样的描述："记事者必提其要，纂言者必钩其玄，贪多务得，细大不捐。"从内容上看，"记事者必提其要"，韩愈应是在谈自己的读书心得，在读书过程需要不断检索前人学习心得。在韩愈看来，读书时必须注意内容是记事的还是立论的，是记事的就要概括其内容，立论的就要深入探索其说理。所谓"主旨"，是指文学作品的重点所表现的整体艺术魅力，因而，文学解读者在阅读文学文本时，一定要注意从文学文本的整体上把握住其所要表达的艺术内涵，即要抓住文学文本的核心和要点。从现代人的认知角度看，韩愈的这种读书方法，主要是强调读书要勤奋博览，多读多记。在博览百家之书时，首先得将书分门别类，然后按其性质类型的不同采用不同的读法。对于那些记事类的书籍，阅读时必须掌握它的要领寓意，也就是善于提纲挈领地抓住书中的重点；对于那些理论类的书籍，阅读时必须探索出它的主旨妙义，也就是善于抓住它的精深部分。清政权入主中原之初，在"百事待举"的军务、政务繁杂时，励精图治的顺治皇帝福临仍希望尽快熟悉汉文经典，如四书五经、通鉴、二十一史及诸子等的要义梗概，又苦于文化典籍卷册浩繁，因想到"记事宜提其要，纂言当钩其玄"的韩愈读书法，遂命人采集诸书中之关于政事的重要文章 30 篇，编成《御制资政要览》一书，以备日常阅读。①

那么，在具体的文学阅读活动中，应该怎样运用"提要钩玄"读书法呢？

第一，应从文本的标题或开头着眼。这是因为，许多文学文本的标题或开头，常常就是作者在进行文学创作时有意设定的一个阅读切入点，在一般人的文学阅读经验中，也经常会有这样一种文学阅读体会：一个漂亮醒目的小说开头，一拿起它马上就能对读者产生强大的艺术吸引力，一下子就可以把读者的文学阅读兴趣牢牢地吸引在小说的艺术天地里。中国有句老话：万事开头难。西方人也说：好的开头是成功的一半。生活是如此，文学创作也是如此，如台湾诗人余光中先生的《乡愁》："小时候，乡愁是一枚小小的邮票，我在这头，母亲在那头。长大后，乡愁是一张窄窄的船票，我在这头，新娘在那头。后来呀，乡愁是一方矮矮的坟墓，我在外头，母亲在里头。而现在，乡愁是一湾浅浅的海峡，我在这头，大陆在那头。"透过诗歌的标题，诗人把自己怀念故乡的愁思表达得淋漓尽致。在中国可说是家喻户晓的历史小说《三国演义》，其开头："话说天下大势，分久必合，合久必分……"小说的开头，单刀直入地就把读者带到中国东汉时期天下大乱、群雄并起逐鹿中原的战乱年代。还有托尔斯泰的《安娜·卡列尼娜》开头："幸福的家庭都是相似的，不幸的家庭各有各的不幸，奥布朗斯基家里，一切都乱了。"这种高度概括性的哲理性语言，既限定了小说的生活背景，又表明了作者的生活态度，也把读者的文学阅读兴趣充分调动起来，欲罢不能地随着作者笔下的故事一直看下去，直到

---

① （清世祖顺治皇帝）爱新觉罗·福临御撰：《御制资政要览》三卷，江苏古籍出版社 2003 年影印本。

把整个故事搞个水落石出方能罢手。拉丁美洲作家加西亚·马尔克斯的魔幻现实主义文学代表作《百年孤独》，则是这样开头的："多年以后，奥雷连诺上校面对着行刑队的枪口时，准会想起他的父亲领他去见识冰块的那个遥远的下午。"这样的小说开头，既不像现实主义小说那样，以"现在进行时"的叙述方式再现生活；也不像历史小说那样，以"过去进行时"的叙述方式表现生活；而是从未来的"将来进行时"叙述方式来回溯过去。这种别具一格的小说开篇手法，既新颖别致又给读者留下一连串的艺术悬念，读者只要一拿到它，必然会想要知道，上校为什么多年后要被处决；在即将被处死的生死关头，上校为什么回想起第一次见到冰块的那个遥远的下午。

因此，如何以不落俗套的奇笔开篇吸引阅读者的眼光，就是许多优秀作家文学创作成功的一个重要秘诀。清代学者李渔对此一语道破天机："开卷之初，当以奇句夺目，使之一见而惊，不敢弃去，此一法也。"①

第二，要对文学文本的内容有全面通透的整体认识。文学阅读最忌以偏概全，抓住一点否定全篇。譬如近年来争议颇多的余秋雨文化散文，赞之者当然很多（仅从余的作品的市场销量及被誉为"文化大师"即可见一斑），贬之者也不是个别，在批评者中，有很多是颇有见地的公允之声，但也有一些批评明显以偏概全，有失方正。仅以那篇具有较大影响的《道士塔》为例，有批评者就认为余秋雨要修改历史，为王道士翻案。理由如下，余的文中写道："历史已有记载，他是敦煌石窟的罪人。我见过他的照片，穿着土布棉衣，目光呆滞，畏畏缩缩，是那个时代到处可以遇见的

---

① （清）李渔：《闲情偶寄》，郭绍虞主编《中国历代文论选》四，上海古籍出版社1979年版，第294页。

一个中国平民。他原是湖北麻城的农民，逃荒到甘肃，做了道士。几经转折，不幸由他当了莫高窟的家，把持着中国古代最灿烂的文化。他从外国冒险家手下接过极少的钱财，让他们把难以计数的敦煌文物一箱箱运走。今天，敦煌研究院的专家们只得一次次屈辱地从外国博物馆买取敦煌文献的微缩胶卷。叹息一声，走到放大机前。完全可以把愤怒的洪水向他倾泻。但是，他太卑微，太渺小，太愚昧，最大的倾泻也只是对牛弹琴，换来一个漠然的表情。让他这具无知的躯体全然肩起这笔文化重债，连我们也会觉得无聊。"看到这里，读者可能就会觉得，一个已被历史定论的事实，作者竟然会得出"无聊"的结论。不过且慢，我们不妨耐心再往下读读，"1900 年 5 月 26 日清晨，王道士依然早起，辛辛苦苦的清除着一个洞窟中的积沙。没想到墙壁一震，裂开一条缝，里边似乎还有一个隐藏的洞穴。王道士有点奇怪，急忙把洞穴打开，嗬，满满实实一洞的古物！……他正衔着旱烟管，扒在洞穴里随手捡翻。他当然看不懂这些东西，只是觉得事情有点蹊跷，为何正好我在这儿时墙壁裂缝了呢？或者是神对我的酬劳。趁下次到县城，捡了几个经卷给县长看看，顺便说说这桩奇事。县长是个文官，稍稍掂出了事情的分量，不久，甘肃学台叶炽昌也知道了。他是个金石学家，懂得洞窟的价值，建议藩台把这些文物运到省城保管。但是东西很多，运费不低，官僚们犹豫了。只有王道士一次次随手取一点出来的文物，在官场上送来送去。中国是穷，但只要看看这些官僚豪华的排场，就知道绝不会穷到筹不出这笔运费。中国官员也不是都没有学问，他们已在窗明几净的书房里翻动出土经卷，推测着书写朝代了。但他们没有那副赤肠，下个决心，把祖国的遗产好好保护一下"[①]。读到这里，作者的

---

① 余秋雨：《道士塔》，《文化苦旅》，长江文艺出版社 2014 年版，第 34 页。

用意已不难理解，他并非要为王道士翻案，而是在质问那些本应为此事承担一定责任，却又在出事后把所有责任推给一个愚昧无知的穷道士的封建官员们。这个追问确实值得我们深思，如果王道士是中国敦煌传统文化流失海外的历史罪人，那么那些知晓此事的各级官吏呢？还有那个高高在上的封建朝廷呢？他们应该承担怎样的保护历史文化的责任？

第三，紧扣"揭全文之指"。"揭全文之指"就是要"细微之处见深情"，要善于抓住文本中的关键词句，来破解作者艺术创作时的匠心独运。清人刘熙载说："揭全文之指，或在篇首，或在篇中，或在篇末。在篇首则后必顾之，在篇末则前必注之，在篇中则前注之，后顾之。顾注，抑所谓文眼者也。"① 他所说的"文眼"，即中国古代的"画龙点睛"历史典故，该典故出自唐代张彦远《历代名画记·张僧繇》："金陵安乐寺四白龙不点眼睛，每云：'点睛即飞去。'人以为妄诞，固请点之。须臾，雷电破壁，两龙乘云腾去上天，二龙未点眼者见在。"南北朝名画家张僧繇造诣不凡，擅作人物故事画及宗教画，时人称为超越前人的画家。梁武帝好佛，凡装饰佛寺，多命他画壁。所绘佛像，自成样式，为雕塑者所楷模。该典故说的是其在金陵安乐寺墙壁上画了四条龙，栩栩如生，活灵活现，只是没有点上眼睛。有人奇怪地问："为什么不画眼睛？"张说："如点上眼睛，龙就飞走了！"问的人不信，叫他试试。张点头应允，运笔溅墨，给其中两龙点上眼睛。顿时，雷电大作，乌云翻卷，眼见两龙张口伸爪，吞云吐雾，身肢起浮间腾地飞向了高天。这个故事也见于《神异记》，后人就用"画龙点睛"这个成语用来比喻讲话、写文章或画画时，一两个关

---

① （清）刘熙载：《艺概》，郭绍虞主编《中国历代文论选》四，上海古籍出版社1979年版，第92页。

键的词语（画）会使它们立刻生动起来。

由此可见，文眼是指一篇作品中极具表现力、能统摄整篇作品内容、揭示全文主旨的，能帮助读者快速、准确地把握文章主旨或脉络层次的关键性词句。它是文章的精要所在，是全文的画龙点睛之笔。文有文眼，诗有诗眼。文眼即文章的点睛之笔。《背影》是朱自清散文的代表作，也是现代文学史上散文的杰作。《背影》能很好地体现"画龙点睛"式的表现手法，"背影"是全文的题目，也是全文的"文眼"。《背影》前后的叙述，都是必须交代的："这个背影，是在冬日，祖母死了，父亲的差使也交卸了，祸不单行，奔丧回家时"的"背影"，从开头的"背影"伏笔，到结尾回到忆旧时的背影，"近年来，父亲和我东奔西走，出外谋生，读到父亲的来信，想到父亲的背影"，首尾用"背影"相互照应。看似刻意雕琢，实则巧妙串联。行文中间，着力描写的是父子感情，用笔却一详一略，父子的对话相当简洁，对父亲的背影描述却极其详尽，作者以极其简练的白描写法，透过对背影的描写，由表及里地展示了父亲复杂的内心世界，从而使这一形象栩栩如生地跃出纸面。请看，作者写父亲的对话都很简短，只有四次，但话短情深。四句都集中在送别时，这些话可谓语语平常，再简朴不过了，但其中却是蕴含着千情万绪。在这里，对话实际上是一种揭示心理的手段，它把父亲临别时的心绪、心态——对儿子无限怜惜、体贴、依依难舍的深情，表现得淋漓尽致，这就加重了"背影"在人们心中的分量。但在描写父亲的背影时，确是不厌其烦地描写背影，最先显现于读者眼帘的，是父亲"戴着黑布小帽，穿着黑布大马褂，深青布棉袍"的形态，色调十分浓重。这一高洁的素描，不仅给背影提供了实感，给人以憨厚朴实的印象，而且为下面的描写作了有力的铺垫。紧接着写他的动作，先是"蹒跚地走到铁道边，慢慢探身下去"，继则"穿过铁道，要爬上那边月台",最后推出一个令人难以忘怀的特写镜头:"用手攀着上面,两脚再向上缩,他肥胖的身子向左微倾,显出努力样子。"这里写的是背影,揭示的实是父亲内在的感情,透过那手脚并用、努力攀登的背影,人们不难窥见到他为儿子不惜劳苦的父子情深。通过简洁的文笔以绘态传神,揭示主旨,这是朱自清散文艺术的典型手法。从上可见,"背影"之所以如此动人,关键是在作者对他所描写的人物的心理动态和内在情绪作了深入的揣摩,有深刻的体会,正如他所说的,"仔仔细细下一番推勘的工夫,体贴的功夫,才能写出种种心情和关系"。这种细致入微的写作态度正是朱自清缜密细致的现实主义风格的鲜明表现,而"背影"的魅力也恰是由这一"功夫"得来的。

此外,"背影"的动人处还在于作者倾注于形象中的感情力量。在谈到《背影》成因时,朱自清曾说,这是因为他当时接到父亲的来信,其中说他"膀子疼痛得利害,举箸提笔,诸多不便,大约大去之期不远矣"。看完信他泪如泉涌,父亲待他的许多好处,特别是浦口车站分别的情形,"想起来跟在眼前一般无二"。可见文章是在感情十分冲动的情况下写成的,但作者并没有以抽象语言表述自己对父亲的刻骨思念,而是把感情熔铸于为自己所塑造的形象之中。作品写父亲均从"我"的视角出发,三次"背影"都是从"晶莹的泪光"中映现出来的,儿子的眼泪和父亲背影的交相融汇,从"背影"这一最佳角度下笔,大大增强了形象内蕴的浓度,使俗话所说的"人之常情"跃然纸上,以"情"动人,以"情"感人,产生一种扣人心弦的力量。此外,在作品里,作者也没有向读者直接诉说自己对父亲的感恩之情,相反地却是不断叙说自己的悔恨心情,后悔当年总觉得父亲"说话不漂亮","心里暗笑他的迂",谴责自己"那时真太聪明了"。作者巧妙地以悔恨来反衬思念,从而使思念之情显得格外深沉。

因此，通过"我"对"背影"所抒发的真情实感，很自然地会在读者心中产生共鸣，引起他们对亲人对人生意义的思索。

文章有眼，通篇皆活，全文皆亮。文眼是文章的灵魂，是贯穿全文之红线，又是深化文章主题使之形象而生动的一个鲜活的载体。古往今来的文学创作，文眼、诗眼的成功运用多不胜数，宋人王安石的《泊船瓜洲》："京口瓜洲一水间，钟山只隔数重山。春风又绿江南岸，明月何时照我还？"其中的一个"绿"字就是全诗之眼。有学者据此提出，写诗如画龙，画龙要画好眼睛，"龙眼"点得好，龙可乘风而去，"诗眼"点得好，诗也可立刻活起来。有"诗眼"的诗，可以在有限的艺术画面中留给人无尽的联想与回味。如宋代大诗人苏轼的《水龙吟》：

"似花还似非花，也无人惜从教坠。抛家傍路，思量却是，无情有思。萦损柔肠，困酣娇眼，欲开还闭。梦随风万里，寻郎去处，又还被莺呼起。不恨此花飞尽，恨西园落红难缀。晓来雨过，遗踪何在？一池萍碎。春色三分：二分尘土，一分流水。细看来，不是杨花，点点是离人泪。"

这首词巧妙运用了拟人化的手法，把咏物和写人艺术地结合在一起，全篇尽写杨花的花开花落，直到结尾才点破"不是杨花，点点是离人泪。"关键就在最后一句，一下子就使全首诗"活"起来了。作者的高明之处就在于，把无形的"情思"通过有形的"景物"艺术地进行传达，情感叙述与景物描写有机地融汇成为一体。还有唐代大诗人杜甫的《登高》：

风急天高猿啸哀，渚清沙白鸟飞回。无边落木萧萧下，不尽长江滚滚来。万里悲秋常作客，百年多病独登台。艰难苦恨繁霜鬓，潦倒新停浊酒杯。

整首诗以"秋"聚焦，以"悲"贯通首尾，尤其是其中的"万里悲秋常作客，百年多病独登台"二句，字字都能体现出诗人的用心良苦，层层递进的展示出诗人晚年的孤独悲苦处境：

作客——流落他乡有家不能归，第一层悲；常作客——经常不能归家，第二层悲；悲秋常作客——秋冬季节不能归家，第三层悲；万里悲秋常作客——与故乡远隔万里，秋冬季节不能归家，第四层悲。

登台——年老体弱爬高，第一层悲；独登台——孤单一人爬高，第二层悲；多病独登台——体弱多病又孤单还要爬高，第三层悲；百年多病独登台——年事已高孤单一人加上体弱多病还要爬高，第四层悲。

这两句诗的妙处在于，诗人通过层层递进的铺陈方式，于细微之处逐层强化渲染出诗人晚年的孤独悲苦处境。不仅上下对仗非常严谨，情感表现上也是层层呼应，一环紧扣一环，不愧是杜甫诗作中的名句。

朱熹读书："穷理六法"

今天的时代是一个知识大爆炸的时代，每年光是高校和科研部门的专家学者为了做课题、评职称出的书，以及翻译介绍进来的外国书籍，数目就相当可观，要是不知道挑拣，穷年累月地专心读书，也读不了万分之一。所以，要提倡科学的读书。从现有的文史资料看，宋代大儒朱熹是最早提出读书法的，朱熹一生不遗余力宣传、维护儒家文化，留下很多有关教育的精彩言论，其中，朱熹认为"为学之道，莫先于穷理；穷理之要，必在于读书；读书之法，莫贵于循序而致精；而致精之本，则又在于居敬而持志"。① 他的弟子汇集他的训导，概括归纳出来的"朱子读书穷理六法"六条：即循序渐进、熟读精思、虚心涵泳、切己体察、着紧用力、居敬持志。② 这六条，应是中国古代文人有关读书影响最为广泛的读书方法，是一个完整的读书穷理的次序和步骤。

第一，循序渐进。是说读书要按照一定的次序，有计划、有系统地进行。朱熹认为"读书不可不先立程限"③。所谓"立程限"，就是制订学习计划。读书需要点点滴滴地不断积累，不可能一蹴而就，因而一定要计划安排。朱熹主张"凡读书，须有次序。且如一章三句，先理会上一句，待通透；次理会第二句，第三句，待分晓；然后将全章反覆细绎玩味"④。读书应该按照文章以及自己的实际理解能力，量力而行，"循序而有常"。

所谓循序，是指按照学习内容的难易来确定学习的进程和顺序。朱熹以读"四书"为例来说明如何循序："先读《大学》，以定其规模；次读《论语》，以立其根本；次读《孟子》，以观其发越；次读《中庸》，以求古人之微妙处。《大学》一篇有等级次第，总作一处，易晓，宜先看。《论语》却实，但言语散见，初看亦难。《孟子》有感激兴发人心处。《中庸》亦难读，看三书后，方宜读之。"⑤ 其循序渐进的学习主张符合人认知过程的客观规律。同时，读书也要脚踏实地，不可急于求成。他强调读书必须"字求其训，句索其旨。未得乎前，则不敢求乎后；未通乎此，则不敢志

---

① （宋）朱熹：《读书法上》，《朱子语类》卷十，（宋）黎靖德、王星贤点校，中华书局1986年版，第161页。
② 同上。
③ 同上书，第176页。
④ 同上。
⑤ 同上书，第161页。

乎彼。"① 否则，"若奔程趁限，一向趱着了，则虽看如不看也"②。

中国古代有个《拔苗助长》的故事，故事里讲：有一个农夫，他每天起早贪黑地在地里干活，想让幼苗长得快一些，但田里的幼苗并没有像他期盼的那样快速长大。一天，这个农夫终于想出了一条妙计，他跑到田里把幼苗一棵一棵地都从土里拔高一些。夜幕降临时，他才筋疲力尽地回到家中，对家人说："真把我累坏了！不过没有白辛苦，田里的幼苗都长高了许多。过不了几天我们就可以收庄稼了！"他的儿子听他这么一说，感觉不对劲，忙跑到田里去看，满田的幼苗不仅没长高，而且全都枯死了。

《拔苗助长》的故事给大家一个启示：做事一定要循序渐进，不能急于求成。知识是一天一天积累的，能力也是一天一天锻炼的，如果不顾事物发展的规律，强求速成，结果反而会一事无成。由这个故事推及人的读书实践。

一是读书也要遵守学习规律。朱熹提倡读书循序渐进，就是要分清先后主次，即分阶段选择读书。为此，"凡读书，先读《语》《孟》，然后观史，则如明鉴在此，而妍丑不可逃。若未读彻《语》《孟》《中庸》《大学》便去看史，胸中无一权衡，多为所惑"③。"上句了然后及下句，前段了然后及下段，乃能真实该读，无所不通。"这种由简单到复杂的读书过程正好符合人类认识的规律，人类认识客观事物总要经历一个从不成熟到成熟、从不完善到完善的过程。

二是应根据自己的学习能力安排读书计划并切实遵守它。从心理学的

---

① （宋）朱熹：《读书法下》，《朱子语类》卷十一，（宋）黎靖德、王星贤点校，中华书局1986年版，第176页。

② 同上。

③ （宋）朱熹：《读书法下》，《朱子语类》卷十，（宋）黎靖德、王星贤点校，中华书局1986年版，第161页。

角度看，每个人的学习能力是有差别的，不仅自己和他人的能力水平有差异，而且在不同的发展阶段个人的能力水平也是不同的。所以，应根据自己的学习能力来制订学习计划。

三是读书要扎扎实实打好基础，不可拔苗助长、急于求成。朱熹将一个人受教育的阶段分为童蒙、小学、大学。在不同的学习阶段也要依据循序渐进的原则。例如童蒙时期，学习从"始于衣服冠履，次及言语步趋，次及洒扫清洁，次及读书写字及杂细事宜，皆当所知"①，其蒙学、服冠、言语以及读书写字等，不仅涉及人的学习，也涉及人的行为规范，这些都是根据儿童身心发展的教育规律提出的，与现代教育理念有不谋而合之处。

第二，熟读精思。所谓"熟读精思"，一是"读"，二是"思"，但要点在"熟"和"精"。如果说"循序渐进"要求合理安排读书的先后次序，那么"熟读精思"讲的是阅读与思考、学习与理解的关系。朱熹说："读书之法，读一遍了，又思量一遍；思量一遍，又读一遍。读诵者，所以助其思量，常教此心在上面流转。若只口里读，心里不思量，看如何也记不仔细。"也就是说，"熟读"就是要"使一书通透烂熟，都无记不记处"，"使其言皆若出于吾之口"；"精思"就是要"看得是了，未可便说道是，更须反复玩味"，"使其意皆若出于吾之心"。苏东坡有《送章惇秀才失解西归》诗，开头两句是："旧书不厌百回读，熟读深思子自知。"这诗句安慰和勉励科举考试失败的章惇秀才，"旧书"不嫌多读，越读越玩味越有意思。特别是经典文字简短，要多读、熟读，才能真正了解和体会。

---

① （宋）朱熹：《读书法上》，《朱子语类》卷十，（宋）黎靖德、王星贤点校，中华书局1986年版，第161页。

　　"熟读"是"精思"的前提和基础。只有读熟了，才能谈得上精思。但熟读并不是说读书在多，而是说最重要的是选得精，读得彻底。清朝文人梁章钜提倡一种"精通一部书"的读书法。他说："不拘大书小书，能将这部烂熟，字字解得道理透明，此一部便是根，可以触悟他书。"① 这是属于精选、精读的读书法，一丝不苟地精读十本、二十本经典著作，比"随便翻翻"百本、千本书有用得多。而且烂熟了几十本好书，必然大大提高阅读能力，加快泛览群书的速度。那时方能在书海里乘风破浪，领略"随便翻翻"的乐趣。孔子在晚年时，才开始学习《易经》，为弄清其含义，反复研读，甚至将编连竹简的皮绳子都翻断了好多次。后来，孔子为《易经》做了《系辞》，深刻地阐述了《易经》深奥的思想。

　　熟读的目的是精思。朱熹提出精思的要求是"使其意皆若出于吾之心"。朱熹指出："大抵观书先须熟读，使其言皆若出于吾之口；继以精思，使其意皆若出于吾之心，然后可以有得尔。"② 熟读的目的是精思，就是说要反复思考，把握文章的脉络和贯通处，达到玩味入心的程度。如何"精思"呢？他提出"无疑—有疑—解疑"的过程，他说："读书始读，未知有疑，其次则渐渐有疑，中则节节是疑。过了这一番后，疑渐渐解，以至融会贯通，都无所疑，方始是学。"③ 即读书是发现问题和解决问题的过程。读书若能做到既读得熟，又思之精，那么"久久之间，自然见个道理四停八当，而所谓统要者自在其中矣"④。所以，读书最重要的莫过读经

---

① 《浅阅读时代的深层思考》，《人民日报》2010 年 8 月 10 日，第 23 版。
② （宋）朱熹：《读书法上》，《朱子语类》卷十，（宋）黎靖德、王星贤点校，中华书局 1986 年版，第 161 页。
③ （宋）朱熹：《读书法下》，《朱子语类》卷十一，（宋）黎靖德、王星贤点校，中华书局 1986 年版，第 176 页。
④ 同上。

典。读经典不能求快，经典的学习不是能速成的，经典也不能当成资料查阅。必须潜心慢行，慢慢领略其中风采。在当今社会，北京师范大学有个辅仁读书会在"循序渐进，熟读精思"方面大概是国内做得比较好的，据介绍，这个读书会从 2010 年 9 月开始，除寒暑假外，每周末一次，每次三小时，坚持研读"四书"。阅读《论语》时，每次平均研读 7 章，一部《论语》读了一年半。这对于硕士、博士来说，也就已经过去了一半时间，但是这个时间并不白费，确实有很多人对《论语》入门了。他们完全可以从《论语》的思想角度出发，去反思自己的生活。所以说，"熟读"与"精思"是读书的两个关键环节。读书，第一遍可先读个大概，如有些地方不懂，又无处查，就读下去再说；第二遍、第三遍逐步加深体会，直读到有一天忽然开了窍，知道这本书的优点、缺点和错误了，这才算读好了，读精了。总之，要让"熟读"成为自己读书的习惯，让"精思"成为自己读书的生命。

"精思"是熟读的深层次，甚至可说是熟读的灵魂，它强调的是读书时既要思还要精。《周易》有言："思之思之，思之不得，鬼神将为通之。"实际上使之"通"者并非"鬼神"，而是通过读书时的不断思考，使人的智商有所提高，然后回过头来增助于自己对问题更进一步、更深一层的思考，这样层层递进，最终到达彼岸。《论语·为政》曰："学而不思则罔，思而不学则殆。"《中庸》中说："博学之，审问之、慎思之、明辨之、笃行之。"作为人生修炼的五项内容，其中"审问""慎思""明辨"都是指的人的思考活动。南北朝文学理论批评家刘勰说："文之思也，其神远矣"，只有"思接千载"才能"视通万里"，吐"珠玉之声"，卷舒"风云之色"①。纵观古今，凡善学者，都很重视思考。宋史记载，与苏轼、苏辙兄弟登进士同科的张载"移疾屏居南山下，终日危坐一室，左右简编，俯而读，仰而思，有得则识之，或中夜起坐，取烛以书"②。读了书，就抬起头来把书中的道理思索一番，这样的学习才会有收获。荀子读书是"诵数之贯之，思索之加通之"③。朱熹提倡读书要三到："谓心到，眼到，口到。心不在此，则眼不看仔细，心眼既不专一，却只漫浪诵读，决不能记，记亦不能久也。三到之中，心到最急。心既到矣，眼口岂不到乎?"④ 读书必须"钻进书本"，与作者融为一体，"大抵观书先须熟读，使其言皆若出于吾之口。继以精思，使其意皆若出于吾之心，然后可以有得尔"⑤。读书时多思考，就能点亮智慧之光。明末清初的天文学家王锡阐，采用多种方法对天体星辰进行长期观测后说："测愈久则数愈深，思愈精则理愈出。"⑥可见思考是推开智慧的大门。

就阅读活动而言，不同的阅读思维造就不同的阅读人生：是满足于从阅读中知道，还是从阅读中得到理解；是在阅读中顺从文本知识的引导，还是在阅读中始终保持自己的独立思考，都会在一定程度上影响到读者通过阅读活动所得到的收获。同样读一本书，不同读者收获不一样，其关键就在于是否勤于思考、善于思考。所谓读书要"勤""善"，这不限于博览与记诵，而是要勤于思考，善于举一反三，触类旁通。因此，读书要精

---

① （南北朝）刘勰：《文心雕龙·神思》，赵仲邑译注，漓江出版社1984年版，第247页。
② （明）柯维骐：《宋史新编·列传·张载》卷一百六十一，台湾新文丰出版公司1974年版，第634页。
③ （战国）荀子：《劝学篇》，张觉撰《荀子译注》，上海古籍出版社1995年版，第1页。
④ （宋）朱熹：《读书法下》，《朱子语类》卷十一，（宋）黎靖德、王星贤点校，中华书局1986年版，第176页。
⑤ 同上。
⑥ 叶水胡：《熟读与精思》，《教育导报》2012年3月，第12版。

思，才能得到收获。

第三，虚心涵泳。涵，字典的解释是水泽众多，引申为滋润的意思。曾国藩在对儿子纪泽解释涵字时说："涵者，如春雨之润花，如清渠之溉稻。"但"润花溉稻"时，"雨之润花，过小则难透，过大则离披，适中则涵濡而滋液；清渠之溉稻，过小则枯，过多则伤涝，适中则涵养而勃兴"[1]。也就是说，读书必须如润花溉稻那样，必须浸润其中，且要适度：过小则花叶难透、稻苗枯萎；过大则如花之披离，稻伤于涝。泳，字典意思当然是游泳，曾国藩的解释是，"泳者，如鱼之游水，如人之濯足"，即鱼戏游水中则乐，人亦有嬉戏乐水之性。"所谓'涵泳'者，只是仔细读书之异名"，也就是指读书时要反复咀嚼，细心玩味，深入领悟书中的精义旨趣。

虚心涵泳包含读书的客观性原则。所谓"虚心"，是指读书时要虚怀若谷，精心思虑，仔细体会书中的意思，读书中发现了疑问，"众说纷纭"，也应虚心静虑，切勿匆忙决定取舍。朱熹说："学者读书，须是敛身正坐，缓视微吟，虚心涵泳。"但是，"今人观书，先自立了意，后方观。尽率古人语言，入做自家意思中来。如此，只是推广自家意思，如何见得古人意思？"针对读书中心存偏见拘囿于成说，他提出读书要持公正态度，要认真思考，坚持新的独立见解。"读书正如听讼，心先有主张乙底意思，便只寻甲底不是；先有主张甲底意思，便只见乙底不是。不若姑置甲乙之说，徐徐观之，万能辨其曲直。"又说："读书若有所见，未必便是，不可便执着，且放在一边，益更读书以来新见。若执着一见，则此心便被遮蔽

---

[1] （清）曾国藩：《曾国藩家书·谕纪泽》，《曾国藩全集》，岳麓书社1985年版，第409页。

了。"① 朱熹还进一步强调了读书更不能因人而论，因人废言："观书当虚心平气，以徐观义理之所在，如其可取，虽世欲庸人之言，有所不废。如有可疑，虽或传以为圣贤之言，亦须更加审择，自然意味和平，道理明白，脚踏实地，动有依据，无笼罩自欺之患也。"② 不因庸人而废言，不因圣贤而盲从，"文字且虚心平看，自有意味。勿苦寻支蔓，旁穿孔穴，以汩乱义礼之正脉"③。朱熹对涵泳功夫尤其重视。如"吃果子一般，劈头方咬开，未见滋味便吃了；须是细嚼慢咽，则滋味自出，方始识得这个是甜是苦，是甘是辛，始为知味"④。"看人文字，不可随声迁就，我见处方可信。须沉潜玩绎（深钻进去，反复玩味分析），方有见处（见解）。不然，人说沙可做饭，我也说沙可做饭，如何可吃？"⑤ 他认为，读书时应该边读边思考，用心体会圣人的思想，只有如此，才能够真正理解书中的深意。

当代作家唐浩明先生所著小说《曾国藩》第二卷，记载了一段曾国藩和大儿子曾纪泽之间关于读书的对话：

曾纪泽问："儿子素日读书，对于书上讲的，常常觉得似乎是明白了，但仔细思想起来，又无甚心得，这不知是什么原因？"

曾国藩答："朱子教人读书，曾讲过八个字：虚心涵泳，切己体察。虚心，好理解，即不存成见，虚怀若谷。涵泳二字最不易识，我直到四十上下才慢慢体验出。所谓涵者，好比春雨润花，清渠溉稻。雨之润花，过小则难透，过大则离披，适中则涵濡而滋液。清渠之溉稻，过小则枯槁，

---

① （宋）朱熹：《读书法下》，《朱子语类》卷十一，（宋）黎靖德、王星贤点校，中华书局1986年版，第176页。

② （宋）朱熹：《读书法上》，《朱子语类》卷十，（宋）黎靖德、王星贤点校，中华书局1986年版，第161页。

③ 同上。

④ 同上。

⑤ 同上。

过多则伤涝，适中则涵养而勃兴。泳者，则好比鱼之游水，人之濯足。程子谓鱼跃于渊，活泼泼地，庄子言濠梁观鱼，安知非乐，此鱼水之快乐。左太冲有'濯足万里游'之句，苏子瞻有夜卧濯足诗，有浴罢诗，也是说人性乐于水。善读书，须视书如水，而视此心如稻如花如鱼如濯足，则大致能理解了。切己体察，就是说将自身置进去来体验观察。好比《孟子·离娄》首章'上无道揆，下无法守'，年轻时读这两句话无甚心得。近年来在地方办事，乃知在上之人必遵循于道，在下之人必遵守于法。若每个人都以道揆自许，从心而不从法，则下将凌上了。我想你读书无甚心得，可能在涵泳、体察二语上注意不够。"①

也就是说，读书实际是一种对人的滋润过程，是一个快乐的过程。要使心意得到滋润，便必须像用适度的水润花溉稻以滋润心意，同时充分感到读书的快乐。

第四，切己体察。切是切合实际，己是自己，"切己体察"就是将所读的文字和内容与自己的实践相对比、相参照，就是说将自身置进去体验观察。这句话是说读书要善于联系自己的知识、经验去体会理解书中的道理。朱熹曰："入道之门，是将自个己身入那个道理中去，渐渐相亲，与己为一。"他还说："不可只就纸上求义理，须反来就自身上推究。"读书不能只在纸面上做功夫，必须心领神会，身体力行。"学者读书，须是将圣贤言语体之于身。"只有"从容乎句读文义之间，而体验乎操存践覆之实，然后心静理明，渐见意味"②。

所谓切己体察，是指读书要与自己生活的真切体悟相联系，曾国藩在

---

① （清）曾国藩：《曾国藩家书·谕纪泽》，《曾国藩全集》，岳麓书社1985年版，第409页。
② （宋）朱熹：《读书法上》，《朱子语类》卷十，（宋）黎靖德、王星贤点校，中华书局1986年版，第161页。

和儿子曾纪泽交换读书心得时，以自己的读书体会举例说："尔现读《离娄》，即如《离娄》首章'上无道揆，下无法守'。我往年读之，亦无甚警惕；近岁在外办事，乃知上之人必揆诸道，下之人必守乎法；若人人以道揆自许，从心而不从法，则下凌上矣。"① 曾国藩是以《孟子·离娄》首章为例来说明"切己体察"的现实意义，在《孟子·离娄》中有这样一段话："为政不因先王之道，可谓智乎？是以惟仁者宜在高位，不仁而在高位，是播其恶于众也。上无道揆也，下无法守也。朝不信道，工不信度，君子犯义，小人犯刑，国之所存者幸也。"意思是说，为政必须依照先王之道，所以说只有仁者才宜身在高位，不仁的人在高位，便会传播邪恶。如果在上者不以道为准则，在下者便无法可遵守。这样，便会造成朝廷没有道义，臣属不讲求诚信，君子冒犯道义，小偷触犯刑律，国家要存在，只能靠侥幸了。

曾国藩说他以前对其中的"上无道揆，下无法守"没有足够的警惕，而当他身处高位后，处理各种事务时，才真正体会到，如果"上无道揆"，必然会造成"下无法守"，结果是人人都以有道而自许，都相信自己、随心所欲而不守法度，这必然会造成以下犯上的乱局。就是说，曾国藩觉得通过自己在朝为官的经验，深刻地体会到"上无道揆，下无法守"的真正含义。曾国藩的看法明显有着时代的局限性，但他认为自己是从多年的切身体会中，才真正读懂了《孟子》中的话，确实值得我们深思。

除此之外，曾国藩还举了《孟子·离娄》中"爱人不亲"章节做进一步解释，他说"往年读之，并不亲切；近岁阅历日久，乃知治人不治者，智不足也"。

---

① （清）曾国藩：《曾国藩家书·谕纪泽》，《曾国藩全集》，岳麓书社1985年版，第409页。

查《孟子·离娄》此章原文是："爱人不亲，反其仁；治人不治，反其智；礼人不答，反其敬。行有不得者，皆反求诸己。其身正，而天下归之。"大致意思是说，爱他人，而不被亲近，就要考虑自己是否仁义；治理人却没有治理好，便要考虑自己是否有足够的智慧；以礼待人，却得不到回馈，便要考虑自己是否足够尊敬他人；做事不能收到预期效果，便要反躬自省。如果自己一身正气，天下的人自然都会来归附。显然，曾国藩是想通过这两个例子对儿子说明：读书要真正有所得，必须像朱子说的读书要与自己生活的真切体悟相联系。

朱熹强调读书不能仅仅停留在书本上、口头上，而必须见之于自己的实际行动。他说："读书不可只专就纸上求义理，须反来就自家身上推究。如说仁义礼智，曾认得自家如何是仁，自家如何是义，如何是礼，如何是智，须是着身己体认得。"① 他竭力反对只向书本上求义理，而不"体之于身"的读书方法，认为这样即使是"广求博取，日诵五车"，也无益于学问。在朱熹看来，读书时不能只在纸面上做功夫，还必须将书中道理与自己的生活结合起来，他说："读书穷理，当体之于身。凡平日所讲贯穷究者，不知逐日常见得在心目间否？不然，则随文逐义，赶趁期限，不见悦处，恐终无益。"所以朱熹强烈反对秦汉以来不切己体察的读书方法。"秦汉以后，无人说到此，亦只是一向去书册上求，不就自家身上理会。"② "今人读书多不就切己上体察，但于纸上看，文义上说得去，便了。如此济得甚事。"③

---

① （宋）朱熹：《读书法下》，《朱子语类》卷十一，（宋）黎靖德、王星贤点校，中华书局1986年版，第176页。

② 同上书，第161页。

③ 同上书，第176页。

此外，朱子强调要以所读之书的道理来指导自己的实践。朱熹说："大凡读书，须是要自家日用躬行处着力方可。"① 又说："读书便是做事。凡做事有是有非，有得有失，善处事者不过称理其轻重耳。读书讲究其义理，判别其是非，临事即此理。"能将书上的"圣贤言语，体之于身"②，考察体验自己能否如此力行。朱熹曾说："读书须是身心都入在这一段里面，更不问外面有何事，可见得一般道理出。"③ 朱熹是主张"读书穷理"的，他认为，"为学之道，莫先于穷理，穷理之要，必在于读书"④。而"读书穷理当体之于身……读书不可只就纸上求理义，须反来就身上推究读圣贤书的最终目的"⑤，是"存天理，灭人欲"，并落实到自身。朱熹以圣贤的榜样为例，讲正心，自己先心正；讲诚意，自己先意诚；讲修身齐家，也不是空话。他强调"须要将圣贤言语，体之于身"。也就是说，读书不仅是要获得知识、探求义理，更重要地是落实到自身修养的提高上。如果学到的义理只是停留在纸面上，或者只是用于教导别人，那就失去了学习的意义。从读书法的角度来看，朱熹强调读书必须联系自己，联系实际，将学到的理论转化为行动，这个观点是应该肯定的。

第五，着紧用力。是倡导读书要有紧迫感，要刻苦勤奋，这样方能取得成效。朱熹认为："宽着期限，紧着课程。为学要刚毅果决，悠悠不济事。且如发愤忘食，乐以忘忧，是甚么精神，甚么筋骨！今之学者，全不

---

① （宋）朱熹：《读书法上》，《朱子语类》卷十，（宋）黎靖德、王星贤点校，中华书局1986年版，第161页。

② 同上。

③ （宋）朱熹：《读书法上》，《朱子语类》卷十，（宋）黎靖德、王星贤点校，中华书局1986年版，第176页。

④ 同上。

⑤ 同上。

曾发愤。直要抖擞精神，如救火治病然，如撑上水船，一篙不可缓。"① 即读书时必须抓紧时间，要以刚毅勇猛的精神去读书，以坚持到底而不懈怠的精神去读书。

朱熹认为读书应该具有犹如救火治病的紧迫感，撑上水船那样不进则退的顽强作风和破釜沉舟那样勇往直前的精神；又比作两军对垒："圣人千言万语，无非只说此事须是策励此心，勇猛奋发，拔出心肝与他去做。如两边擂起战鼓，莫问前头如何，只认卷将去，如此方做到工夫。"② 若瞻前顾后，便做不成。总之，读书时虽不可求速成，但必须抓紧抓狠，毫不懈怠，要有"一棒一条痕，一掴一掌血"③ 的精神。为此，他提出"宽着期限，紧着课程"的读书原则。意思是说读一本书时，就绝不能松松垮垮，一定要抓紧时间，按部就班地完成任务。

明代文人钱福（一说为文嘉）的《明日歌》"明日复明日，明日何其多。我生待明日，万事成蹉跎。世人若被明日累，春去秋来老将至。朝看水东流，暮看日西坠。百年明日能几何？请君听我明日歌"则从人与时间的辩证关系，在作品中告诫和劝勉人们要牢牢地抓住稍纵即逝的今天，今天能做的事一定要在今天做，不要把任何计划和希望寄托在未知的明天。今天才是最宝贵的，只有紧紧抓住今天，才能有充实的明天。否则，"明日复明日"，总为自己找借口推延到明日，到头来只会落得个"万事成蹉跎"，一事无成，悔恨莫及。

第六，居敬持志。是强调读书要有专心致志的心境和坚定远大的志

---

① （宋）朱熹：《读书法下》，《朱子语类》卷十一，（宋）黎靖德、王星贤点校，中华书局1986年版，第176页。

② （宋）朱熹：《读书法上》，《朱子语类》卷十，（宋）黎靖德、王星贤点校，中华书局1986年版，第161页。

③ 同上。

向。朱熹指出："读书之法，莫贵于循序而致精，而致精之本，则又在于居敬而持志。此不易之理也。"① "敬"的本义就是恭敬，不放肆。所谓"居敬"，指读书时精神专一，注意力集中。朱熹说："读书须收敛此心，这便是敬"，"读书须将心贴在书册上，逐句逐字，各有著落，方始好商量。大凡学者，须是收拾此心，令专静纯一，日用动静间都无驰走散乱，方始看得文字精审"。所谓"持志"就是要树立远大志向，并长期坚持，朱熹在《与孙敬甫书》中说："程夫子之言曰：涵养须用敬，进学在致知。此两言者，如车之两轮，如鸟之两翼，未有废其一而可行可飞者。"朱熹对他的学生说："学者工夫唯在居敬穷理二事，此二事互相发，能穷理则居敬工夫日益进，能居敬则穷理工夫日益密。譬如人之两足，左足行则右足止，右足行则左足止。"② 又说："穷理涵养，要当并进，盖非稍有所知，无以致涵养之功，非深有所存，无以尽义理之奥。正当交相为用而齐致其功。"③ 朱熹指出涵养与致知两种功夫是相互联系、相互促进的，涵养好才能专一考究义理，明义理可使涵养更好，而在二者中"持敬又是穷理之本"。就是说，诚心诚意、兢兢业业是做好一切事情的基础，读书也不例外。居敬就是要从内心中严格尊崇礼法，专一有恒，一刻也不放松对自己的要求。特别是要排除杂念，不受外界诱惑。他说："立志不定，如何读书？"④ 学习者能否立定大志，是读书成功的关键。

读书要虚心也要居敬。朱熹认为："读书之法无他，唯是笃志虚心，

---

① （宋）朱熹：《读书法上》，《朱子语类》卷十，（宋）黎靖德、王星贤点校，中华书局1986年版，第161页。

② （宋）朱熹：《论知行》，《朱子语类》卷九，（宋）黎靖德、王星贤点校，中华书局1986年版，第134页。

③ 同上。

④ 同上。

反复详玩，为有功耳。近见学者，多是卒然穿凿，便为定论；或即信所传闻，不复稽考，所以日诵圣贤之书，而不识圣贤之意，其所诵说，只是据自家见识杜撰成耳，如此岂复有长进？"① 朱熹所说的"虚心"，有不先立论和专心致志两层意思。不先立论指不预设立场，认真体会书中原意。"凡人读书，须虚心入里玩味道理，不可只说得皮肤上。譬如一食物，滋味尽在里面，若只舐噬其外，而不得其味，无益也。"② 专心致志指不被杂念所扰，一心一意读书。朱熹强调读书必须专心静虑，全神贯注。他说："阳气发处，金石亦透，精神一到，何事不成。"③ 朱熹认为，学习不仅要虚心，而且要居敬。所谓居敬，即收放心，严肃认真与精神专一。"敬"就是"主一"，就是专心一念。"主一之谓敬，只是心专一，不以他念乱之。"④

居敬持志包含读书的目的性原则，其既是朱熹道德修养的重要方法，也是他最重要的读书方法。

陈善读书："入乎其内"与"出乎其外"

如果说，韩愈和朱熹是从读者的自身条件和要求提出读书方法的话，

---

① （宋）朱熹：《读书法上》，《朱子语类》卷十，（宋）黎靖德、王星贤点校，中华书局1986年版，第161页。

② 同上。

③ （宋）朱熹：《论知行》，《朱子语类》卷九，（宋）黎靖德、王星贤点校，中华书局1986年版，第134页。

④ 同上。

另一位南宋学者陈善则是从人与书的关系角度探讨读书的方法。我国南宋学者陈善在谈到读书时，曾经这样说过："读书须知出入法。始当求所以入，终当求所以出，见的亲切，此是入书法；用得透脱，此是出书法。盖不能入得书，则不知古人用心处；不知出得书，则又死在眼下。惟知出知入，乃尽得读书之法。"① 大意是说读书要知入知出，开始要求进入书本，了解古人的用意，最终要跳出书本，形成自己的独立见解。因为不进入书本，就无法探求领悟古人的精义奥旨，而跳不出书本，就会被古人拴住手脚束缚思想，沦为书奴。陈善的看法是很有趣的，读书读不进去，就无从知晓文学里面的意义世界，但如果一头扎进书里面出不来，一味地拘泥于书本，不能站在文学文本之外去领略文学的意义世界，那也是读死书。所以，读书要读得进去又要出得来，方可谓尽得读书之要旨。

陈善"知出知入"读书法的价值，在于正确地指出了读书过程中理解和运用两者之间的关系。陈善讲"入"，是指读书从感知内容到把握主旨的理解过程。在这个过程中，读者会被书中精彩的情节、缜密的思想所吸引，从而产生共鸣，所以他用"见的亲切"四个字来形容。讲"出"，是说读者要懂得如何用自己的思想观点去评判书本中的是与非、精华与糟粕。这个评判过程要完全摆脱任何思想或观念的束缚，通过冷静地分析、比较、判断，做到"透脱"。在陈善看来，读书既要博闻强记书本内容，又要不拘泥于书本章句，这两者是相反相成的，只有经过了博闻强记，牢牢记住书中的要点，把前后内容贯穿起来，达到十分熟悉的地步，才能进一步深入了解领会文章的深刻含义。这就是"能入"。否则，对文章的观

---

① （清）陈善：《扪虱新语》，《文渊阁·四库全书》子部，杂家类，杂纂之属《说郛》卷二十二。

点不甚了了，放下书本就忘得干干净净，就不可能有新的体会和心得。用我们今天的话说，就是既能钻到书本知识中去，也能把书本知识和生活实践相结合。

从文学阅读活动的角度看，"入"是文学阅读的首要条件，读书首先要读进去，透过文本的文字去揣摩、理解文本的内在意蕴，了解作家在文学创作时的用心良苦，以自己的文学接受心境与作家的文学创作心境相互沟通，"入"的文学阅读是以作者和作者的文学文本为重心。"入"的至高境界，大概就是孔夫子当年在齐国听了齐王特意为他安排的"韶乐"所带来的强烈感受了。《史记·孔子世家》载："子与齐太师语乐，闻《韶》音，学之，三月不知肉味。齐人称之。"又《论语·述而》载："子在齐闻《韶》，三月不知肉味。曰：'不图为乐之至于斯也。'"只听了一次"韶乐"，便沉迷于音乐的魅力之中而不能自拔，以致三个月内食肉而不知其味，孔夫子对音乐的忘我投入算是够典型的了。不过，在具体的文学活动中，比孔夫子更要忘我投入的例子还很多，当年曹雪芹写作《红楼梦》，前后"披阅十载"，于是才有了"满纸荒唐言，一把辛酸泪。都云作者痴，谁解其中味"的《红楼梦》。从该诗内容看，"荒唐"不仅指作者在书中引出了"炼石补天""青埂峰"等荒唐故事，而且指全书描写的当时社会的腐朽、残酷、互相倾轧以致走向灭亡的道路。当时的儒生也认为这是"弥天大谎"，所以作者是以愤恨的心情写出"满纸荒唐言"的。由于作者在书中对许多人物抱有同情感，所以说自己是饱含着"一把辛酸泪"来写这部著作的。他唯恐后人不知他的真实意图，故云"都云作者痴，谁解其中味？"人的一生在历史的长河面前其实是很短暂的，更何况是英年早逝的曹雪芹，竟然花费自己非常宝贵的十年时间，来写作一本在自己的有生之年不能给自己带来任何物质利益的小说，他也无法预知，在自己身后能因一部小说让自己留名史册。仅仅是因为自己人生的大起大落而有感而作，"一把辛酸泪"，十分生动地道出了他在这期间因写作而品尝到的人生酸甜苦辣，其身心与精神的忘我投入，恐怕是局外人难以想象出来的。

从传统的文学阅读观念上看，文学解读"入"的至高境界就是"共鸣"，也就是文学活动的创作者和欣赏者彼此之间的思想感情通过文学阅读活动，由人生体验的相互理解或是审美情趣上的相互沟通，进而在情感上萌生共鸣。唐代诗人白居易著名的《琵琶行》，就是通过诗歌的形式来艺术地表现出情感共鸣产生的具体过程。

唐代元和十年，白居易在仕途上失意，被贬为九江郡司马，次年秋，因送客到浔阳江边，"忽闻水上琵琶声，主人忘归客不发。寻声暗问弹者谁，琵琶声停欲语迟"。在白居易等人的再三恳请下，琵琶女"千呼万唤始出来，犹抱琵琶半遮面。转轴拨弦三两声，未成曲调先有情。弦弦掩抑声声思，似诉平生不得意"。因此勾起了白居易等人的好奇心，原来琵琶女本是长安倡女，年少时曾"名属教坊第一部。曲罢曾教善才服，妆成每被秋娘妒。五陵少年争缠头"，后来因年事渐高，"门前冷落鞍马稀，老大嫁作商人妇，商人重利轻离别，前月浮梁买茶去。去来江口守空船，绕船月明江水寒。夜深忽梦少年事，梦啼妆泪红阑干"。这一番话语，引发了同是人生失意者的白居易的由衷感慨，"我闻琵琶已叹息，又闻此语重唧唧。同是天涯沦落人，相逢何必曾相识"。于是，当琵琶女终于结束琵琶演奏时，"满座重闻皆掩泣。座中泣下谁最多？江州司马青衫湿"①。

从文学阅读的审美效果上看，在场的人都被琵琶的音乐魅力所感动，

---

① （唐）白居易：《琵琶行·并序》，中国社会科学院文学研究所编《唐诗选》，人民文学出版社1978年版，第180页。

说明琵琶女的演奏水平确实高超，但为什么"座中泣下谁最多，江州司马青衫湿"呢？白居易在《琵琶行》的"序言"里，自己回答了这个问题："予出宫二年，怡然自安，感斯人言，是夕始觉有迁谪意。"在仕途上失意后，白居易被贬出京城长安，虽然在情感上能有效地控制自己，以"随意而安"的人生态度来面对自己的人生挫折，但那只是"男儿有泪不轻弹"的自我掩饰，一旦有强大的外力触动了自己隐藏在内心深处的那根"失意"的神经，必然就会在情感上自然流露出来。白居易在宦海中的得意失意，与琵琶女在人生中的起落沉浮，在情感体验上有着明显的相同之处，因而在审美活动的情感体验上，自然就会产生他人所没有的情感共鸣。

　　"出"是文学阅读创造新的文学意义的前提，是文学阅读者以"我"为中心对文学阅读对象进行解读的必备条件，清代著名学者况周颐对此曾经说过："读诗之法，取前人名句意境绝佳者，将此意境谛构于吾想往中。然后澄思渺虑，以吾身入乎其中而涵咏玩索之。"[①] 在具体的文学活动中，"出"的文学阅读效果有时是作家有意为之，作家在创作时有意引导读者去追寻画外之意、题外之旨，而不是拘泥于文本的文字含义，比如白居易的《琵琶行》，在用了大量的篇幅"大弦嘈嘈如急雨，小弦切切如私语；嘈嘈切切错杂弹，大珠小珠落玉盘"来描写琵琶女的高超演奏技巧后，被如哭如泣的音乐感动得无比伤感的作者，却对戛然而止的琴音"曲终收拨当心画，四弦一声如裂帛。东舟西舫悄无言，唯见江心秋月白"感动的泣然泪下。"此时无声胜有声"，演奏已经停止了，但仍沉浸在音乐的魅力中的诗人却还在放纵着自己的情思，与其说诗人是在聆听音乐，不如说他是

---

　　① （清）况周颐：《蕙风词话》卷一，引自黄志浩《诗歌意境的特点及其分类》，《名作欣赏》2007 年第 5 期。

用音乐来验证自己的人生经历中所遇到的风风雨雨，从有声到无声的音乐世界里映照出诗人宦途的落魄惆怅，也让后来的阅读者产生了浮想联翩的艺术追思。作家这种有意引导阅读者去领略文字之外的文学韵味的方法，其所追求的效果，其实就是近代学者王国维在他的《人间词话》中所指出的："诗人对于宇宙人生，须入乎其内，又须出乎其外。入乎其内，故能写之。出乎其外，故能观之。入乎其内，故有生气；出乎其外，故有高致。"① 这就是说，作家的文学创作，必须全身心地投入进去，才能产生文学解读必需的艺术魅力，但如果全身心地投入进去后，不能用理性控制住自己的艺术情思，作品的艺术品格也不可能高雅致远。

"出"的文学阅读效果，大多则是以读者的认识和理解为中心，尽管它的文学阅读对象是作家的文学文本，但它注重的是阅读者的文学判断和理解，它建立在阅读者的文学知识和生活经验的积累基础之上，因而其文学阅读的结论，必须是读者通过对文学文本的用心解读，结合自己的文学知识和生活经验后才能得到。这样的结论不一定切合作家创作时的创作心境，也不一定切合文学文本的文字含义，它更多地表现为解读者在文学阅读活动中的一己体会，即读者在文学阅读中获得的具体审美感受和审美判断，现代美术大师齐白石的关门弟子许麟庐，模仿齐白石的对虾画达到了炉火纯青的地步，外人一般不能分辨出真假，也有很多人想学齐先生画的对虾，但都不得要领，许麟庐为此很得意，有些飘飘然。齐先生看在眼里，就对许麟庐跟其他学画的弟子说：学我者生，似我者死。他这句话的意思，就是要他的弟子们不要因为刻意模仿乃师的画风而丧失了自己的创作个性。在一定意义上，文学阅读的"出"就是要像齐白石大师所强调的

---

① 彭玉平编著：《人间词话》，中华书局 2010 年版，第 97 页。

那样，阅读文学文本但不受文本文字所制约，也不受他人的文学阅读意见所左右，只相信自己的读书心得体会，即文本的意义世界和自己的审美心境相沟通后得到的结论。宋代大文豪苏轼在他的《题庐山西林壁》中说过："横看成岭侧成峰，远近高低各不同，不识庐山真面目，只缘身在此山中。"说的虽然是庐山，却也道出了文学阅读的真谛，即要和自己的审美对象保持一定的距离，才能够具有冷静和清醒的思维判断力。

文学阅读中的"出"，最为典型的大概就是西方当代学者所倡导的"误读"方法。从历史的角度上看，"误读"是一种很早以前就有且带有普遍性的文学阅读现象。譬如据传出自周文王之手的中国古典书籍《周易》，这是一部带有中国古代哲学思想的文化书籍，其内容主要是通过象征天、地、风、雷、水、火、山、泽八种自然现象，用一种八卦图形的推演方式，来演示和推测人与自然的变化关系，并以天地阴阳二气的相互交感作用，来解说宇宙万物的生命本质。我国的学者对这本书的解读，历来就有不同的观点，汉代以前解读《周易》，是把它当成占卦之书；三国时期的王弼，拿老庄思想来解读《周易》，并在此基础上创建了中国的玄学；汉代还有人从儒家学说的角度去解释《周易》。针对《周易》解释的种种观点，著名学者朱熹指出："《易》本卜筮之书，后人以为止于卜。至王弼用老、庄解，后人便只以为理，而不以为卜筮，亦非。"① 他的态度很明确，只要不是把《周易》当成是卜筮之书的解释，都是一种误解。现代学者汤用彤则对三国的王弼用老庄的观点来解释《周易》的解读方法给予了极高的评价："吾人解《易》要当不滞于名言，忘言忘象，体会其所蕴之义，

---

① （宋）朱熹：《易一》，《朱子语类》卷六十五，（宋）黎靖德、王星贤点校，中华书局1986年版，第1434页。

则圣人之意乃昭然可见。王弼依此方法，乃将汉易象数之学一举而廓清之，汉代经学转为魏晋玄学，其基础由此而奠定矣。"[①] 美国当代学者韦斯坦因也就此指出："从世界文学的有利角度看，一部作品被许多人阅读，就意味着每一个时代都会从新的角度来阅读它。这种永久的创造性叛逆是由历史造成的，它似乎摧毁了学者们要求在语文上做到精确（历史主义）的呼吁。"[②] 从文学阅读的角度看，一部作品出现多种解释是很正常的，因为不同时代、不同社会背景、不同人生理想的人对同样的一个文学审美对象，都会有自己不同于他人的新的文学解释，这是正常的，也是社会发展的一种必然。

不过，西方的解构主义理论把文学阅读中的"误读"现象推向了一种极端，认为文学阅读"没有解释，只有误解"，解构主义的耶鲁学派主要代表人物哈罗德·布鲁姆就提出了"影响即误读"的观点。他认为，文学史应视为误读的历史。是文学后辈对文学前辈的有意误读，是后人试图把各种有意识和无意识的误读，来贬低、否定前人的文学成就，从而达到树立自己文学形象的一种目的。因为年轻人总要挣扎着试图推翻由他们的父辈树立的诗歌纪念碑，焦急地渴望着这一历史的断裂、偏离或中止，以便取而代之。后辈之所以要超越前辈，是要树立自己的纪念碑。为此他提出："莎士比亚以来的诗歌史是一幅'误读'的图象。"一部欧洲"诗歌影响史，即从文艺复兴起西方诗歌的主要传统，就是一部焦虑和自我适合的歪曲模仿的历史，一部曲解的历史，一部反常、任性、故意的'修正主

---

① 汤用彤：《汤用彤学术论文集》，中华书局1982年版，第216页。
② ［美］韦斯坦因：《比较文学与文学理论》，刘象愚译，辽宁人民出版社1987年版，第62页。

义'的历史，而若无这种'修正主义'，现代诗歌本身也不可能存在"①。这就是说，所有的后人对文学经典的解读，总是从推翻前人的文学观点开始。这样的文学阅读观点，恐怕是要把文学阅读引向另一个极端。因为，在具体的文学阅读实践中，后人的文学阅读观点的确立，并不一定就是非要建立在否定前人的文学阅读观点的基础上面，才能做到有效地进行。

①　转引自［美］戴维·霍伊《阐释学与文学》，张弘译，春风文艺出版社 1988 年版，第 233 页。

第五章　阅读语言

走进文本，最先接触到的便是语言。

人类的文本阅读都是要通过语言进行的，因为人类的一切文化传统和文明历史，最终都是通过语言才得以表现出来的，《左传》引孔子语："言以足志，文以足言。不言，谁知其志？言之无文，行而不远。"① 孔子的意思是说，用语言表示志向，用文字表示语言。如果不说话，谁能了解你的人生志向。如果只顾说话，但不注重修辞文采，那你的语言所产生的影响也就不会太远。他是主张"言"要有"文"，即是强调文辞应当有所修饰，形式也是要讲究的，然其目的还是更好地表现内容，并使它起到更大的作用。"一切理解都是解释，而一切解释都是通过语言的媒介而进行的。"② 因此，要理解人类的文明历史和文化传统，必须从语言开始。从文化进步的角度上看，人类创造语言，主要是用来表达人生的意义世界，因此，人类离不开语言，就像人类的生活世界离不开意义一样。19 世纪的哲学家康

---

① 《左传·襄公二十五年》："仲尼曰：'言以足志，文以足言。不言，谁知其志？言之无文，行而不远。'"

② ［德］伽达默尔：《真理与方法》，洪汉鼎译，上海译文出版社 2004 年版，第 496 页。

德，把与人无关的自然设定为"自在之物"或"物自体"，一旦"物自体"进入人的意识，与人发生一定的关系，便成为"人化的自然"，人就要借助于语言，表示出它的意义。于是，他提出人对世界的认识必有自己的根据，这就是提供时空观念的感性形式和提供判断形式的知性范畴。感性形式和知性范畴使世界对人生成为"现象"，即人所把握到的世界，而"物自体"则作为消极的界限而限定人类认识的可能性。这样，康德就设定了两种"本体"的存在：既把"自然本体"作为认识的对象性前提和认识的消极界限而设定下来；又把"精神本体"作为认识的主体性根据和认识的积极界限而设定下来。① 借助于语言，人类得以分享他们的祖先生活经历过的欢乐和悲伤，避免了重蹈祖先们走过的生活弯路，并对未知的科学世界进行积极的探索和研究。

很久以来，人类一直把语言当作人类表达思想、交流感情、交换社会生活信息的一种工具，即人类先是有了意识和对生活的认识，然后才借助语言把这种意识或认识传递出去。也就是说，语言在人类的社会生活中起着交流的中介作用。不过，在现代语言学看来，语言符号一旦形成并构成一个相对完整的符号体系，它就有了属于自己的意义世界，因而也就有了自己的独立地位和话语权力。在这个意义上看，语言就不再像传统语言学所强调的那样，主要是当作一种交际工具来使用。与之恰恰相反，语言一经形成，本身便具有了自己的独立品格和意义世界，它并不完全听命于人类的指挥和摆布。因此，从不同的语言学角度切入去解读文学语言，对文学语言的性质就会得到不同的结论。

---

① 孙正聿主编：《思想中的时代：当代哲学的理论自觉》，北京师范大学出版社 2013 年版，第 3—4 页。

语言的传统工具性

从一般意义上说，作家写作凭借的是语言，语言首先是文学创作的手段与媒介，文学语言在一定程度上体现了作家独有的艺术感觉与文体风格，具有作家个人的人生体验性和直觉性，作家正是通过语言去感受和展示世间万物的艺术生命。文本阅读中的语言释义，指对语词、文句的意思的理解和确认，即"通晓文字"，并在通晓文字的基础上去领会语词、文句的特殊意蕴，包括暗示义、引申义、隐喻义等。文学阅读过程中的释义，既是一个通晓文字、消除语言障碍的过程，更是一个充分调动我们已有的欣赏经验和知识储备，在词、句的彼此关系，也即由"上下文"构成的具体"语境"中，重新确定词句意义的过程。

从先秦到清末，中国古典文学界对语言的地位形成了自己的一套独特看法，这套看法是以中国古典语言观为基础的。人们认识到，语言是外在的客观世界之"道"的存在方式。[①]《周易·系辞上》指出："鼓天下之动者存乎辞。"[②] 这是说，能鼓动天下的在于卦爻的文辞。按此看法，文辞具有鼓动天地万物运动和变化的神奇力量。这里的"辞"虽然直接地指《周易》文辞，但也可以视为对一般语言（包括文学中的语言）的一种基本意

---

① 《易经》："一阴一阳之谓道。"道在中国哲学中，是一个重要的概念，表示"终极真理"。此一概念，不单为哲学流派道家、儒家等所重视，也被宗教流派如道教等所使用。

② 《周易·系辞上》："极天下之赜者存乎卦，鼓天下之动者存乎辞，化而裁之存乎变，推而行之存乎通，神而明之存乎其人，默而成之，不言而信，存乎德行。"

义规定。刘勰《文心雕龙·原道》在引用这句话后指出："辞之所以能鼓天下者，乃道之文也。"在他看来，文辞之所以有鼓动天下的力量，就因为它是"道"的存在方式。刘勰明确地把文辞或语言的力量同最根本的天地万物之"道"联系起来，从而揭示了语言的力量的根源，由此为确立语言在文化和文学中的地位提供了一种有力依据。由这种看法可以引申出如下观点：文学中的语言由于是"道"的存在方式，因而具有鼓动天地万物的运动和变化的力量。语言不仅是"道"的存在方式，而且与人的内在主观的"心"密切相关。

先秦时期的"诗言志"命题早就显示了一个主张："志"是人的一种内心活动，它可以通过"言"（语言）表达出来，而诗的使命正是用语言表达这种"志"。[①] 在 20 世纪以前，人们一般只重视文学语言的模仿性与再现性，文学语言本身没有独立的价值，它只是再现现实生活或表达主观情感的工具。孔子在《论语·卫灵公》中所说的"辞达而已矣"，就是要求表达明确、定质、名实相当，故朱熹对此释之曰："辞，取达意而止，不以富丽为工。"[②] 即认为写文章的最高境界就是语言准确传达了写作者的意思。

"语言是人类最重要的交际工具"这个观点，有学者考证出自革命领袖列宁，列宁在论述现代资本主义社会市场关系时这样说过："语言是人类社会最重要的交际工具；语言的统一和语言的无阻碍的发展，是保证贸易周转能够适应现代资本主义而真正自由广泛发展的最重要条件之一，是使居民自由地广泛地按照各个阶级组合的最重要条件之一，最后，是使时

---

① 《尚书·尧典》，中记舜的话说："诗言志，歌永言，声依永，律和声。"
② （宋）朱熹：《学而》，《朱子语类》卷二十，（宋）黎靖德、王星贤点校，中华书局 1986年版，第 400 页。

常同一切大大小小的业主、卖主和买主密切联系起来的条件。"① 在列宁看来，语言是社会的产物，从它产生的时候起，就一直作为人类的交际工具，作为社会成员间交流思想、传达情感的工具为社会服务。交际功能是语言最基本的社会功能，一种语言一旦不再作为交际工具来使用，那它也就不能再用作人们的思维工具。这是由语言的社会本质所决定的。传统的语言学据此认为，语言是人类思想感情交流的一种有效工具和载体，作为一种工具，它本身是没有生命活力和想象张力的，是人类的思想感情赋予它意义以及想象张力的内涵，因此，它必须服务于人类的思想，为人类的思想所支配。所以，语言不仅是人类的思维与交际的工具，而且是人之所以为人的一种存在方式。这样的观点表现在文学研究上，即文学语言必须为文学文本的中心思想服务，受作家的创作思想所支配。这表现在具体的文学活动中，就是作家的思想情感借助文学语言得以有效传达。也就是说，在语言和思想的关系上，语言处于从属和受支配的地位，语言只是思想的一个传声筒。

从文学活动的角度看，作为人类交际工具的语言，主要是为了承担起作家在文学创作中的表情达意需要，无论是从字、词、句的具体分析到篇章结构的整体把握，还是对"言""象""意"的逐层深入理解，最终都将通过语言的艺术传达实现对文学文本的意义完成。文学阅读过程既要借助语境的理解去细心揣摩、领会特殊语境下语词特殊含义，还要能够综合运用我们已有的包括语言、文学、文史等在内的各种知识，调用我们生活经验、情感经验去加以参证。宋代理学家朱熹论读书方法时曾说过："读

---

① ［俄］列宁：《论民族自决权》，中共中央马克思恩格斯列宁斯大林著作编译局《列宁选集》卷三，人民出版社 1963 年版，第 453 页。

书，始读，未知有疑；其次，则渐渐有疑；中则节节有疑。过了这一番，疑渐渐解，以至融合贯通，都无所疑，方始是学。"[①] 他的意思是说，书刚开始读的时候，不觉得会有什么疑问，但是读着读着，慢慢就会出现一些问题，读到一半的时候，每个小节都会产生疑问。再往下读的时候，疑问就会慢慢地被解决，最终达到融会贯通的程度。最后所遇的问题都被解决了，这才能称得上是学习。朱熹还说："读书须是仔细，逐句逐字，要见着落。若用工粗卤，不务精思，只道无要疑处。非无可疑，理会未到，不知有疑尔。"[②] 这就是说，对于一些有价值的书，要善于提出疑问，但只有学会熟读精思，开展积极的思维活动，才能善于提出问题。并通过刻苦钻研，逐渐弄清问题，对所学的知识才算真正理解。

例如，在古典小说《红楼梦》第六十五回里写到贾琏身边的小厮兴儿，因事来到宁府后面的小花枝巷贾琏瞒着凤姐私下纳妾的寓所找贾琏。贾琏去后，尤二姐有意留兴儿下来，通过闲聊了解贾府的情况。兴儿向尤二姐介绍凤姐说：

"提起来，我们奶奶的事，告诉不得奶奶，他心里歹毒，口里尖快。我们二爷也算是个好的，那里见得他！倒是跟前有个平姑娘，为人很好，虽然和奶奶一气，他倒背着奶奶常做些好事。我们有了不是，奶奶是容不过的，只求他去就完了。如今合家大小，除了老太太、太太两个，没有不恨他的，只不过面子情儿怕他。皆因他一时看得人都不及他，只一味哄着老太太、太太两个人喜欢。他说一是一，说二是二，没人敢拦他。又恨不得把银子钱省了下来，堆成山，好叫老太太、太太说他会过日子。殊不知

---

① （宋）朱熹:《读书法上》,《朱子语类》卷十，（宋）黎靖德、王星贤点校，中华书局1986 年版，第 161 页。

② 同上。

苦了下人，他讨好儿，或有好事，他就不等别人去说，他先抓尖儿。或有不好事，或他自己错了，他就一缩头，推到别人身上去，他还旁边拨火儿。如今连他正经婆婆都嫌他，说他'雀儿捡着旺处飞，黑母鸡一窝儿'，自家的事不管，倒替人家去瞎张罗！"……

"我们大姑娘，不用说，是好的了。二姑娘混名叫'二木头'。三姑娘的混名儿叫'玫瑰花儿'，又红又香，无人不爱，只是有刺扎手。可是不是太太养的，'老鸹窝里出凤凰'！四姑娘小，正经是珍大爷的亲妹子，太太抱过来的，养了这么大，也是一位不管事的……还有两位姑娘，真是天下少有！一位是我们姑太太的女儿，姓林；一位是姨太太的女儿，姓薛。这两位姑娘都是美人一般的呢，又都是知书识字的。或出门上车，或在园子里遇见，我们连气儿也不敢出。"尤二姐笑道："你们家规矩大，小孩子进的去，遇见姑娘们，原该远远的藏躲着，敢出什么气儿呢？"兴儿向尤二姐摇手说："不是那么不敢出气儿，是怕这气儿大了，吹倒了林姑娘；气儿暖了，又吹化了薛姑娘！"说得满屋里都笑了。

短短的一段人物对话，不仅把一个多嘴饶舌、善于察言观色的小奴才兴儿活灵活现地展现在读者面前，还通过他的口，把凤姐、平儿、贾府四位千金，以及林姑娘和薛姑娘的人物特征惟妙惟肖地刻画出来了，可以说是把语言作为人类思想感情交流的一种有效工具这一特点完完整整地表现了出来。不仅如此，通过小说中的人物语言传达，作者省却了作为一个全知全能者在旁边充当说教者的了然无趣，小说中的人物性格也跃然纸上，活灵活现地浮现在读者的面前，在一定程度上增加了小说的艺术感染力。

因此，语言作为一种客观存在，具有它作为人类交际工具的意义所在，亦即语言之所以成为语言，它首先是由人类创造出来的，也是为了人类交流思想感情的社会活动需要而被赋予了语言的基本性质、特点和意义指向。从这样的角度去看文学语言，对文学语言的意义探求首先就是工具性的，同时它还必须具备一定的审美想象张力，即通过对文学语言的艺术性解读，达到对文学意义的深刻理解和整体性把握。这就是说，文学活动的最终目的是探寻人生的意义所在。而在这一目的实现的过程中，文学语言在其中起着穿针引线的作用。

从这样一个角度去考察，文学语言作为文学活动的一种人类语言表达方式，应该具备如下基本条件。

第一，传达的准确性。语言作为一种交际工具，所传达出来的信息必须明白无误，合乎生活的事实和逻辑规律，最起码不能含混不清，让人不知所云。

第二，传达的形象性。文学作品与其他文体的最大区别，就在于它是通过具体的艺术形象来传达特定的思想情感的。所以，文学语言的首要任务是塑造生动的艺术形象，然后才通过具体的艺术形象去表现丰富的生活内涵。

也就是说，文学文本需要用语言来写成，但并非用语言写成的都是文学文本，其区别主要在于文学语言是通过塑造艺术形象来叙述生活，而不是单纯用符合生活逻辑的语言来解释生活。语言作为工具的重心主要在于解释，而文学语言作为形象表现的重心主要在于叙述。

从上面所列出的条件，我们就不难看出语言作为工具性的特点和文学语言作为形象表现的特点两者之间存在着一定的互不兼容性。这是由于文学语言一般具有审美的想象张力这一艺术特性。但是，语言的工具性和文学语言的审美想象张力这两个不同的特点如何在文学解读活动中得到理解和确认，这是文学阅读活动中必须注意和面对的问题。当代西方语言学者卡西尔对此说过："诗人不可能创造一种全新的语言，他必须使用现有词汇，必须遵循语言的基本规则。然而，诗人不仅使语言赋予新的语言特色，而且还注入新的生命。"① 也就是说，诗人必须在文学创作时充分表现出语言的想象张力，以突破现有语言的逻辑关系，像古人王维的"江流天地外，山色有无中"② 和李清照的"只恐双溪舴艋舟，载不动，许多愁"③ 这样的诗句，用生活逻辑的语言去解读是违背生活事实的，但从文学语言的角度去解读则充满了审美的想象张力，给文学阅读者留下了深远的艺术想象空间。从这个角度上看，语言作为工具这一性质已很难完美展现文学的艺术魅力，它需要我们从另一个角度对文学语言加以新的认识。

语言的现代本体性

瑞士语言学家费尔迪南·德·索绪尔的《普通语言学教程》中指出："在我们看来，语言和言语活动不能混为一谈，它只是言语活动的一个部分，而且当然是一个主要的部分。它既是言语机能的社会产物，又是社会集团为了使个人有可能行使这一机能所采用的一整套必不少的规约。整个看来，言语活动是多方面的、性质复杂的，同时又是跨着物理、心理和生理的几个领域。它还属于个人的领域和社会的领域。我们无法把它归入任何一个人文事实的范畴，因为不知道去理出它的统一体。"

---

① ［英］查普曼：《语言学与文学》，王士跃译，春风文艺出版社1988年版，第47页。

② （唐）王维：《汉江临泛》，中国社会科学院文学研究所编《唐诗选》，人民文学出版社1978年版，第113页。

③ （宋）李清照：《武陵春》，中国社会科学院文学研究所编《唐宋词选》，人民文学出版社1982年版，第236页。

"相反，语言本身就是一个整体、一个分类的原则。我们一旦在言语事实中给以首要的地位，就在一个不容许做其他任何分类的集体中引入一种自然的秩序。"①

"语言不是说话者的一种功能，它是个人被动地记录下来的产物……相反，言语却是个人意志和智能的行为……"②

"语言是言语活动事实的混杂的总体中一个十分确定的对象……它是言语活动的社会部分，个人以外的东西，个人独自不能创造语言，也不能改变语言，它只凭社会成员间的一种契约而存在。"③

巴特则在《符号学美学》中进一步指出："语言是一种社会习惯，又是一种意义系统……言语是一种选择性的和现实化的个人规则……语言既是言语的产物，又是言语的工具。因此，它们之间的关系是一种真正的辩证关系。"④

也就是说，在现代语言学看来，"语言"指的是语言结构，它是社会语言集团言语的总模式。"言语"是在特定语境下个人的说话活动。它们的区别在于：第一，语言结构是从一代人传到另一代人的语言系统，言语是说话人可能说的或被理解的全部内容；第二，语言结构是指语言的社会约定俗成的方面，言语是指个人的说话；第三，语言结构是一种代码，言语是一种信息。当然，二者是互为前提、互相依存的。文学中的语言实际上直接地只以个人的言语方式（包括言语动作和言语作品）存在。文学总是以言语方式"说话"。因此，严格地说，文学语言不是作为一般语言而

---

① ［瑞士］索绪尔：《普通语言学教程》，高名凯等译，商务印书馆1988年版，第30页。

② 同上书，第35页。

③ 同上书，第41页。

④ ［法］R.巴特：《符号学美学》，董学文、王葵译，辽宁人民出版社1987年版，第8—10页。

是作为个人言语而存在的，即不是作为笼统的普通性语言结构而是作为个人的具体言语行为而存在的。

在西方的当代语言学者看来，语言和思想感情的关系，其实并不是像传统的语言工具论者所认定的"语言是人类交流思想的交际工具"那样。语言不仅是人类思想感情的交际工具，还是一种社会文化。作为一种社会文化，语言本身储存着人类的历史传统和人类的一切文明创造，是一种文明的文化标志。人类创造了语言，但也依赖着语言，离开了语言，人类就断绝了文明的历史，理解了语言，也就等于掌握了进入文明历史的钥匙。人只有学会和使用语言，才能够明了人类的历史传统和文化承载，才能够把人类的过去和现在有机联系起来。所以说，人在语言中存在，并通过语言进入人类的历史和现实世界。

据此，现代语言学认为，人以语言的方式认识世界，世界因此存在于语言之中。海德格尔就此提出："语言是存在的家。"他的这句话里包含了这样两层意思：一方面，"存在"是"语言"这个家的主人，"语言"这个家是由"存在"所决定并建立起来的；另一方面，"语言"这个家一旦建立，它就成了"存在"的栖身之地和庇护之家。在第一层意思里，"语言"是作为工具使用的，但在第二层意思里，"语言"不再是被动的工具，而是在看护和约束着"存在"。语言因此而获得了本体论的特征。对此，海德格尔还特意加以解释说："确切地说，说话的是语言，而不是人。人只是在他向语言作出反应时才说话的。""人言说只是因为他回答语言。"①这就是说，人类创造了语言，赋予它特定的意义后，语言就获得了独立的

---

① ［德］海德格尔：《诗·语言·思》，《存在主义哲学》，徐崇温译，商务印书馆 1987 年版，第 86—87 页。

地位和权力，并在一定程度上规范和制约着人类的思想言行。在一定意义上，人们认识了语言，就可以通过它去认识世界，世界通过语言得以体现，是语言将世界具体而明确地呈现给人们。因而，人们掌握了语言，也就等于掌握了通向世界的有效通行证。再则，人的"言说"是对语言的倾听与应和，说话人本身受到语言的一定制约；另外，人的"言说"，其真正含义往往会超越人在"言说"时的主观意图，所以人的"言说"不是按着人的主观意图走，而是人在跟着"言说"时所呈现的真正含义走。在这个意义上，决定"言说"的是语言，而不是人。

从文学语言的研究角度看，无论是俄国的形式主义、布拉格学派、瑞恰兹的语义学，或者是后来的结构主义、符号学，直至解构主义，这些西方现代的文学研究派别，虽然各自的理论观点大相径庭，但都毫不例外地把"语言"放到了文学研究的中心地位上，即本体的地位上进行研究，这就与传统的语言学观点把语言当作工具形成极大的反差。

那么，根据现代语言学的观点，对于语言，我们需要关注它的是什么呢？

首先，要正确理解语言系统，必须正确区分"语言"与"言语"之间存在的差别。索绪尔的语言学理论指出，语言是抽象的符号，它按照人们约定俗成的话语习惯，在此基础上总结形成的词法、句法规则，然后由此组成一个语言科学系统，它是每一个社会成员通过语言进行思想交流时必须遵守的文明契约，是社会的、共时的和稳定的。而言语是一种个体行为，是说话人所陈述的一种暂时性的个体存在方式，不构成任何科学系统，它是个人的、历时的和流动的。人们在日常生活中使用词、语说话，是一种具体的个体言语行为，并不具有独立自主的语言意义，必须将它纳入语言系统之中，即某个社会群体共同遵守的语言规则之中，才能够用来有效地表情达意。不过，语言系统的规则又是从许许多多具体的个体言语行为中归纳、概括出来的，在这个意义上，我们可以说，是言语催生出语言。离开了众多的言语现象，就无所谓的语言系统。反之亦然，脱离了语言系统的规则，言语就无法准确传情达意。

把语言和言语的这种关系引入文学文本的语言符号系统分析，作家通过文学文本表现出来的文本话语，相当于现代语言学的"言语"，而读者在阅读文学文本时，所接触到的文学话语里凝聚着的社会、时代、历史文化特征，则相当于"语言"。这样，作家的个体言语里体现出一定的个性特征，而言语的有效传达则必须通过语言的审美认知才能够具体表现出来。古典小说《红楼梦》的语言在字面上常常形象、典故迭出，言近旨远、言有尽而意无穷，文字后面藏有作者的深意和苦心。

例一，《红楼梦》（第6回）周瑞家的与刘姥姥说："这位凤姑娘年纪虽小，行事却比世人都大呢。如今出挑的美人一样的模样儿，少说也有一万个心眼子，再要赌口齿，十个会说话的男人也说他不过。回来你见了就信了。就只一件，待下人未免太严了些。"该例中"有一万个心眼子"表达的意思是"心上有一万个眼儿"（其实这也是形象语言），用来形容人的心眼多，这是有悖常理的。"心眼儿多"是极言凤姐聪明，所以不能按字面理解。这种特指词汇在实际使用时已经融入生活词汇，所以人们往往忽略其字面义，而只关注词汇所传达的审美内涵（这里强化的是"心眼"形象，总体传达有形象，但不重要）。

其次，在语言形成的"语境"上，英国学者瑞恰兹提出，"语境"对于理解词汇的内在含义十分重要。他认为，"词汇意义的功能就是充当一种替代物，使我们能看到词汇的内在含义。它们的这种功能和其他符号的功能一样，只是采用了更为复杂的方式，是通过它们所在的语境来体现的"①。鲁迅先生的《祝福》中的祥林嫂，为了摆脱一而再丧夫的悲哀烦恼，特地到土地庙捐了个门槛。当她以为从此可以过上正常人的生活时，鲁四老爷为阻止她烧香上供的那一声断喝，终于让她明白，人们心目中的"她"是永远无法改变的，不论她如何努力都没用。这对于不了解中国历史文化的读者来说，鲁四老爷的那一声断喝是令人费解、不近人情的。但在熟悉中国历史文化的读者来说，鲁四老爷的那一声断喝，实际上代表了中国封建社会几千年文化传统对妇女人生权利的歧视，它昭示了祥林嫂所代表的那些劳动妇女，在封建中国的社会地位只能是从属于他人的卑微命运。所以，鲁四老爷的那一声断喝，虽然是一种个人言语，但它所代表的却是一种特殊的历史文化所影响形成的特定语境。

表示文化典故的语言既包括一些具有文化特色但不是典故的语言，也包括含有典故的语言。一些具有中国文化特色的语言，由于受具体文化情景的约束，获得了特殊的文化意义。这种文化含义为中国所独有，一旦离开了特定的文化语境，就很难被理解。

例二，《红楼梦》（第45回）"金兰契互剖金兰语"：宝钗抚慰黛玉"咱们也算同病相怜。你也是个明白人，何必作'司马牛之叹'？"（司马牛是孔子的学生，复姓司马，名耕，一名犁，字子牛，他的哥哥桓魋，参与宋国叛乱，失败后逃跑，司马牛也被迫离宋逃亡到鲁。故《论语》中有"司马牛忧曰：'人皆有兄弟，我独亡。'"言有兄犹无，意思指自己是孤独的，无父母亲戚的人。）宝钗自己是没有父亲的孤儿，而哥哥薛蟠向来不

---

① ［英］瑞恰兹：《论述的目的和语境的种类》，赵毅衡编《新批评文集》，中国社会科学出版社2001年版，第289页。

上进，因此她这样感叹。黛玉也是因为没有父母兄妹而感伤。这样的历史文化典故，如果按字面意思（司马牛的叹息）恐怕今天的读者无人能懂。

例三，《红楼梦》（第33回）主讲宝玉挨打的事。在宝玉挨打之前，小说重点铺叙了三件事。一是金钏儿之死。宝玉跟王夫人的大丫鬟金钏儿调情，王夫人听见，当场把她撵了出去，金钏儿含羞跳井身亡。贾环添油加醋，将这事说成是宝玉强奸金钏儿不遂，金钏儿受辱投井。二是贾政命宝玉去会来访的贾雨村，宝玉竟"全无一点慷慨挥洒的谈吐，仍是委委琐琐的"。三是忠顺王府来索要做小旦的琪官。琪官即蒋玉菡，宝玉与他相好。几件事凑在一起，惹得宝玉父亲贾政火气大发，喝令小厮拿板子往死里打宝玉，王夫人赶过来劝阻也没用。"正没开交处，忽听丫鬟来说：'老太太来了。'一句话未了，只听窗外颤巍巍的声气说道：'先打死我，再打死他，岂不干净了！'贾政见他母亲来了，又急又痛，连忙迎接出来，只见贾母扶着丫头，喘吁吁的走来。贾政上前躬身赔笑道：'大暑热天，母亲有何生气亲自走来？有话只该叫了儿子进去吩咐。'贾母听说，便止住步喘息一回，厉声说道：'你原来是和我说话！我倒有话吩咐，只是可怜我一生没养个好儿子，却教我和谁说去！'贾政听这话不像，忙跪下含泪说道：'为儿的教训儿子，也为的是光宗耀祖。母亲这话，我做儿的如何禁得起？'贾母听说，便啐了一口，说道：'我说一句话，你就禁不起，你那样下死手的板子，难道宝玉就禁得起了？你说教训儿子是光宗耀祖，当初你父亲怎么教训你来！'说着，不觉就滚下泪来。贾政又赔笑道：'母亲也不必伤感，皆是作儿的一时兴起，从此以后再不打他了。'贾母便冷笑道：'你也不必和我使性子赌气的。你的儿子，我也不该管你打不打。我猜着你也厌烦我们娘儿们。不如我们赶早儿离了你，大家干净！'说着便令人去看轿马，'我和你太太宝玉立刻回南京去！'家下人只得干答应着。

贾母又叫王夫人道：'你也不必哭了。如今宝玉年纪小，你疼他，他将来长大成人，为官作宰的，也未必想着你是他母亲了。你如今倒不要疼他，只怕将来还少生一口气呢。'贾政听说，忙叩头哭道：'母亲如此说，贾政无立足之地。'"

宝玉被责打以后，贾母质问贾政，说出暗讽他不孝的话。不孝在中国传统文化里是很严重的罪过，如背上这一骂名，作为封建卫道士的贾政真的很难面对皇上、同僚和百姓，所以他自称会"无立足之地"，也就是没有颜面见世人了。这句话里包含中国封建伦理道德观念的文化内涵。

例四，《红楼梦》（第54回）丫鬟们为了给宝玉准备洗手水，发生了下面这个小插曲：只见那两个小丫头一个捧着小沐盆，一个搭着手巾，又拿着沤子壶在那里久等。秋纹先忙伸手向盆内试了一试，说道："你越大越粗心了，那里弄的这冷水。"小丫头笑道："姑娘瞧瞧这个天，我怕水冷，巴巴的倒的是滚水，这还冷了。"正说着，可巧见一个老婆子提着一壶滚水走来。小丫头便说："好奶奶，过来给我倒上些。"那婆子道："哥哥儿，这是老太太泡茶的，劝你走了舀去罢，那里就走大了脚呢？"

小丫头向老婆子要她提着的开水，老婆子不给，就说出这番话。这段话里的"走大了脚"四个字值得回味。清朝时中国女人以小脚为美，裹足成风，所以如果走路干活太多脚变大了就会不美。大脚不美就是中国一段特定历史的文化含义，但从字面上现代人是看不清楚的。

最后，语言本身可以分解为"能指"与"所指"两种不同功能。索绪尔指出，每个语言符号都由"能指"和"所指"这两个对立的成分构成。"能指"是语言的物质形式即音形层面，也是语言的外在形式。"所指"是语言的意义层面，是语言的内在含义。语言就是"能指"与"所指"这两个部分的有机结合体。①

文学语言的特点之一就是语言的多义性，即文字表面背后隐含着不止一种意义。同样，由于文学艺术的媒介是文字，不同于绘画、雕塑、电影等艺术形式，读者通过阅读只能得到文学形象的大概印象，需要发挥自我的想象才能得到相对完整的印象，以此填补文字描述所留下的空白。

鲁迅先生的《孔乙己》中，有一句非常重要的话："孔乙己是站着喝酒而穿长衫的唯一的人。"对于那些不熟悉中国历史文化的人来说，这句话中提供的"能指"语言信息只是有一个穿长衫的人在喝酒，但在那些熟悉中国历史文化的人来说，它"所指"的语言信息却是大有深意的，因为在封建社会的中国，衣着服饰是分社会等级的，穿长衫者意味着接受过一定的文化教育，进则可以荣登仕途，退则可以设馆授徒，因而穿长衫代表着地位尊贵，是要坐下来舒舒服服喝酒的，只有那些着短衣的打工一族才是站着喝酒的。孔乙己既穿着长衫却又站着喝酒，表明他的生活地位非常尴尬，一方面，他穿着长衫，说明他接受过一定文化教育，在精神上不愿与短衣者为伍；但在另一方面，生活的穷途潦倒又迫使他只能站着喝酒。精神与现实的矛盾冲突，预示着孔乙己的人生道路终将是一场悲剧。

孔乙己的人生悲剧说明："事实上，一个社会所接受的任何表达手段，原则上都是以集体习惯，或者同样可以说，以约定俗成为基础的。"② 这意味着，虽然能指和所指之间的关系是任意的，但这种任意的关系并不是任何个人所能随心所欲自行决定的，它需要集体的认可，并经过时间的检验而得到固定。例如：我们无法解释为什么称这为"书"，称那为"笔"，最

---

① ［瑞士］索绪尔：《普通语言学教程》，高名凯等译，商务印书馆1988年版，第67—68页。

② 同上书，第68页。

初形成这种指称可能是任意的，但一旦形成并为某个民族共同体所接受和使用，便对全体成员具有规约性，任何个人是不能随意改变的。因此，语言符号的任意性受到社会性的制约，即语言符号最初形成时具有普遍的任意性，一旦得以认可和使用后，便有了社会制约性，具有特定的使用规则，但这些规则不是由符号本身内在的价值所决定的，语言符号从其内在价值和本质上讲是任意的，但一经认可形成后，便有了一定的社会文化规范性。

文本语言的"辩味"

"辩味"即辨别味道，也就是滋味。"滋味"是我国古代文艺美学理论里曾经大量出现过的美学概念，有相当一部分的古典文艺理论著作，都曾不同程度地论及"滋味"的问题，在我国古代文学批评史上，事实上已经形成了以"滋味"这一文艺美学概念为核心的"滋味说"。对"滋味说"的研究，也就成了中国古代文艺美学理论研究的一个重要课题。为了系统而全面地认识"滋味说"，深入探究"滋味说"其源流是十分必要的。那么，"滋味说"的源头究竟何在呢？

"味"本来是指人的五种味觉（酸、甜、苦、辣、咸），中国古代文人将之移植运用于文艺研究领域，发展为中国美学范畴里的一个观点，指的是文艺作品中能激起欣赏者美感的特质，包括内蕴和形式。在中国美学史上，"味"作为与美相关的文化范畴应该是从老子开始的，老子的《道德经》中就有："道之出口，淡乎其无味，视之不足见，听之不足闻，用之不足既。"① 老子这段话中的"味"显然已经不同于"五味"的"味"，而是指听别人说话的感受，是一种审美的享受。"味"本是感觉，用来说体会，老子提出"味"这一概念，说"道"是可以"味"的，就不是舌头在味了，而是心在味，为"心味"。"无味之味"阐释了道家所提倡的追求个人绝对自由境界，触及语言的审美本质。

老子上面的这段话，重要意义有二，其一在于提出了"味"的美学内涵；其二是将作为美学范畴的"味"与"淡"相连，从而在一定程度上规定了"味"的核心内涵，那就是"恬淡为上，胜而不美"②。

正如老子所认为的那样，"无为"就是一种"为"，"无事"就是一种"事"，那么"无味"也就是一种"味"，而且是至高境界的"味"，这一"无味之味"之所以能够成为至高境界的"味"，其原因就在于它"恬淡为上，胜而不美"的审美内涵。后来庄子所说的"夫恬淡寂漠，虚无无为，此天地之平而道德之质也"③，认为恬淡、寂寞、虚空、无为，是天地赖以均衡的基准，而且是道德修养的最高境界。道家的"无味之味"有着十足的禅境，道家的看法更加深刻地触及了审美的本质，所以道家所讲的"无味之味"已经具有一定的审美意义。相比之下，儒家所说的"遗味"是与人的社会生活实践的体验相联系的，孔子的再传弟子公孙尼子采用先秦诸家有关音乐的言论编纂而成《乐记》④，就开始借用"味"来说明音乐的美感了，"是故，乐之隆，非极音也；食飨之礼，非致味也。清庙之瑟，朱弦而疏越，一倡而三叹，有遗音者矣。大飨之礼，尚玄酒而俎腥

---

① 《道德经》第三十五章，《老子道德经注》，王弼注，中华书局 2011 年版，第 202 页。
② 《道德经》第三十一章，《老子道德经注》，王弼注，中华书局 2011 年版，第 177 页。
③ 《庄子外篇·刻意》，《庄子》，方勇译注，中华书局 2010 年版，第 246 页。
④ 《乐记》作者历来有两种说法：一是战国时期孔子的再传弟子公孙尼子所作；二是汉代刘向、刘歆父子校先秦古籍所得。

鱼，大羹不和，有遗味者矣。是故先王之制礼乐也，非以极口腹耳目之欲也，将以教民平好恶而反人道之正也"[1]。意思是说隆重的音乐，并不一定是声音高到极致的音乐。合祭祖先的礼仪，不一定要用味道极其鲜美的祭品。宗庙中弹奏的瑟，用音色沉浊的朱弦和稀疏舒缓的韵律，一个人唱歌，三个人应和，和音没有达到完美的境界。合祭的礼仪，崇尚玄酒，盘中盛的是生鱼，肉汁也不调味，食物的味道也没有达到完美。所以，先王制礼作乐，不是为了尽量满足人们口腹耳目的欲望，而是用礼乐来教导民众，使好恶之情得到节制，从而回归到人生的正途上来。《乐记》的"遗音遗味"说，所持的是儒家的心性本体论的音乐观，对后代的"滋味说"产生极大影响。儒家典籍在论述祭祀"神灵"的礼乐中，也表现了对"滋味"（本味）的推崇，《论语·述而》中载，孔子在鲁"闻韶乐，而三月不知肉味"，就表现出以味论乐的审美倾向。尽管儒道两家都讲到语言之"味"，儒家所体验到的是从抽象到具象之味，道家所说的"无味之味"则是与个体对绝对自由境界的体验相联系，具有无比高尚境界。也就是说，尽管儒家和道家阐释的语言之味各自有所不同，但他们所强调的"味"概念已开始脱离其本意（即味道、滋味），也就是舌头品尝东西或鼻子闻东西所得到的感觉，他们所说的"味"已经上升为一个纯粹的美学概念。

魏晋南北朝时期，"味"被频繁征引，刘邵、王弼均将"味"作为标准来品评人物或注释玄学，嵇康的《声无哀乐论》："夫味以甘苦为称，今以甲贤而心爱，以乙愚而情憎，则爱憎宜属我，而贤愚宜属彼也。可以我爱而谓之爱人，我憎而谓之憎人，所喜则谓之喜味，所怒而谓之怒味

---

[1] 曾亦编著：《礼记导读·乐记》，中国国际广播出版社 2009 年版，第 279 页。

哉?"① 其中也提到了"味",这都表明了当时的士人在玄学的影响下美学的共同倾向,即以"味"为美。与魏晋士人有所不同,后汉的班固在《汉书》中有"诚有味其言也"的说法,则是将"味"与语言相联系的发端,颜师古注曰:"有味者,其言甚美也。""有味"这里指语言之美。此后陆机在《文赋》中,就直接用"味"来说明文学作品的感染力,将"大羹之遗味"同"朱弦之清汜"平列来说明文学艺术的感染力,作为美学范畴的"味"终于与文学这个审美对象建立了明确联系,实现了"味"作为审美规范的重大飞跃。据冷卫国先生的考证,在陆机以"味"论诗之前,汉朝的夏候湛就已在《张子平碑》一文中以"味"论赋了,其文曰:"……《二京》《南都》,所以赞美畿辇者,与雅颂争流,英英乎其有味欤!"畿,古代称靠近国都的地方;辇,天子的车,借指京城,意思是说《二京》《南都》二赋在京城引起的轰动,已经不亚于《诗经》的"雅""颂"。以上内容说明,"夏候湛的赋论对于'味'这一概念介入文学批评,对于'味'这一概念上升为中国古典美学的重要范畴起到了积极的推动作用,它从理论上开启了中国文学批评自齐梁以后广泛以'味'论文艺的先声"②。

刘勰在《文心雕龙》中也多次谈到"味"。《文心雕龙·总述》中评价好的作品是"视之则锦绘,听之则丝簧,味之则甘腴,佩之则芬芳"。《物色》中说"使味飘飘而轻举,情晔晔而更新"。《隐秀》中又说"深味隐蔚,余味曲包"③。

---

① 引自林衡勋《嵇康的〈声无哀乐论〉与汉斯立克的〈论音乐的美〉》,《湛江师范学院学报》1998 年第 4 期。

② 冷卫国:《夏候湛以味论赋》,《文学遗产》2001 年第 1 期。

③ (南北朝)刘勰:《文心雕龙·知音篇》,赵仲邑译注,漓江出版社 1980 年版,第 376 页。

继陆机之后，真正把"味"的文学审美内涵进一步强化的是钟嵘。他在《诗品》中提出了"滋味说"，指出"五言居文词之要，是众作之有滋味者也"，并倡导诗歌语言必须有形象性和情感。所谓"滋味"，就是"指事造形，穷情写物，最为详切"①，即从内容与形式的统一上创造鲜明的艺术形象，是指对文本借助语言传达出来的特殊意味、韵致、情趣、情味以及作者用心的感知与体认。正是在继承前人关于"味"美学观念的基础上，由于"味"审美概念的逐渐明晰，钟嵘提出了"滋味"说，进一步突出了"味"在文学中的地位。"滋味"说的产生是"味"概念发展的产物，这是文学欣赏的高级阶段。文学欣赏中释义基础上的"辩味"，关键在于要不离文字又不拘泥于文字。换句话说，文学阅读不能仅仅停留在文本语言理解的层面，更不能在词句的理解上钻牛角尖，而是能够超越文字指示出来的那一层语言表面的意思，进入由文本语言呈现的那一个广阔的艺术世界之中去"会心""会意"，去细心体味一种情味韵致。

比如，在中国古典诗歌理论中，尽管古人没有形成系统的文学理论研究体系，但"虚、实"理论观点却是最基本的理论之一，因为文本语言的"虚""实"含义在具体的文学创作中是较为丰富的。具体说来，"虚"可以是"无"，是侧面的表现，是想象之辞；相应地，"实"则是"有"，是直接的正面的叙说，是现实的描绘。艺术所追求的就是"有无相应"，"虚实相生"。自然，我们在解读古典诗词时，也要善于从"有"中读出"无"，从"无"中读出"有"，从"虚"中读出"实"，从"实"中读出"虚"。

---

①　（南北朝）钟嵘：《钟嵘诗品译注·总论》，赵仲邑译注，广西人民出版社1987年版，第6页。

例如韦应物的《秋夜寄邱员外》："怀君属秋夜，散步咏凉天。空山松子落，幽人应未眠。"这是一首表达朋友相思之情的诗。诗歌没有直接地抒发感情，而是具体描绘自己深夜难眠、散步解愁的情景，并由此展开想象，写友人又会如何思念自己的情景，把浓厚的感情融合在真实与虚幻的景物描绘之中，含蓄蕴远。"怀君属秋夜，散步咏凉天"，这是写诗人秋夜思念故人，辗转难眠，徘徊月夜，"天阶夜色凉如水"，心中孤寂、落寞的惆怅油然而生，难以抑制。于是，也就惦念其故人。"空山松子落，幽人应未眠"，从字面上看，"幽人"就是幽居之人，这"空山松子落"也是"明证"。其实，这"幽人"就是诗人所思念的邱员外。诗人想，故人也当与自己"心有灵犀"，在这寂寞清冷的夜晚，自然也是难以入眠的。这样，朋友之间就有了"心灵感应"，朋友之间的深情厚谊也不言而喻了。实写景，虚写情，融情于景，是这首"诗"的高明之处。当然，如果我们能从清凄的秋夜联想到诗人的人生起起落落，或许还会获得超越"友情"的诗歌审美内蕴。

还有《红楼梦》第三十八回中薛宝钗所作《忆菊》中的一句诗："空篱旧圃秋无迹，冷月清霜梦有知。"空空的篱笆、破旧的花圃，见了会让人想起秋天已随菊花逝去；天上的冷月、地上的寒霜多少才会触动认得悲秋情怀，让人在梦里再见到菊花。空篱、旧圃、冷月、清霜的形象构筑成一个凄冷的画面，让人惆怅，让人悲伤。回忆起来的，何止是盛开的菊花，还会有满园的秋色、意气相投的游伴，或者是易逝的韶华。一连串彼此之间没有直接关联的物象会让不同的读者产生无尽的审美遐想；缺少了这些审美形象，只剩下一声独白慨叹，诗句就会失去感染力和审美价值。

在对诗歌"滋味"之探讨中，真正将"以味论诗"推进到一个崭新的审美阶段，并赋予"滋味"以某种形而上文化意味的，是晚唐的司空图。

如果说，"滋味"在钟嵘那里主要是情味、意味，那么，司空图所说的"滋味"则侧重于韵味。韵味较之情味、意味更加难以言说，难以确定。司空图在《与李生论诗书》中提出："文之难，而诗尤难，古今之喻多矣，而愚以为辩于味，而后可以言诗也。江岭之南，凡足资于适口者，若醢，非不酸也，止于酸而已；若醝，非不咸也，止于咸而已。华之人以充饥而遽辍者，知其咸酸之外，醇美者有所乏耳。彼江岭之人，习之而不辨也，宜哉。《诗》贯六义，则讽谕、抑扬、渟蓄、温雅，皆在其间矣——倘复以全美为工，即知味外之旨矣。"在这段话里，司空图指出，诗之"味"有两个层次：一是某种具体的味，是可以言说的，就像饮食中的咸味酸味一样；二是由各种具体的味有机组成的"醇美"之味，这是超越于各种具体的味之上难以言说的味之极致，它大多具有"超于象外，得其环中"，即"不著一字，尽得风流"的品位效果。文学创造应像追求"醇美"之味那样，追求艺术的韵味完美，即以"全美为工"，才能得到"味外之旨"。这样，就能够"辨于味，而后可以言诗"。他还在《与极甫书》中，进一步提出了"象外之象，景外之景"的问题。所谓"味外之旨"，是指作品可以意会而不可言传的弦外之音。在司空图看来，诗歌形象具有了"象外之象、景外之景"的特色，就能够使读者获得"味外之旨"的艺术享受。

司空图还提出了"韵味说"的最高艺术境界："不著一字，尽得风流。语不涉己，若不堪忧。是有真宰，与之沉浮。如渌满酒，花时返秋。悠悠空尘，忽忽海沤。浅深聚散，万取一收。"[1] 意即含蓄的意境是不用文字直接表达的，只有含而不露，才能尽现意蕴的丰厚与华彩。其中"不著一

---

① （唐）司空图：《二十四诗品·与李生论诗书》，参见陆元焕《诗的哲学　哲学的诗——司空图诗论简介及〈二十四诗品〉浅译》，北京出版社 1989 年版，第 49 页。

字，尽得风流"二句，历来受到各代名家的称颂。"不著一字，尽得风流"，不仅是一种写作手法，更是一种写作的境界，就像白居易的《琵琶行》所说的："此时无声胜有声"，不用作任何说明便能取得强烈的审美效果。还有乐府诗《陌上桑》写秦罗敷的美貌："行者见罗敷，下担捋髭须，少年见罗敷，脱帽著帩头，耕者忘其犁，锄者忘其锄；来归相怨怒，但坐观罗敷。"全文没有一句描写罗敷的容貌，但通过"行者""少年""耕者""锄者"见到罗敷时的种种失态行为，恰到好处烘托出罗敷的美丽动人。这种巧于"不著一字"的表现艺术手法，可说是完美实现了欧阳修《六一诗话》引用梅尧臣语："诗家必能状难写之景如在眼前，含不尽之意见于言外。"

宋代大文豪苏东坡对司空图的"味外之旨"是推崇备至的，他在《书黄子恩诗集后》中说道："信乎表圣（即司空图）之言，美在咸酸之外，可以一唱而三叹也。"[1] 在《送参寥师中》又说道："阅世走人间，观身卧云岭，咸酸杂众好，中有至味永。"[2] 袁枚在《随园诗话》中也说："司空表圣论诗，贵得味外味，余谓今之作诗者，味内味尚不能得，况味外味乎？"[3] 可以说，自司空图提出"醇美之味""味外之味"的观点，经过历代学者对诗歌"韵味"的不断深入探讨，在中国古典文论上已相当明晰："诗之味"即是文学的审美特征，而"辩味"则相当于今天人们所说的审美判断。

借助《诗经》特有的四言句式，司空图通过《二十四诗品》诗化地表述了"韵味"的主旨所在。无论是"象外之象，景外之景"，还是由"不

---

① （宋）苏轼：《苏轼文集》卷67，孔凡礼点校，中华书局1986年版，第2124页。
② （宋）苏轼：《苏轼文集》卷17，孔凡礼点校，中华书局1986年版，第905页。
③ （清）袁枚：《随园诗话》卷6，王英志点校，江苏古籍出版社2000年版，第126页。

著一字，尽得风流"所做出的诗意联想，都无非为了传达诗歌语言特有的含蓄蕴藉美。

文学创作的语言要有"味"，就必须务求语言的"含蓄"，这样，才能有佳文。文本阅读中的语言"辩味"，则是指对文本借助语言传达出来的独特韵味、情趣，以及作者创作用心的审美感知与独到见解。也就是说，文学欣赏中释义基础上的"辩味"，关键在于要不离文字又不拘泥于文字。换句话说，文学阅读不能仅仅停留在文本语言理解的层面，更不能在词句的理解上钻牛角尖，而是能够通过审美感知超越文字指示出来的那一层表面的意思，进入由文本语言的审美内蕴呈现出来的广阔艺术世界之中去"会心""会意"，去细心体味一种情味韵致。例如，杜甫写过一首诗《八阵图》：

功盖三分国，名成八阵图。

江流石不转，遗恨失吞吴。①

整首诗写诸葛亮的成功与遗恨。但历来对诸葛亮"遗恨"什么，学者们有不同的解释。清人仇兆鳌《杜诗详注》指出："今按下句有四说：以不能灭吴为恨，此旧说也。以先主之征吴为恨，此东坡说也。不能制主上东行，而自以为恨，此《杜臆》、朱注说也。以不能用阵法，而致吞吴失师，此刘氏（逴）之说也。"② 这四种解释里面，后两种解释理由较为牵强，响应者寥寥无几，一般不宜采纳。学界历来的争议主要集中在前两种解释。一种理解是"未得吞吴为恨"，要是把吴吞了，那么关羽就不会在

---

① 八阵：天、地、风、云、龙、虎、鸟、蛇。图：法度，规模。八阵图：相传诸葛亮所布，聚细石成堆，各高五尺，纵横棋布。夏时为水隐没，冬时水退仍然出现。遗迹曾见与夔州西南永安宫前平沙上，八阵有四处，都在四川，以夔州为最有名。

② 《杜臆》一书成于明室覆亡、清人入关之际，是作者王嗣奭晚年对其三十七年来研读杜诗的整理和总结。朱指朱鹤龄，明末清初学者，尝笺注杜甫、李商隐诗，故所作颇出入二家。

孙权袭击荆州时被杀。在这种理解中，把"失"理解为"丧失"。另一种理解是"以失策于吞吴为恨"，把"失"理解为"过失"，即刘备急于为关羽报仇，出兵攻吴，破坏了蜀、吴联盟，而诸葛亮没能阻止刘备，结果削弱了蜀国的力量，为晋灭蜀埋下了祸种，他以此为恨。这个观点以苏轼为代表，苏轼在他的《仇池笔记》卷上道：

"予尝梦杜子美云：世人误会《八阵图》诗，'江流石不转，遗恨失吞吴'，以为先主、武侯欲与关羽复仇，故恨不灭吴，非也。我意本为吴、蜀本为唇齿之国，不当相图。晋能取蜀者，以蜀有吞吴之意，此为恨也。"①

这段话的意思是："我"（苏轼）曾梦见杜甫，杜甫说世人误会了我的《八阵图》诗，以为我的诗的意思是，刘备、诸葛亮急于给关羽报仇，所以怨恨、后悔没有消灭吴国，不是这样啊。我的原意是吴国和蜀国是唇齿相依的国家，不该有吞灭吴国的意图。魏晋所以能消灭蜀国，就因为蜀国有吞灭吴国之意，不能形成联合对抗魏晋力量，这才是"遗恨"之处。苏轼是不是真的梦见了杜甫，这我们可以忽略不论。但苏轼是要假借梦见杜甫，对杜甫《八阵图》一诗提出自己的看法。所以，每个解释者的"前理解"的不同，基本上是受历史文化传统中某一方面的不同所致。如果一个人完全没有中国历史文化的积淀，就不能寻找到解释这首诗的必要的前提和参照系，也就完全不能解释这首诗。

这两种理解都有一定根据，都可以解释得通。前一种理解突出了蜀国将相之间的"义气"，一人被害，大家齐心报仇。后一种理解突出了诸葛

---

① （宋）苏轼：《仇池笔记》，《全宋笔记》第一编第九册，孔凡礼整理，大象出版社 2008 年版。

亮的战略眼光，认为在那种情势下，必须联合吴国对抗北方强敌，自己为不能阻止刘备冲动之下做出的决定而深以为恨。但两种解释也有共同之处，那就是都以社会历史背景作为理解的前提和参照系。对此，现代学者傅庚生说："三国鼎立，并不是刘备、诸葛亮的终极目的，目的是复兴汉室，统一四海。当时的策略则是东联孙权，北拒曹操。待到孙权杀了关羽，刘备锐意报仇，改变了原来的计划，以'吞吴'为心，致有猇亭的败绩。因此，杜诗才说：诸葛亮当年在江边垒石作八阵图，示营阵之法。为什么几百年来，'江流石不转'呢？可能是汉业未复，失在吞吴，诸葛有灵，对此事遗憾最深；因之精灵所聚，使八阵图的遗迹永存于夔州江畔供人凭吊。此诗的作意，大约是这样。倘作如此领会，则四说中当以东坡之说为长。"①

文学语言的"言""象""意"审美指称关系

对文学作品的阅读，我国的古典文论有许多言语精辟且语义深邃含蓄的独到见解，"言不尽意"和"立象尽意"即是其中的两个具有代表性的主要观点，该观点出自我国著名的古代文化典籍《易经》。《易经》虽然谈的主要是卜卦之理，但由于其中包含了许多中国古代的朴素哲学理念，因而常被学者们当作哲学认识论的研究对象来分析研究，进而也成了中国古典文论的一个著名观点。大约产生于战国后期的《易传》，即是其中的一

---

① 傅庚生：《杜诗析疑》，陕西人民出版社1979年版，第193页。

部对后来的《易经》研究产生了较大影响的文化典籍。在《易传》的《易·系辞上》里面，有一段从事古典文论研究的人经常引用的话："子曰：书不尽言，言不尽意，然则圣人之意其不可见乎？子曰：圣人立象以尽意，设卦以尽情伪，系辞焉以尽其言，变而通之以尽利，鼓而舞之以尽神。"在这段话里，第一个"子曰"说的是语言传达不能尽意，故难以书写；第二个"子曰"则又肯定语言可以尽意，但必须通过"立象"才能"尽意"。在《周易》的作者看来，六十四卦虽然只是一些抽象的符号，但它们所表达的意思，却比语言所能表达的还要丰富。我们从六十四卦的卦象中，不仅可以见出圣人的深刻用意，而且可以见出天地变化、日月运行、万物荣枯、朝代盛衰、人生祸福的真义。这个看法自汉代以后就被用作对艺术创造的解释和评论，而"立象以尽意"也成为一切艺术创造的通则。无论是书法、绘画、音乐、舞蹈还是文学，按中国美学家的说法，都是"象"来表达"意"的一种方式。当然，这段话主要是用来解释中国古代哲学观念的。不过，正如世人所说，儒家见之谓之儒，道家见之谓之道，持"中庸"哲学观点的儒家和持"无为"哲学观点的道家按照各自的理解来解释这段话，就有了"言尽意"和"言不尽意"两种完全不同的结论。如果将这段话用之于文学解读活动，《易传》里就提出了中国古典文论中两个非常著名的观点："言不尽意"与"立象尽意"。意思是说当一般的言辞无法充分表达圣贤的深邃思想时，就要使用具有隐喻、象征意味的卦象（即可以具体感知的客观事物）来展示思想，"象"因此在一定条件下成为"言"与"意"的中介，成为思想的有效载体。这样，"言""象""意"彼此之间就有了一定的指称关系。

一　"言不尽意"的审美文化内涵

西方当代学者卡西尔在他的《人论》里用"人是符号性的动物"①，来解释人的本质特点。中国古籍《春秋·穀梁传》里也说："人之所以为人者，言也。人而不能言，何以为人？"可以说，语言符号是人类从野蛮走向文明的一个重要标志。人对生活的思考、对客观事物的认识、对理想的渴望与追求，都需要借助于语言符号加以传达。在这个认识意义上，西方的现代语言学认为语言符号实际上就是人的思想情感的一种表现和延续。在具体的文学活动中，作为创作者的作家和作为解读者的读者，他们都是通过对文学语言的审美把握进而实现自己的文学目的。语言，实际上就是文学解读者需要提问和研究的第一个对象。

关于文学语言，孔子当年曾这样教育自己的儿子孔鲤："不学诗，无以言。"（《论语·季氏》）他为什么要让儿子学诗？因为"诗可以兴，可以观，可以群，可以怨；迩之事父，远之事君；多识于鸟兽草木之名"（《论语·阳货》）。由孔子的话我们知道，语言与文学之间有着极为密切的有机联系。据《汉书·艺文志序》记载："古者诸侯卿大夫，交接邻国，以徽言相感，当揖让之时，必称诗以谕其志，盖以别贤不肖而观盛衰焉。"这段历史记载，说明了我国早在春秋时期，各诸侯国之间的礼尚往来，大多是以文学的方式作为开场白的，由此可见文学在当时的社会活动中，占据了一个非常重要的作用，是一种必不可少的社交文化礼仪。这种文化现象的形成，一方面，说明了文学在当时的社会生活中已经起到了不可缺少的沟通作用；另一方面，也在一定程度上揭示了当时的人们愿意通过文学

---

① ［德］恩斯特·卡西尔：《人论》，甘阳译，上海译文出版社1985年版，第34页。

的形式来表达自己的人生志向。社会活动的需要促使文学适应社会的需要而成为人们生活中一个不可或缺的文化因素：文学经常被人们借用来表达自己的人生志向。同时，文学也是古人强调自身的道德品质修养所必须具备的几个主要条件之一，如孔子的《论语·泰伯》中提出："子曰：兴于诗，立于礼，成于乐。"《论语集解》中引包咸注解释说："兴，起也。言修身必先学诗。"从这些言论中看出，孔子是认可文学与人的道德品质修养之间存在着十分紧密的联系的，由此也构成了孔子"诗教"的文艺思想核心。这样，人们需要通过文学语言去了解他人的人生志向，去弘扬人们的自身道德品质修养，这一人类社会需求，反过来又促使文学语言成为人类社会一种必要的文化活动。

人类创造语言，最初是把语言作为人类交际的一种工具来使用的。语言一旦固定成型，就有了自己的存在价值，也就有了自己的意义所在，因而语言又反过来支配和约束着人。现代语言学认为，语言不单是传统语言学所说的是人类交际和思维的工具，它还是人之所以为人的一种存在方式。人类创造了语言来表达思维和情感，但在语言的使用过程中又被语言所约束，使用一种语言就意味着接受它所代表的文化观念，"获得一种语言就意味着接受某一套概念和价值"①，也就是接受人类历史的文明积淀形成的文化和观念。正是在这个意义上，伽达默尔提出："正是依赖于语言，人才拥有世界。"② 人离开了语言，就无法触摸世界、认识世界，所以说，人拥有的世界，本质上是语言的，世界体现在语言中，语言将世界呈现给我们。当然，这不能否定这样一个事实：世界作为一种物质实体，是独立

---

① ［瑞士］帕默尔：《语言学概论》，李荣等译，商务印书馆1988年版，第47页。
② ［德］伽达默尔：《真理与方法》，王才勇译，辽宁人民出版社1987年版，第12页。

于语言的一种客观存在。但是又不能否定另一个事实：未经语言区分和认识，世界与人无关，只有通过语言，世界才拥有意义。正是在这一认识层次上，海德格尔提出："人以语言之家为家，思的人们与创作的人们就是这个家的看门人"，"语言是存在的家"①。以上引言可以告诉我们，海德格尔把语言的性质定位为属于世界的本质意义。

在一定意义上，文学所表现的内容来自人的生命体验，其中包含大量的个体生活经验和审美情趣，当这些富有个体特征的文学内容通过文学语言传达出来时，它所展示出来的语言特点便是一种个性化的文学语言，而这种个性化文学语言必须是对现有语言体系的一种审美超越，方能产生个性化的审美效果。但由于人无法使用社会共同认可的语言来完满地传达自己独特的审美体验，当文艺所要表达的人生经验与思想感情用概念语言来描述而不能够被体会到时，就产生了"言不尽意"的传达矛盾。

"言不尽意"观点出自《周易·系辞》，言，即语言、文字，有说出来的话和书面文字两层含义。意，即思想、认识。"言不尽意"即是语言、文字不能完全表达出人们的思想、认识，通过语言文字也不能完整地把握别人的思想、认识。换言之，人们对某一问题有了自己的思想、认识，而这些思想、认识并不是人们口头说说或者文字记录就可以充分表达的；此外，人们将自己对某个事物或问题的思想认识用语言表述出来或用文字记录下来，别人也不能完全把握原作者的思想认识。这就是"言不尽意"的原本含义。

语言是文字表现的载体，而当出现"言不尽意"这一矛盾时，文学的表达在一定程度上面临着某种尴尬。《周易·系辞》提出了"立象以尽意"

① ［美］威廉·巴雷特：《非理性的人》，段德智译，商务印书馆1987年版，第86页。

的观点，似乎在某种程度上化解了这一矛盾从而挽救了文学的尴尬，战国时期的老子所发出的"道可道，非常道"和庄子的"言之所随者，不可言传者"同样遭受的"言不尽意"的矛盾。中国的文化先贤庄子在《知北游》中，对这种"言不及意"的文学现象提出了自己的见解，他说："道不可闻，闻而非也；道不可见，见而非也；道不可言，言而非也。"在庄子看来，"道"是不可以述说的，只能够用心去品味，因而"言"不可能将"道"完美传达出来。这种"言不尽意"观念表现在具体的文学创作中，东晋诗人陶渊明的《饮酒》诗应该是最具代表性的：

> 结庐在人境，而无车马喧。问君何能尔？心远地自偏。采菊东篱下，悠然见南山。山气日夕佳，飞鸟相与还。此中有真意，欲辨已忘言。

这首饮酒诗是陶渊明仅存的 116 首五言诗中最能代表其个人思想的一首，所谓"结庐在人境，而无车马喧"说明了两个问题，一是人境的生活是"车马喧"的，是无奈的；二是作者的"在人境"与旁人的"在人境"不同，是没有车马喧嚣的。但为什么能产生与他人不同的心境呢？诗人用了两个地点、两个动作，把一种神仙般脱俗而又充满生趣的人生意境点画得令人无尽向往——采菊东篱下，悠然见南山。而这也是全诗最为人称道之处，诗人陶渊明不为五斗米折腰，辞官回归乡野，纵情于山水之间，其胸襟情怀，既有诗人的人生选择难以用语言来传达，也因为自己的人生选择难以为世人所理解，故诗人想要表达其真意时，却找不到恰当的语言来进行有效传达。

不过，诗人陶渊明的这种"言不及意"审美感受，南北朝的钟嵘，则是从文学创作的艺术"修辞手法"角度，对"言不及意"文学现象做出了

自己的解释。他在《诗品序》中明确提出："文已尽而意有余，兴也。"即
"文已尽而意无穷"所指的是文学"比兴"手法所创造的审美效果，是超
脱于语言文字之外的审美韵味和审美情趣，也就是说"言不尽意"的文学
特征是文学的修辞手法所创造出来的。

　　从满足以上文学语言审美要求的角度，去对比分析同是唐代诗人的李
白著名诗句"黄河之水天上来，奔流到海不复回"和王维著名诗句"江流
天地外，山色有无中"，我们就会明显感觉到李白的文学创作里，虽说凭
借着非凡的想象能力，诗人为我们创造出一幅黄河之水从天降的奇妙景
观，充满了诗人的主观情感色彩和奔放不羁的情趣，但给读者留出的想象
空间和审美张力则远不如王维。在王维的诗意语言描写中，江河怎么会流
到天地之"外"去，山的色彩怎么在"有"和"无"的中间，仅仅依靠
生活经验，我们是无法领略其中蕴含的艺术真谛的，因为这些艺术描写显
然不符合生活的物理时空常识，但充满了艺术想象的奇趣，它能在有限的
文学语言篇幅中，让读者品味到回味无穷的艺术魅力。

二　"立象尽意"的审美文化内涵

　　既然"言不能尽意"，那么是否就意味着作者的人生体验无法通过审
美的方式有效传达出来呢？庄子在《天道》中说："世之所贵道者，书也。
书不过语，语有贵也；语之所贵者，意也。意有所随；意之所随者，不可
以言传也。"既然"意有所随"无法用语言来准确传达，那么就要从另外
的途径去进行具体传达。文学通过语言表现自身时，读者可以通过概念语
言准确地获得表面的信息，但是不能准确地通过内心去感悟它。而根据
《系辞》中的观点"象"这种符号性的东西，在表达的准确性和逻辑性上
有所损失的同时却又传递了难以言明的感悟和某种复杂微妙的情感，从某

种角度来看，正是"象"的这种具象性符号传递了言不尽的"意"。因为"象"是一种与抽象的概念语言不同的示意符号，其既有诉诸感受的形态，有能以有限来表现无限。于是，中国的文化先贤在具体的文学创作实践中，通过"立象尽意"的审美传达方式，有效地解决了这个问题。

在"立象以尽意"的过程中，根据"象"的定义可以得知这个立象的过程如同在写作过程中运用语言的模糊性一样：当我们刻意地去描摹一个事物时，其形象却不能完全地令人接受与理解，而运用语言的模糊性则可以把这一事物在语言描写上与另一物进行一种宽泛的比较而在无形之中衬托出我们所要描绘的物。而"立象"也就是将概念语言难以甚至不能传达的"意"借助于"象"这种符号表现出来，从而达到"尽意"的目的。关于这一点，我国魏晋时期的王弼在他的《周易略例·明象》中提出："夫象者，出意者也。言者，明象者也。尽意莫若象，尽象莫若言。言生于象，故可寻言以观象。象生于意，故可寻象以观意。意以象尽，象以言著。故言者所以明象，得象而忘言。象者所以存意，得意而忘象。犹蹄者所以在兔，得兔而忘蹄；筌者所以在鱼，得鱼而忘筌也。然则言者象之蹄也，象者意之筌也。是故存言者，非得象者也。存象者，非得意者也。象生于意而存象焉，则所存者乃非其象也。言生于象而存言焉，则所存者乃非其言也。然则忘象者乃得意者也，忘言者乃得象者也。得意在忘象，得象在忘言。故立象以尽意，而象可忘也。重画以尽情，而画可忘也。"

在这段话里，王弼对"言、象、意"三者的关系进行了全面的辩证论述，要点有四：一是肯定了"言生于象"而"象生于意"；二是必须"寻言以观象""寻象以观意"；三是文学传达时"意以象尽""象以言著"；四是文学解读往往会"得象而忘言""得意而忘象"。在王弼看来，在"言、象、意"三者的关系中，"象"具有引导解读者正确认识文学审美内涵的积极作用——能"尽意"。而要实现这个目的，必须通过"言"才可以"明象"。因此，"象"只是文学语言的一个审美载体，而不是目的，语言所要达到的最终目的仍然是"意"，但语言要"尽意"，必须通过"象"才能实现。

言对意的表达要达到怎样的效果呢？刘勰的《文心雕龙·神思》中有精彩绝伦的论述：

是以意授于思，言授于意，密则无际，疏则千里。或理在方寸，而求之域表；或义在咫尺，而思隔山河。

神用象通，情变所孕，物以貌求，心以理应，刻镂声律，萌芽比兴。

在刘勰看来，文本中的"意"之意蕴已远超出文本的言之能"尽"，读者要关注的就是"言外之意"和"不尽之意"，这是对狭义"言尽意"的精神解脱。而要达到这种解脱，必须借助于思想的中介即"神思"。也就是说，文学语言的表达通过人的"神思"，就能达到"隐而秀"的文学效果。

这样，文学的形象性，就成了文学能够区别于其他人文科学的一个显著特征。比如南唐后主李煜，作为一个亡国之君，昨日的一国之君，享尽荣华富贵；今天的阶下之囚，任人喝斥驱使。这种人生体验的大起大落，真的是如他所说的"落花流水春去也，天上人间"（《浪淘沙》帘外雨潺潺）。内心的酸楚凄凉，可谓道不尽来心尤寒，于是，一曲"问君能有几多愁，恰似一江春水向东流"把自己内心深处难以言说的无限衷肠，用"一江春水"这个具体的"象"来述说自己道不尽还复来的"愁思"，给读者留下了既具体（一江春水）又朦胧（几多愁）的审美遐思。就这样，难以言传的复杂情感，通过具体的自然景象传达出来，让读者去尽情地展开自由联想，即可以顺利进入王弼所谓的"得象以忘言"艺术境界。

美国有学者曾经用统计学的科学方法，来研究中国古典文学中的"言""象""意"三者之间的艺术关系，发现在中国的唐诗中，譬如山、水、草、木、花等这样一些笼统的"总称形象"在文学创作中出现的频率，要大大超过松、桂、兰、菊等这些具体明确的"特称形象"，从而他得到这样一个结论："中国写景诗所描绘的多多少少是笼统的自然风光，并非以细腻的笔触进行描绘。他们若决意增添具体的细节，那么支配他们选择的，与其说是……实际呈现在眼前的景物，倒不如说是习俗的文学暗示与象征。"① 他所说的"景物"与"文学暗示与象征"，即是中国古典文论的"象"与"意"。如果要问中国古典诗人为什么喜欢用笼统的"象"而不是具体的"象"来进行文学创作，那就是王弼所谓的"得意以忘象"了。通过笼统的景象去传达难以确切言说的情感体验，既能引发读者的审美无限遐想，又令人品味时余味无穷。譬如唐代大书法家颜真卿，其楷书端庄雄伟，气势恢宏，行书遒劲舒和，神采飞动，是书法美与人格美的完美结合典范，人称"颜体"。他作于唐代宗大历十年（775）的《刘中使帖》（又名《瀛洲帖》），全帖共 41 字："近闻刘中使至瀛洲，吴希光已降，足慰海隅之心耳。又闻磁州为卢子期所围，舍利将军擒获之。吁！足慰也。"整个字帖用笔大幅写意，笔画纵横奔放，有龙腾虎跃之势，前段最后一字"耳"独占一行，末画的一竖以渴笔皴擦，纵贯天地，作者的欢欣喜悦心情跃然纸上。因彼时"安史之乱"尚未平息，前安禄山、史思明部将田承嗣又举兵发动叛乱，唐军奋起抗击，战而胜之。颜真卿当时身在湖州，听到战报传来的胜利消息，禁不住欣然命笔，一挥而就，表现出一个身受战乱之苦的人渴望和平生活早日到来的激动心情，难怪元代收藏此

---

① 转引自龙协涛《文学阅读学》，北京大学出版社 2004 年版，第 79 页。

帖的张宴，评说该帖的通篇运笔，"如见其人，端有闻捷慨然效忠之态"。元代书法家鲜于枢也说玩赏此帖，只觉得"英气烈风，见于笔端"①。由其字如见其人，说明作者在写字的时候，其审美情感已通过字的形体得到了完美的展示。

总的来看，古人论及的文学"言""象""意"，是人与物、情与景的有机统一，即审美主体与审美客体有机结合的艺术产物。当"言"在一定意义上难以完整述说作者的内在情感之"意"时，具体的物"象"就在一定条件下成为"言"与"意"的中介物，成为思想的有效载体。这样，"言""象""意"彼此之间就有了一定的指称关系。

---

① 转引自龙协涛《艺苑趣谈录》，北京大学出版社 1984 年版，第 323 页。

第六章　阅读文体

中国古代的文学经典大多具有自己独到的文学审美魅力，伴随着中国文学一起出现的有关文学阅读的文学批评也具有自己独到的文体样式，其中最有代表性的，就是"诗话""词话"和"小说评点"这三大文体样式。诗、词二者之间虽有一定分界，但有许多相同相通之处，词亦别称为"诗余"。词话虽"别是一家"，但与诗话也同属一大家族，词话亦可称为广义的诗话。① 即使是到了清代，词话已摆脱作为诗话附庸的地位而自立门户，但在具体运用时，依然没有严格的限制和区分，如晚清文坛的扛鼎人物王国维在他的《人间词话》里，为说明词的"境界"所举的例子大多还是诗。因"诗话""词话"文风一脉相承，文体大体一致，故在这里合并一起综合论述。

---

① 清代吴乔认为："宋人词远胜于诗，诗话多词家事，应别辑为词话。"（吴乔《围炉诗话》）

诗话（词话）阅读

诗话（词话）是我国古代诗论中的一种主要形式，通常采用辑录或笔记体来评论诗歌（词）作品，记述诗人言行，阐述诗歌理论。所以，诗话也是中国古代对诗文的文学批评。由诗话创作过程界定"诗话"含义，应为众人谈诗、论诗之语。中国诗话从单本诗话研究，到诗话学的体制建构，到宋代应该说中国诗话的研究已初具规模，宋以后对诗话的研究成果也蔚为大观，但有关诗话的一些问题仍存有争议，如诗话溯源、诗话释名、诗话特性等，亟须进一步考证厘清。

诗话是中国一种源远流长的文学批评文体，关于诗话的起源，历来说法不一。有学者认为，人类社会有诗出现，就有人出来说诗、谈诗、评诗，就应该产生诗话。这个观点貌似有理，但仅限于评诗、论诗，与诗话文体的形成无直接关联。诗话作为我国文学批评的一种特殊形式出现，像《四库提要》中说的"是书杂记见闻，而论诗者十之八"但又"体兼说部"① 的诗话，则是不能简单地从理论认知角度上界定而获得答案，而是要从客观存在的实际深入探索方能获得答案，即从历代诗话著作的实际去

---

① "说"的本义为"解释、说明"，可引申为"讲述、叙说"，由"说"之本义衍生出论说体，由"说"之引申义衍生出叙事体。早期的"说部"概念既包括阐释义理与考辨名物的论说体，如"论""说""议""辨"诗文评、"说书"体、学术性笔记等，也包括记载史实、讲述故事的叙事体，如史料性笔记、故事性笔记、"说话"、小说等，是众多文章、文体、文类的汇聚与集合，而非单一的文体概念。晚清以来，随着以小说为主体的叙事体地位的提升，"说部"逐渐将论说体排除在外而专指叙事体，并最终成为"小说"之"部"。

探索，方能得出比较正确的答案。有的学者认为诗话起源于先秦及汉代的论《诗》，诗经出现后的先秦的儒家典籍中，已有诗话的萌芽出现。例如《论语》中的"诗可以兴，可以观，可以群，可以怨；迩之事父，远之事君；多识于鸟兽草木之名"①，以及《孟子》中的"故说诗者，不以文害辞，不以辞害志，以意逆志，是为得之。如以辞而已矣，云汉之诗曰：'周余黎民，靡有孑遗。'信之言也，是周无遗民也"②。所举几例讲的都是有关诗之话题，但是从内容看，则过于简略；从数量看，也属片言只语、不成系统，从文风看，则过于简约要言。因此，像这些零碎的关于诗的意见是很难归入诗话体裁范畴的。也有学者主张，南北朝的诸种笔记之类，其中不乏谈诗、说诗、论诗之作，这些也应列入诗话的范围。例如袁羊评价刘恢的诗、阮孚赞扬郭璞的诗、殷融答酬孙绰的诗③，应算是我国早期的诗话。不过，如果从诗话产生背景到形成自由、随意为诗话的文学特质，由诗话溯源说的争议到深入探讨中国诗话的定型，以及诗话这一特定诗歌评论概念的明确提出，似乎都绕不过宋人欧阳修的《六一诗话》，因为《六一诗话》是明确用诗话这个特指词语来解读诗歌作品的。并且，如以欧阳修的《六一诗话》为诗话诞生的历史分界线，我们就可以明确将诗话划分为前诗话与诗话两个发展阶段，即诗话的起源到诗话的定型两个阶段。

关于诗话的起源研究，学界影响最大主要是这两种观点：认为起源于

---

① 李泽厚译注，《论语·阳货》，中华书局 2015 年版，第 245 页。

② 《孟子·万章上》，《孟子译注》卷九，杨伯峻译注，中华书局 2005 年版，第 194 页。

③ 刘恢，仕晋历车骑司马、丹杨尹，代表作品《诗》。阮孚，西晋陈留尉氏（今属河南）人，饮酒史上"兖州八伯"之一。郭璞，两晋时期著名文学家、训诂学家，长于赋文，尤以"游仙诗"名重当世。殷融，生卒年不详，约晋惠帝永康元年前后在世，饮酒善舞，终日啸咏，不以世事自缚，著有文集十卷。

钟嵘的《诗品》和认为起源于唐代的《本事诗》。

认为诗话起源于钟嵘《诗品》的代表人物是清人章学诚，章氏在《文史通义·诗话》中提出："诗话之源，本于钟嵘《诗品》。然考之经传，如云：'为此诗者，其知道乎？'又云：'未之思也，何远之有？'此论诗而及事也。又如'吉甫作诵，穆如清风'，'其诗孔硕，其风肆好'，此论诗而及辞也。事有是非，辞有工拙，触类旁通，启发实多。江河始于滥觞。后世诗话家言，虽曰本于钟嵘，要其流别滋繁，不可一端尽矣。"[1]《诗品》所论的范围主要是五言诗。全书共品评了两汉至梁代的诗人122人，计上品11人，中品39人，下品72人。在《诗品序》里，钟嵘谈到当时士族社会已经形成一种以写诗为时髦的风气，甚至那些"才能胜衣，甫就小学"（胜衣：谓儿童稍长，能穿起成人的衣服）的士族子弟也都在忙着写诗，因而造成了"庸音杂体，人各为容"（平庸的见解，杂乱的文体，却个个自我感觉良好）的诗坛混乱情况。王公缙绅之士谈论诗歌，更是"随其嗜欲，商榷不同。淄渑并泛，朱紫相夺。喧议并起，准的无依"（嗜欲，嗜好与欲望。淄渑，淄水和渑水的并称。皆在今山东省。相传二水味各不同，混合之则难以辨别。朱紫，红色与紫色，后借指正与邪、善与恶）。所以钟嵘就仿汉代"九品论人，七略裁士"（九品论人，是东汉班固在《汉书·古今人表》中将人分为九等进行分类论述。七略裁士，《七略》是我国最早的图书目录分类著作，为西汉刘歆所撰，是一部从先秦至当时的学术史）写成这部品评诗人的著作，他是想借此纠正当时诗坛良莠混杂的混乱局面。清人何文焕也认同章学诚这个观点，他在编《历代诗话》时，

---

[1] （清）章学诚：《诗话》，《文史通义校注·诗话》卷五，叶瑛校注，中华书局1985年版，第559页。

有意将钟嵘《诗品》置于篇首。

认为诗话起源于唐代本事诗的代表人物是现代学者罗根泽，他在《中国文学批评史》里认为诗话受唐代《本事诗》的直接影响。他说："本事诗是诗话的前身，其来源则与笔记小说有关。唐代有大批的记录遗事的笔记小说，对诗人的遗事，自然也在记录之列。就中如范摅的《云溪友议》、王定保的《唐摭言》，其所记录，尤其是偏于文人诗人。由这种笔记的转入纯粹的记录诗人遗事，便是本事诗。我们知道了诗话出于本事诗，本事诗出于笔记小说，则诗话的偏于探求诗本事，毫不奇怪了。"① 本事是诗歌与诗事的结合。唐诗本事中，诗与事的关系有两种：一是引事明诗，二是引诗证事。前者源出《诗序》，叙事的目的在于说明诗作背景，交代写作缘由，从而揭示诗歌意旨。后者源出《韩诗外传》，本事以叙说故事为中心，诗歌为叙事提供佐证，本事的意义在于故事本身，叙事是独立自足的，不以诗歌的存在为前提；相反，诗歌从属于故事，引用诗歌是叙事的需要。著名学者郭绍虞也持类似的见解。其《宋诗话辑佚序》道："唐人论诗之著多论诗格与诗法，或则摘为句图。这些都与宋人诗话不同。只有孟棨的《本事诗》，范摅的《云溪友议》之属，用说部的笔调，述作诗之本事，差与宋人诗话为近。"② 当代学人余才林是这个诗话起于唐代本事诗观点的坚定支持者，他认为关于诗话的起源各方意见虽有不同，但各家都不否认诗话这一名目是出自欧阳修的《六一诗话》。"如果我们承认《六一诗话》是第一部本来意义上的诗话著作，那么，就诗话的发生而言，其直接渊源应是诗歌本事。《六一诗话》原名《诗话》，'话'即故事之意。元

---

① 罗根泽主编：《中国文学批评史》（二），商务印书馆 2015 年版，第 244 页。
② 郭绍虞主编：《宋诗话辑佚·上》，中华书局 1987 年版，第 2 页。

稹《酬翰林白学士代书一百韵》诗云：'翰墨题名尽，光阴听话移。'自注：'乐天每与余游从，无不书名屋壁，又尝于新昌宅，说《一枝花》话，自寅至巳，犹未毕词也。'诗中'听话'，即听《一枝花》话，就是听《一枝花》的故事。诗话之'话'，意义由此而来。因此，所谓'诗话'，即关于诗歌或诗人的故事。《六一诗话》说诗凡二十八则，其中二十一则是叙述故事的。这种纪事体制正是诗歌本事的特征，毫无疑问，诗话是从诗歌本事演化而来。"①

关于诗话的起源，学界意见虽不统一，但一般认可这种诗话体式，是中国诗歌繁荣发展带来的文化产物，最早以诗话正式命名的作品是欧阳修的《六一诗话》，即宋代的欧阳修第一个在著作中明确使用"诗话"这个特定概念。诗话是一种独特的、富于中国历史文化特色的诗词批评形式，它将古已有之的文学批评与笔记文学结合起来，形成一种既有文学理论又活泼生动的诗词评论。早在唐代已有类似著作，但尚未用"诗话"的名称来命名。在欧阳修《六一诗话》问世之前，中国古代文学批评理论主要存在两种文论形式，一种是以南朝齐梁时代刘勰的《文心雕龙》"体大而虑周"和钟嵘的《诗品》"思深而意远"为代表的逻辑严密、文字艰深的"思辨式"文学批评；另一种是以晚唐诗人司空图《二十四诗品》为代表的主要探讨诗歌美学风格的"品味式"文学批评。直到欧阳修的《六一诗话》的问世，这两种传统的中国文学理论批评相互独立的格局才被真正彻底打破。

欧阳修在中国诗界第一个将自己的这类作品取名为《六一诗话》，作者曾自注："居士退居汝阴而集，以资闲谈。"意思是说在他之前，"诗话"

---

① 余才林：《唐诗本事与宋代早期诗话》，《文史哲》2006 年第 6 期。

已是公名，欧阳修径以名其书。于他稍后的司马光作续诗话，自序云："诗话尚有遗者，欧阳公文章名声虽不可及，然记事一也。"① 司马光所说的诗话，明指欧阳修书，足证欧阳修所作是最早一部，言外之意，司马光所作即是第二部。由此，中国文学占据正统地位的"思深而意远"文学批评体式走向，在欧阳修的《六一诗话》带动下被人为转向，欧阳修以浅易的文字为批评话语，开始了中国古代文学批评之"闲谈式"滥觞时期。

诗话在后世的流传，按清代学者章学诚的划分，主要由这两大流派构成：一个是以欧阳修《六一诗话》为代表的"论诗及事"体诗话；一个是以钟嵘《诗品》为代表的"论诗及辞"体诗话。② 所谓"论诗及事"，就是诗话中记叙有关诗人的逸闻趣事；"论诗及辞"就是诗话中记叙有关诗歌优劣的评论。用郭绍虞先生的话来说：钟嵘"《诗品》是文学批评中严肃的著作"，以欧阳修《六一诗话》发端的诗话却是"资闲谈"的诗话杂碎。③ 当代学者蔡镇楚认为："狭义的'诗话'，从内容上看，诗话就是讲述诗歌的故事；从体裁上看，诗话就是论诗的随笔。而广义的诗话，乃是一种诗歌评论样式，凡属评论诗人、诗歌、诗派，以及论述诗人议论行事的著作，皆可名之曰诗话。"④ 早期的诗话，主要是"以资闲谈"即"论诗及事"体，我国古代诗话的"论诗及辞"之体，其出现晚于"论诗及事"之体。宋代诗话著作大多属于"论诗及事"之体，风格比较轻松自由，内容散漫不联，以述事赏鉴考证为主。但大致从北宋中后期开始，随着江西诗创作凸显于诗坛，围绕其诗歌创作，宋代一些诗话家在其著作中

① （宋）司马光：《温公续诗话》一卷。原称"续诗话"，意为继续《六一诗话》而作。
② （清）章学诚：《诗话》，《文史通义校注·诗话》卷五，叶瑛校注，中华书局1985年版，第559页。
③ 郭绍虞编选：《清诗话·前言》，富寿荪校点，上海古籍出版社1983年版，第3页。
④ 蔡镇楚：《中国诗话史》，湖南文艺出版社1988年版，第6页。

加重了议论化、论评性的分量，"论诗及辞"之体开始萌生。较早体现出这一创作取向的是宋人魏泰《临汉隐居诗话》。该书共 70 条，主要以"余味"为论诗标准而展开。以此为支点，魏泰批评韩愈"以文为诗"为"押韵之文"，批评西昆诗人"作诗务积故实，而语意轻浅"，批评黄庭坚"专求古人未使之事，又一二奇字，缀葺而成诗"。他提出，"凡为诗，当使挹之而源不穷，咀之而味愈长"，"诗主优柔感讽，不在逞豪放而致怒张也"①。由此可见他的诗话重心不在闲谈而是评论。此书也有一些述事的内容，但并不流于详述，而是在概述的基础上加以论评，较好地体现出了述评结合的特征。

《六一诗话》一书，由北宋欧阳修撰，可谓开中国历代"诗话"之先河。原书只称《诗话》，因欧阳修晚年自号"六一居士"，故又得名《六一诗话》。全书共二十八条目，诗话各则条目之间的排列并没有逻辑联系，以漫谈随笔形式评论诗歌，记录逸闻趣事和瞬间感想所得，篇幅虽小，内容颇丰，有对诗歌规律、特性的探求，有佳句赏析，有掌故逸事介绍、谬说更正，等等。书中提出的"诗穷而后工""意新语工"等论点，体现出欧阳修追求冲淡雅正、天然和平之美的诗歌美学思想，对后来的诗歌研究影响很大。欧阳修虽然在著作中首创"诗话"这一文体，但他在《六一诗话》中并没有对什么是诗话进行具体解释，只是在书中轻轻地交代了一句话："居士退居汝阴，而集以资闲谈也。"但在欧阳修的《六一诗话》之后，中国文人诗话之作大盛，终南北两宋有一百三四十部之多，并一直影响到明清两朝的学者。

---

① （宋）魏泰：《临汉隐居诗话》，（清）何文焕辑《历代诗话》，中华书局 1981 年版，第 317 页。

因诗话为欧阳公首创，且又为诗话定下"以资闲谈"的调子，所以有宋一代的诗话，通常采用较为自由的漫谈形式，结构上比较松散，主要表现为一则一事，记事评诗。例如，《六一诗话》中提到周朴的诗时说："唐之晚年，诗人无复李、杜豪放之格，然亦务以精意相高。如周朴者，构思尤艰，每有所得，必极其雕琢，故时人称朴诗'月锻季炼，未及成篇，已播人口'。其名重当时如此，而今不复传矣。余少时犹见其集，其句有云'风暖鸟声碎，日高花影重'，又云'晓来山鸟闹，雨过杏花稀'诚佳句也。"从欧阳修对以周朴为代表的晚唐诗风"构思尤艰""极其雕琢"简洁评价里，可以看出欧阳修并不喜欢周朴那样追求"刻字"的诗人，他更欣赏像李白、杜甫那种具有豪迈诗风的诗人，对于晚唐时期以周朴为代表的诗风，他委婉地表达了自己的文学态度。

但在评点诗作时，因其"闲谈"态度缺少必要考证，有精彩点评也有个别随意性败笔，例如提到和尚诗人贾岛时说："诗人贪求好句，而理有不通，亦语病也。如'袖中谏草朝天去，头上宫花侍宴归'，诚为佳句矣，但进谏必以章疏，无直用稿草之理。唐人有云'姑苏城外寒山寺，夜半钟声到客船'说者亦云，句则佳矣，其如三更不是打钟时。"稿草即草稿，欧阳修指出上朝不能用"谏草"，这话是对的。"谏草"应改作"谏疏"。但有人认为半夜不是打钟的时候，张继诗句有毛病，欧阳修认可这个批评，这是他不了解唐朝的生活实际。在唐代，姑苏一带确有夜半敲钟的习惯，叫作"无常钟"（无常钟，古代佛寺为死者送终而撞击的钟）。在唐代诗人的诗歌里，不少寺庙都打半夜钟，如陈羽《梓州与温商夜别》诗云："隔水悠扬午夜钟"，白居易《宿蓝溪对月》诗云："新松秋影下，半夜钟声后"……这些唐人诗句都说明写夜半钟声不独张继，唐朝诗人之所以不喜欢写白天的钟声，是因为白天有各种声音干扰，远没有夜半钟声音域宽广悠扬，音质柔和深沉，更易勾起游子离人的寂寞、惆怅情怀。① 由此可见张继写的夜半钟声是真实的，欧阳修仅凭自己的生活经验做出判断，因而对它做出不正确的批评。

可以说，诗话所表达的，是古代文人看了作品得到的初步印象。他仅是随手挑出自己认为好的诗句，或说"佳"，或称"妙"，或曰"何精粗顿异也"，或誉为"警绝"，或许为"合于古"，只认可作品"佳"，但佳在何处，却不详加分析论述。这种点到即止的简洁表达，是历代诗话词话常用、惯用乃至滥用的批评手法。尽管传统的谈艺之士，常以"有句无篇"为憾引以为戒，但这类摘句式的批评手法，却为宋代以降说诗人所珍爱。②

宋代诗话的发展，大约经历了三个阶段。第一阶段为初起阶段，即唐诗本事向宋人诗话的传承演变，集中体现在宋代早期诗话，这不仅因为宋代早期诗话是唐诗本事向宋人诗话演变的中间环节，而且它们体现了这一演变的体裁特征和审美趋向。因此，着力考察唐诗本事与宋代早期诗话的关系，是研究唐诗本事和诗话关系的中心问题。宋代早期诗话，以欧阳修《六一诗话》、司马光《温公续诗话》及刘攽《中山诗话》为代表，这三部诗话基本体现了宋代早期诗话的面貌，可视为这一时期诗话的代表。这些诗话是在唐诗本事的直接影响下产生的，因而在诸多方面具有明显的艺术承接性。在北宋初期的文化背景下，它们都提倡平易自然、意新语工的风格，但学术性较差，大多偏重于记事和摘评佳句。第二阶段为发展期，如何评价宋代诗人尤其是苏轼、黄庭坚以理趣为特色的诗歌创作，成了这

---

① 古远清：《论古典诗词的欣赏》，《文学教育》2011 年第 12 期。
② 黄维梁：《中西新旧的交汇——文学研究选集》，作家出版社 2013 年版，第 3 页。

二

一时期诗话探讨的中心话题，因而论辩性和理论性都较早期诗话为强。代表作有陈师道的《后山诗话》、葛立方的《韵语阳秋》、魏泰的《临汉隐居诗话》、叶梦得的《石林诗话》、张戒的《岁寒堂诗话》等。但陈、葛推崇江西诗派，魏、叶、张对江西诗派多所批评，显见各家的诗歌立场存在明显差别。第三阶段为成熟期。代表著作是姜夔的《白石道人诗说》和严羽的《沧浪诗话》。后期的诗话能以美学观点来论诗，着力彰显诗歌的审美特性，因而更能抓住诗的艺术本质。尤其是《沧浪诗话》，以禅论诗，别开蹊径，对后来的文学创作影响较大。

词话的兴起与发展要晚于诗话。古代词论批评是在词学创作实践具有相当丰富的积累之后，才逐渐发展壮大的，它经历了一个从自发到自觉、从朦胧到日渐明晰、从粗略到日渐繁富、从杂乱琐碎到日渐成熟的系统发展历程。唐五代至北宋词论批评尚处于萌发阶段。五代词人欧阳炯为赵崇祚编选的《花间集》所作《叙》，应该是词论史上第一篇独具特色的词学论文。文章较为系统地阐述了"花间词"的"侧艳理论"①，其观点对词的创作风格影响深远。就词学理论而言，宋人杨绘的《时贤本事曲子集》②（唐五代把这种配乐歌词称为"曲子"，至宋，"词"才逐渐取"曲子"而代之）应是现知最早的词话著作，所录虽上及唐五代词，但是以"时贤"即当代词人为主，其中主要收录了林逋、范仲淹、欧阳修和苏轼四位词人的本事曲子。元丰五年苏轼在黄州《与杨元素书》说："近一相识录得明公所编《本事曲子》，足广奇闻，以为闲居之鼓吹也。然切谓宜更广之，

---

① 侧艳理论，欧阳炯认为词以描写艳情为主，词的题材集中在伤春悲秋、离愁别绪、风花雪月、男欢女爱等方面，与"艳情"有着直接或间接的关系。"词为艳科"，是词这种创作主流倾向的归纳。

② 《时贤本事曲子集》又名《本事曲》《本事曲集》，成于神宗元丰初，凡一百四十余条，南宋初犹有传本，然此后亡佚，后人只能从他人转引中窥知一二。

但嘱知识间，令各记所闻，即所载日益广矣。辄献三事，更乞拣择。传到百四十许曲，不知传得足否？"① 苏轼这里提到的，是《本事曲子》前集，已有一百四十则。苏轼提议再作补充，"宜更广之"，他自己就动笔补充了三则。此后又有与杨元素书，谓陈恺"其人甚奇伟，得其一词，以助《本事》"，则又补一则（《欧阳文忠公近体乐府》卷二罗烨注，引及《京本时贤本事曲子后集》）。《本事曲》的前、后两集今俱佚，按照苏轼致杨绘信函推知，该前集有一百四十余例，而后集数量更大，但原书至宋末已佚。清末梁启超先生从宋人胡仔的《苕溪渔隐丛话》等辑得五条，唐圭璋编《词话丛编》，将之置于卷首。尽管该词话并没有对宋代众多词人、词作进行归纳性或总结性品评，但是在宋代大量词人中选取林逋、范仲淹、欧阳修和苏轼这四位作为代表性作家，并以"时贤"来命名，足见杨氏对"4人"诗词作品创作的看重。然而，遗憾的是，这部词话早已亡佚，后人只能从他书转引中窥知一二。

"曲子"何时转称为"词"？学界公认是从唐代开始到宋代成型，但具体从何人开始仍有待考证。有当代学者认为，是宋人杨湜的《古今词话》在作品中首冠以"词话"之名②（即开"曲子"转为"词话"之先河），但该观点尚缺少必要的事实依据作为支撑。因杨湜的《古今词话》在宋以来公私书目中未见著录，根据已有历史资料大概写成于绍兴戊辰年间，《苕溪渔隐丛话》中已见称引，明以后亡佚。今存世本为近人赵万里所辑，共 67 则。其一记载："金陵怀古，诸公寄词于《桂枝香》，凡三十余首，

---

① （宋）苏轼：《与杨元素十七首》，王新龙编著《苏轼文集》（4），中国戏剧出版社 1986 年版，第 64 页。

② 刘贵华：《简论古代词论批评的特点》，《甘肃联合大学学报》（社会科学版）2005 年第 2 期。

独介甫最为绝唱。东坡见之，不觉叹息曰："此老乃野狐精也。'"据说当时有好多词人同时用《桂枝香》这个词调来写"金陵怀古"，只有王安石这首写得最好，为世人所传诵。野狐精，是禅宗里的一个话头，原指野狐精能作变幻，以欺诳他人，原本是带有贬义的，东坡这里是比喻王安石鬼马精灵。不过，杨湜的《古今词话》书中所采五代以下词林逸事，大都出于传闻，且侧重于艳史故实，记叙没有《本事曲》所记那么信实。例如宋代词人柳永，因擅长写词而驰声文坛。《古今词话》说他与孙何为布衣之交，后来，孙何当了宰相，又任两浙转运使，柳永想去见见他，但苦于孙何位高势重，几次求见，都被门卫挡在门外。柳永知道孙何常邀歌妓到府上佐欢助兴，于是想起了杭州城里有名的歌妓楚楚，就提笔写了一首《望海潮》的词，请楚楚在孙何面前唱这首《望海潮》词。要是孙何感兴趣，问这首词是谁写的，你就说是柳永写的，楚楚答应了。杨湜的《古今词话》是最早记载这个故事的。但近年有学者考证，孙何没有当过宰相，而他做两浙转运使驻守杭州的时候，柳永才15岁，正在家乡崇安县攻读诗书，二人不可能成为布衣交，因此，《古今词话》说此词为柳永因楚楚而见故友孙何一说不可信。①

北宋中后期，苏轼继柳永之后登上词坛，追求一种与柳词不同的风格。苏轼有意提高词的品位，常常以柳词的低俗为戒。李清照的《词论》继承了苏门论词的菁华，并提出了她自己新的词学观点，对南宋中后期江湖词派的词学理论具有深刻的影响。李清照《词论》一文，最初见于南宋

---

① 参见《宋朝历科状元榜眼探花进士录》，赵洪光资料整理，《文史资料》第 66 期。"孙何，字汉公。蔡州汝阳县人。孙仅之兄。淳化三年中进士第一名，状元。初授将作监丞、通判陕州。历两浙转运使，累迁起居舍人、知制诰，掌三班院。"（注：三班院，宋官署名，雍熙四年置，掌使臣注拟、升迁、酬赏等事。）

胡仔《苕溪渔隐丛话后集》卷三十三，魏庆之《诗人玉屑》卷二十一亦有录入。初无题，只以"李易安曰"引题，胡仔于文后对此加以评论。此论成文时间，历来众说纷纭，莫衷一是。大抵有北宋末（少年期）说和南宋初（晚年期）说两种观点。由于李清照本人的文学成就"自卓然一家，不在秦七、黄九之下"①，其诗、文、词诸体皆擅，在生时就以才学名彰于世："女清照，诗文尤有称于时。"② 《词论》一出，自然引起众人关注，历代学者词家多对此予以评述。自宋以来，对《词论》的评论多是指责其为"历评诸公歌词，皆摘其短，无一免者"的"不公之论"③，虽然间或有人提出"其论词绝精，……其讥弹前辈，能切中其病"④，但这种声音毕竟太少，难挡众人汹汹的指责大潮。到了现代，关于《词论》中历评诸公是否确论的批评逐渐减少，取而代之的是对《词论》中提出的词应"别是一家"，"盖诗文分平侧，而歌词分五音"，即词不能混同于诗，这是因为诗和文章只分平仄，但词却要分五音（宫商角徵羽），所以词应该有自己的独特艺术品质。学界对她主张诗词分论，并严守音律对词的发展起的是促进还是阻碍作用引发的争论，至今未绝。

南宋之后词话渐兴，较有影响的有王灼的《碧鸡漫志》、沈义父的《乐府指迷》、张炎的《词源》等。尤其是《词源》，可谓集"骚雅词派"（南宋末期规模最大、作家最多的一个词学流派，又是成就卓然、理论与实践并重的一个文人群体。所谓"雅"是指他们都受时代濡染，以雅相标榜，以雅为美学理想。所谓"骚"是指以诗人的笔法入词，侧重继承以

---

① 黄墨谷辑校：《重辑李清照集》，齐鲁书社 1981 年版，第 267 页。"秦七"秦观，"黄九"黄庭坚。

② 同上书，第 220 页。

③ 同上书，第 222 页。

④ 同上书，第 289 页。

《离骚》为开创和代表的，以表现自我、抒发自我的主观性描写为主要目的的抒情传统上，注重写心境是其重要特征，姜夔是这一词派创作上的最高代表）理论之大成，是一部有较高学术价值的论词专著。

词话发展到清代则蔚为大观，其主要标志即词话著作数量多，且佳作接连不断出现。唐圭璋先生辑《词话丛编》共收历代词话 85 种，其中清代（含民国初年）词话有 68 种，如梁启超《饮冰室评词》、况周颐《蕙风词话》、陈廷焯《白雨斋词话》、杜文澜《憩园词话》、李渔《窥词管见》等，其中最具代表性的，当属王国维的《人间词话》。王氏在《人间词话》中提出的"有我之境"和"无我之境"，以及意境"三境界说"等，已成为中国古典文学理论"意境说"的代表性观点。

由王国维的《人间词话》归纳出来的"意境说"，曾经是我国古典文艺理论研究的一面旗帜，尤其是在 20 世纪 80 年代肇始的中国文艺理论研究在一浪接着一浪的"西语"热潮汹涌而来时，被逼得几无退路，中国文艺理论研究界终于在老祖宗们留下的文化遗产中，找出了"意境说"这一富有中国特色的诗词研究成果，并使它成为抗争西方文学观念的一面文化旗帜，从而挽救了中国文艺理论研究界全军尽没的尴尬处境。然而，一些中国学者在近年经过比对研究，提出王国维的美学思想甚至是"意境说"主要来自德国古典美学的思想影响。这种观点在学界引起很大争议，下面我们将在《人间词话》部分进行介绍。

《沧浪诗话》解读

严羽《沧浪诗话》产生的文化背景：诞生在印度的佛教文化从汉代开始传入我国，魏晋南北朝时期是中国佛学精神的孕育时期。这一时期，来自印度佛教文化的大小乘经论相继传入中原，中国佛教学者对外来佛教思想观念进行了初步的认识、理解和消化，并在理解和诠释外来佛教思想观念的过程中，积极融入了中国儒家、道家等传统思想观念，从而为中国特色的佛学思想形成和发展奠定了基础。在众多佛学文化典籍的翻译传播过程中，以安世高译介的小乘禅学和支娄迦谶译介的大乘般若学这两大系统的思想在中土的影响最大。① 从他们的译经里，不难发现他们是如何运用中国的传统文化思想来理解会通外来的佛教文化，促使佛教在与中国传统思想文化的交融中一步步走进中国人的文化视域，并在中国这一文明之邦逐渐地扎下根来。

南北朝以后，中国佛学的发展分化成了两个主要宗派：一个是以达摩为代表以静思遣念的"坐禅"来达到成佛；另一个是以竺道生为代表以主张"人人皆有佛性"，"顿悟成佛"的佛学理论。盛唐时，其中最有影响的

---

① 安世高乃安息国僧人，于东汉桓帝建和二年（148）来到洛阳，至灵帝建宁（168—172）中，二十多年的时间里，共译出佛典数十部，其中比较有代表性的有《佛说大安般守意经》二卷、《阴持入经》二卷、《禅行法想经》一卷以及《道地经》一卷等，另有大小《十二门经》均已佚失，其所传则为"禅数之学"。支娄迦谶，简称支谶，本为月支国僧人，大约在汉桓帝末来到洛阳，在汉灵帝光和、中平之间（178—189）致力于佛经的翻译。在十多年的时间里，他先后译出了佛经十四部二十七卷，其中主要的有《道行般若经》《首楞严三昧经》和《般舟三昧经》等，支谶所传的大乘般若学主要是"万法性空"的道理。

是主要流传在北方嵩洛地区的北宗神秀和主要在南方传播的南宗惠能。南北禅宗虽然都继承了道信、弘忍"东山法门"的传统，依"心"而立论，但对"心"的不同理解导致了两派在禅法上的差异，北宗注重渐修，南宗强调顿悟，至此中国的禅宗又分化出不同特色的两大基本派别。六祖惠能表面系传承达摩"坐禅"主张，但从思想上却全面继承了竺道生的"顿悟"思想，他以"不立文字，教外别传，直指人心，见性成佛"[①]为佛学宗旨，以简化的修行方式打败北宗，在宋以后实际上成为中国位居第一的佛教宗派。

佛教一经传入中国，就在佛教传播、扩大影响的过程中，不可避免地和中国传统文化纠结在一起。例如成书于东汉末三国时牟子的《理惑论》，就集中反映了佛教初传中土而引起的种种疑虑及反对意见，同时以佛教为基点提出了最早的儒佛道三教一致论。如牟子的《理惑论》在解释何谓佛时说："佛者，谥号也。犹名三皇神，五帝圣也。佛乃道德之元祖，神明之宗绪。"[②] 在牟子看来，佛是谥号，就好像中国的三皇、五帝，道教的"圣人""真人"一样没有什么不同。牟子既用儒家推崇的三皇、五帝来比附佛陀，也用道教的神仙来解释佛。《理惑论》采用了问答的形式，问者代表当时社会上对外来佛教表示怀疑和反对的人，牟子则站在佛教的立场上作答。问答主要集中在对佛、佛教教义和佛教的出家修行生活三个问题的看法上。牟子在回答中广泛引证老子、孔子等人的话语来为佛教辩护，论证佛教与传统儒、道思想并无二致。

---

① 不立文字：佛家语，指禅家悟道，不涉文字不依经卷，唯以师徒心心相印，理解契合，传法授受。出自宋释普济《五灯会元》卷七："师问：'只如古德，岂不是以心传心？'峰曰：'兼不立文字语句。'"

② （汉）牟子：《理惑论一卷》，周叔迦辑撰，周绍良新编《牟子丛残新编》，中国书店2001年版，第3页。

　　于是，以孔孟为代表的儒家文化倡导的仁道、魏晋时的玄学等都在与佛学思想相互碰撞中交相融汇，逐渐形成了具有中国文化特色的佛学——禅宗。禅宗诞生于中国文化的土壤中，而当它成熟以后，又对整个中国文化产生深刻的影响，特别是唐宋以后，中国的思想文化领域几乎都能看到佛禅影响的痕迹，宋代文人士大夫学禅、谈禅蔚然成风，在这样的禅风文化背景下，引禅入诗、以禅喻诗成为一种时尚。因此，严羽的《沧浪诗话》以禅论诗，也就成了中国诗话文化发展的一种历史必然。

　　南宋时期严羽《沧浪诗话》的出现，不仅继承了前代诗话的批评传统，更开创了以禅喻诗的新风气：其一是以禅道悟诗道，引出中国诗学的"妙悟"说、"别趣"说，学盛唐、宗李杜，注重诗歌独抒性灵的审美独特性，进而对唐诗（尤指盛唐诗歌）美学风格进行总结、概括；其二是以禅趣、禅理解诗趣、诗理，进而对宋诗的美学风格进行归纳、评价。禅学的引入，拓展了中国诗学的思维空间，对后来的诗歌理论和创作产生了深远的影响。

　　严羽的《沧浪诗话》共分"诗辨""诗体""诗法""诗评"和"考证"五章。"诗辨"阐述理论观点，是整个《诗话》的总纲；"诗体"探讨诗歌的体制、风格和流派；"诗法"研究诗歌的写作方法；"诗评"评论历代诗人诗作，从各个方面展开了基本观点；"考证"对一些诗篇的文字、篇章、写作年代和撰写人进行考证论辩，显得比较琐碎，其中也在一定程度上反映了作者的文学思想。五个部分互有联系，合成一部体系严整的诗歌理论著作，在诗话发展史上是独具特色的。①

　　严羽的《沧浪诗话》成书以来，引起了无数的关注和争论，其焦点在

----

① （宋）严羽：《沧浪诗话》，远方出版社 2005 年版，第 1 页。

于，《沧浪诗话》论诗，是针对宋诗的流弊而发的。它把宋诗的演变分为三个阶段：早期沿袭唐人，至苏轼、黄庭坚"始自出己意"，变革唐风，南宋中叶以后又转向晚唐学习。严羽对于宋诗的变革唐风很不以为然，也反对以黄庭坚为代表的江西诗派"以文字为诗，以才学为诗，以议论为诗"的文风，谓其违背了诗学的文化传统。对于"四灵诗派"① 和"江湖诗人"② 倡导的晚唐，它也认为"止入声闻辟支之果"（旁门小道），未进入"大乘正法眼"③。根据这样的文学创作评判标准，《沧浪诗话》提出了"别趣""妙悟"等文学主张。

那么，什么是"别趣"和"妙悟"的审美内涵呢？

《诗辨》云："夫诗有别材（才），非关书也；诗有别趣，非关理也。然非多读书，多穷理，则不能极其至。所谓不涉理路，不落言筌者，上也。""别趣"，《沧浪诗话》中也称作"兴趣"，这是严羽独创的文学批评术语，但不同于日常用语中所说的对某某事物发生兴趣，是指诗歌作品有别于一般学理性著述的美学特点。"别趣"说乃严羽对诗歌特征的深刻揭示，旨在强调以形象思维的艺术方法产生"无理而妙"的艺术效果。《诗辨》里说："诗者，吟咏情性也。盛唐诸人唯在兴趣，羚羊挂角，无迹可求。故其妙处透彻玲珑，不可凑泊，如空中之音，相中之色，水中之月，镜中之象，言有尽而意无穷。"这段话里讲道"羚羊挂角，无迹可求"，用

---

① 四灵诗派——徐照（字灵晖，号山民）、徐玑（字致中，号灵渊）、翁卷（字续古，一字灵舒）、赵师秀（字灵秀，号天乐），提倡贾岛、姚合诗风，以境界狭仄而语言工巧为特点，以字句雕琢为工的苦吟审美情趣，四人同为南宋永嘉（今温州）人，因其字号中皆有灵字，人称"永嘉四灵"。

② 所谓江湖诗人，大都是当时一些落第的文士，由于功名上不得意，只得流转江湖，靠献诗卖艺来维持生活。江湖诗人的得名，是因南宋中叶后，杭州书商陈起陆续刻了许多这类诗人的集子，合称为《江湖集》而来的。代表性人物有姜夔、戴复古、刘克庄。

③ （宋）严羽：《沧浪诗话·诗辨》，远方出版社2005年版，第6页。

的是佛经上的比喻，说羚羊到晚间把自己的双角挂在树上栖息，可以避免猎狗找寻踪迹。参照《诗评》中有关"词理意兴，无迹可求"的说法来看，是指诗歌作品的语言、思想、意念、情趣等各方面要素，组合为一个整体，达到水乳交融的地步，这才能给人以"透彻玲珑，不可凑泊"的感觉，取得"言有尽而意无穷"的艺术效果。因此，所谓"兴趣"或"别趣"，无非指诗人的情性熔铸于诗歌形象整体之后所产生的那种蕴藉深沉、余味曲包的美学特点，这是严羽认可的好诗的首要条件。① 如果说，"别趣"是对于什么样的诗才算好诗的解答，那么，"别才"则是指诗人能够感受以致创作出具有这样审美属性的诗歌作品的特殊才能（如审美直觉能力、艺术想象能力等），也正是文学活动不同于一般读书穷理功夫之所在，不是只靠书本学问就能写好诗的。

　　"别才"在严羽诗论中也称作"妙悟"，"妙悟"又叫禅悟，这原是佛教禅宗学说的用语，是中国禅宗的一个重要理论范畴，指佛教徒对于佛性的领悟，其根本要义在于通过人们的参禅来"识心见性，自成佛道"（《坛经》)②，从而达到本心清净、空灵清澈的精神境界。宋人以禅喻诗，所取于禅的"心"即"悟"，而"悟"也确实是禅宗最根本的东西。宋人正是抓住了禅的这个最核心的东西"悟"，把它与读诗、品诗的内在规律沟通起来，从而实现了诗歌理论的一大飞跃。《诗话》中借"悟"表示人们对诗歌美学特点，亦即诗中"兴趣"的心领神会。在严羽看来，诗人的艺术感受和创造的才能，跟一般读书穷理的功夫是截然不同的两码事。读书穷

---

① 陈伯海：《说"兴趣"》，《文艺理论研究》1982 年第 2 期。
② 《坛经》，亦称《六祖坛经》《六祖大师法宝坛经》，全称《南宗顿教最上大乘摩诃般若波罗蜜经六祖惠能大师于韶州大梵寺施法坛经》，是佛教禅宗六祖惠能说，弟子法海集录的一部经典。

理固然有可能促进诗歌艺术的提高"以极其至",但艺术活动的妙趣领悟则并不依赖读书穷理。严羽《诗辨》中谈道:"大抵禅道唯在妙悟,诗道亦在妙悟。且孟襄阳学力下韩退之远甚,而其诗独出退之之上者,一味妙悟而已。唯悟乃为本色。"这就意味着"学力"并不能保证一个人的诗歌成就,"妙悟"才是关键所在。"妙悟"的能力又是怎样获得的呢?以"悟"论诗,严羽并非首创,陈伯海先生曾在《严羽与沧浪诗话》中提出:最早以禅论诗的,就现有资料而言,当推宋人范温《潜溪诗眼》的一段话,"识文章者,当如禅家有悟门。夫法门百千差别,要须自一转语悟入。如古人文章直须先悟得一处,乃可通其他妙处"①。但范温的《潜溪诗眼》只是轻轻点了一下"悟"可通妙处,没有像严羽那样对"悟"与"妙"的关系展开论述。严羽在《沧浪诗话·诗辨》说:"工夫须从上做下,不可从下做上。先须熟读《楚词》,朝夕讽咏以为之本;及读《古诗十九首》、乐府四篇,李陵、苏武、汉魏五言皆须熟读;即以李、杜二集枕藉观之,如今人之治经;然后博取盛唐名字,酝酿胸中,久之自然悟入。"从这段话看来,"妙悟"的能力是从阅读前人的诗歌作品中培养出来的,而且不是任何诗作都有助于人们的"悟入",必须是那些本身具有严羽所赞赏的意境浑成、韵趣悠远特点的佳作,才能促成人们对这种艺术特点的领悟。同时,这种阅读的方式不是指思考、分析和研究,而是指熟读、讽咏乃至朝夕把玩自然悟出来的。严羽《沧浪诗话·诗评》中还说:"读《骚》之久,方识真味;须歌之抑扬,涕洟满襟,然后为识《离骚》。"就是要人们在反复吟咏中去体会诗歌情思的抑扬跌宕,进而领略作品的独特韵味。这才是一条严羽认可的"不涉理路,不落言筌"的"悟入"路径。

---

① (宋)魏庆之:《诗人玉屑·诗眼评子厚诗》卷十五,商务印书馆1938年版,第266页。

因此，严羽心目中的"妙悟"，是指人们长期潜心欣赏、品味好的诗歌作品所养成的一种审美意识活动和艺术感知能力，它的特点在于不凭借书本知识和理性思考，而能够对诗歌形象内含的情趣韵味作直接的领会与把握，这种文学阅读的心理活动和欣赏能力便构成了诗歌交流的有效推动力。"妙悟"这一观念的提出，表明严羽对于艺术活动与逻辑思维的区别，有了一定的清醒认识，但他未能科学地阐明思维与直觉的辩证统一关系，反而把两者割裂开来和对立起来，致使其"妙悟"说带上了浓重的玄学色彩，由此招来后人的种种非议。

《人间词话》解读

一 王国维《人间词话》产生的文化背景

王国维早年曾两次到杭州参加乡试，未中，由此倾向新学。甲午战争后来到上海，为《时务报》当书记校对，浙江上虞人罗振玉在上海办农学社和东文学社，王国维其时正在上海时务报馆当杂工，一日，罗振玉偶然看到王国维写于折扇上的咏史绝句，极为欣赏，认定此人日后必成大器，留他在东文书社当庶务，从日本人藤田丰八等学习日文及理化等课程。后罗振玉入京任学部参议，在其保荐之下，王国维也一同入京，次年在学部总务司行走，任学部图书馆编译。王国维之前从事中国的词和戏曲研究，1908 年《人间词话》问世，1912 年《宋元戏曲考》等陆续问世。王国维早年在日本留学时对叔本华、康德、尼采哲学颇有兴趣，在《教育世界》

发表过一批哲学论文，介绍德国哲学。辛亥革命之后，两人均留恋帝制，不愿改朝换代，于是二人一同东渡日本，在日本京都一住经年。在日本居住期间，罗振玉对他说：现在世变很激烈，士欲可为，舍返经信古未由也。意即你如想有所作为，就舍弃其他专攻经书史记。王国维听了罗振玉的劝告，便尽弃前学，改而研究中国历史和古器物学，他运用罗振玉的大云书库所藏经史、古器物、甲骨文、流沙坠简等，经过研究写出一批学术论文。正是这番经历，使他成为近代甲骨文研究的三大家之一。1916年他回到上海，应哈同之聘，为《学术丛编》杂志编辑，后又任包圣明智大学教授。在任教的同时，他仍从事甲骨文和古史考证。从日本归国后，罗振玉成了保护清王朝的"铁杆"遗老，他极力拉拢王国维一起进入晚清小朝廷，溥仪对王国维学识也非常赏识，特诏他为南书房行走一职，为已废的清室皇帝溥仪当侍读先生。所以说，王国维是中国传统文化的积极捍卫者。

但封建遗老之间争权夺利矛盾冲突不断，随着罗振玉与郑孝胥之间的斗争日趋激烈，罗振玉联合升允并希望王国维一同来弹劾郑孝胥。但王国维态度坚决地拒绝了他，这是一直以来认为王国维非常听从自己政治安排的罗振玉所不能接受的，他当即表明不会再连累王国维，从此以后，他们之间因政治见解不同出现了难以修复的裂痕。而一直不愿在晚清朝廷这种尔虞我诈政治环境中生活的王国维，在属直系军阀的冯玉祥在第二次直奉战争中发动"北京政变"后，选择了离开朝廷，并走进清华校园继续教书，从此在清华校园中过上了一段稳定而恬然的生活。

但王国维又是一个现代文明的先行者。他在中国传统文化思想日渐衰微的时候，已经意识到西方现代文化思想对中国文明发展的重要性。王国维说："世界学问，不出科学、史学、文学。故中国之学，西国类皆有之，西国之学，我国亦类皆有之；所异者，广狭疏密耳。"他认为虽然有中学、西学之称，但担心西学会妨碍中学以及中学会妨碍西学都是没有道理的。他指出："今即不论西洋哲学自身之价值，而欲完全知此土之哲学，势不可不研究彼土之哲学，异日发明光大我国之学术者，必在兼通世界学术之人，而不在一孔之陋儒。"① 他是坚决主张中国的学术研究要打破中学、西学之间的界线，把中国学术纳入世界学术的范围内进行研究。

王国维想要引进的是一个什么样的西方文化思想？在王国维东渡求学期间，对他的思想观念产生极大影响的主要就是德国哲学思想。尽管也有学者曾指出王国维并不能准确区分德国的近代思想和现代思想，王国维只是根据具体需要将德国哲学思想中国化，即为我所用。从学术成就上看，王国维的美学思想是中西文化交汇、融合的产物，其美学研究的方法，美学思想的性质、意义，大致可以划为前、后两个不同时期。前期随着哲学而起，是理性探讨的结果，是在探求人生真理过程中对美学原理的哲学思辨。主要受康德、席勒、叔本华等人美学观点的影响，他多是从哲学和美学原理出发，对美的本质与审美范畴作具体发挥，思辨性很强，无论是内容与方法，都明显地表现出西方美学传统的影响。这一时期，他对美学的应用（美育）和文艺现状比较关心。但他对西方美学思想并未很好地消化，故在理论上存在着某些自相矛盾之处；后期他通过对中国传统美学的审美经验（诗词戏曲等）的批评，表达其直观感受，很少与政治、教育相联系，他以审美的自由愉悦来解脱现实所带来的苦痛。显然，他后期的美学思想少了前期那种明显的自相矛盾，但同时也缺少了前期那种对现实与

_____

① 王国维：《国学丛刊·序》，傅杰编校《王国维论学集》，云南人民出版社 2008 年版，第488 页。

应用的关注。如果王国维不读西方哲学，也就写不出《红楼梦评论》和《人间词话》。只有中西方思想融汇的积累，有了开阔的知识视野，才能有如此独到的艺术见解。德国人的哲学、美学思想对王国维产生了很大的影响，使他能够用这些思想去分析，更为重要的是体现在研究的方法和思维的缜密上。叔本华的生命意志本体论、直观主义认识论和悲观主义人生观暗合了王国维的人生经历和心境，对王国维产生了重要的影响。他的两部代表性作品，《红楼梦评论》是受到叔本华悲观主义的影响，而《人间词话》又受到德意志唯心主义主客二分思想的影响，但对其进行了中国传统文化的改良，将其比附为中国文学观念的"有我"和"无我"。《红楼梦评论》凝聚着他研究叔本华哲学思想的心得。著名学者叶嘉莹说："《红楼梦评论》一文，却是从哲学与美学观点来衡量《红楼梦》一书之文艺价值的一篇专门论著……《红楼梦评论》在中国批评史上乃是一部开山创始之作"[1]，《红楼梦评论》用西方思想和方法对传统文学进行思考，王国维认为"哲学内容表现的形式本身就充分显示了一种美，一种讲究结构组织的严密论证的逻辑美"。讲求系统、科学的分析，每一章集中论述一个问题，广泛引录中外资料，以理性分析为主，而不再是中国传统诗话词话中的感悟式和直觉式。应该说中国传统的文论著作，如陆机的《文赋》、刘勰的《文心雕龙》、钟嵘的《诗品》、司空图的《二十四诗品》和严羽的《沧浪诗话》等都对王国维产生了影响，而西方的哲学思想也给了他很大的灵感，如"壮美""宏美"就是从康德的"崇高"引申出来的。可以说，中西文艺思想在王国维那里得到了交汇融合，王国维在中国古典美学的基础上融汇了西方的美学思想。

---

① 叶嘉莹：《王国维及其文学批评》，北京大学出版社 2008 年版，第 148 页。

二　《人间词话》的"境界"说

《人间词话》是著名国学大师王国维所著的一部文学批评著作。可以说是他在接受了西洋美学思想之洗礼后，以崭新的眼光对中国旧文学所作的审美评价。表面上看，《人间词话》与中国相袭已久之诗话、词话一类作品之体例、格式，并无显著的差别，实际上，它已初具理论体系，在传统诗词论著中，称得上一部屈指可数的作品。甚至在以往词论界里，许多人把它奉为圭臬，把它的论点作为中国词学、美学的根据，影响很是深远。其中的"境界"说是《人间词话》的核心，统领其他论点，又是全书的脉络，沟通全部主张。王国维在《人间词话》里提出："词以境界为最上，有境界则自成高格，自有名句。五代、北宋之词所以独绝者在此。然沧浪所谓'兴趣'，阮亭所谓'神韵'，犹不过其面目，不若鄙人拈出'境界'二字为探其本也。"① 王国维不仅把"境界"视为创作原则，也把它当作批评标准，论断诗词的演变，评价词人的得失、作品的优劣、词品的高低，均从"境界"出发。因此，"境界"说既是王国维文艺批评的出发点，也是其文艺思想的总归宿。

《人间词话》通篇围绕"境界"而展开，围绕着"境界"写作成篇，究竟什么是"境界"？但王国维却有意无意间，并没有对"境界"一词下个完整的定义。

"境界"一词并非王国维独创。据钱仲联先生考据，"在王氏以前或同时，用'境界'一词以说诗或词的，就已有司空图、王世贞、王士禛、叶燮、梁启超、况周颐诸家。尽管他们的阐说没有王氏全面，说法也不完全

---

① 彭玉平编著《人间词话》，中华书局 2010 年版，第 13 页。

相同，但总不失为王氏'境界'说的先河"①。"境界"一词在中国古籍中的最早出现可能是《诗·大雅·江汉》"于疆于理"句。汉郑玄笺云："正其境界，修其分理"，谓地域的范围。《说文》训"竟"（亦作"境"）本义曰："竟，乐曲尽为竟"，为终极之意。又云："界，竟也。"到唐代，已开始用"境"或"境界"论诗，如相传为唐代诗人王昌龄创作的《诗格》中："诗有三境"，即"物境""情境""意境"。到明清两代，"境界""意境"已普遍使用了。然而仔细推敲前人的用法，不难看出他们的"境界"含义互有参差，不尽相同。唯有到了王国维的《人间词话》中，"境界"始有了崭新、特定的内容。叶嘉莹先生在《王国维及其文学批评》中认为"境界"一词的出现与佛家经典中的术语有关。梵语为"Visaya"，并引佛经《俱舍论颂疏》中"六根""六识""六境"之说，可见唯有由眼、耳、鼻、舌、身、意六根所具备的六识之功能而感知的色、声、香、味、触、法六种感受才能被称为境界。并且，《人间词话》境界说之基础原是专以"感受经验"之特质为主的，因此要想求得一篇作品能够达到"有境界"的标准，就不得不具备两个条件：其一是作者对其所写之景物及情意须具有真切之感受，其二是对于此种感受又须具有能予以真切表达的能力。②

可是，"情"与"物"一样，在佛学观念那里是被彻底否定的。在佛教看来，"深得其情"的诗，并非真正的好诗，因为它沾染于情，系缚于情，为情所累。欲界众生以男欢女爱之情为贪欲，佛教以情欲为四欲之一，所谓"情猿"说，指"情"为尘垢，心猿意马者，妄情之动转不已。

---

① 钱仲联：《境界说诠证》，《文汇报》1961 年 7 月 14 日，第 5 版。
② 叶嘉莹：《王国维及其文学批评》，北京大学出版社 2008 年版，第 92 页。

《慈恩寺传》卷九有云，禅定，静虑，因定而发慧，就是"制情猿之逸懆，系意象之奔驰"。佛学所谓"六根"即"六情"，以为未斩断"情缘"。成佛、涅槃，就是消解"有情"而入于"无情"之境。因而《金光明经》说："心处六情，如鸟投网。常处诸根，随逐诸尘。"六根清净即"六情清净"。而"六根"之难以清净，是因为计较、分别且妄情伴随而尘起之故。王昌龄所言"娱乐愁怨"之"情境"，在佛教看来，便是心垢、妄情、六根未得清净，并非"美"之最高境界。由此看来，如果按叶嘉莹先生所说王国维的"境界"借用的是佛教语词，却是以德国唯心主义的主客体思想来赋予意义，这就成为中国近代思想史的一种奇特文化现象。

王国维"境界"有这样几层意思。首先，境界包括审美主体和客体；其次是情景交融；最后是境界有高下之分。王国维认为，"境界"本质上是由"景"和"情"两个元质构成的。但不论是客观的"景"还是主观的"情"，都是"观"——人的精神活动的结果。王国维在《人间词乙稿序》提出："文学之事，其内足以摅己，而外足以感人者，意与境二者而已。上焉者意与境浑，其次或以境胜，或以意胜。尚缺其一，不足以言文学。"① 他是把"意与境浑"的作品看作艺术创作的最高境界。

王国维还在中国文学批评史上第一次提出了"造境"与"写境"，是"理想"与"写实"的问题。"造境"是作者极逞"创意之才"，充分发挥想象力，使万物皆为我驱遣，"以奴仆命风月"，这正是浪漫主义创作方法的基本特征。"写境"则是作者极逞状物之才，能随物婉转，"能与花鸟共忧乐"，客观的真实受到高度的重视，这正是现实主义创作方法的基本特

---

① 王国维：《人间词乙稿序》，另有一说该书作者为山阴人樊志厚。（王幼安校订的《蕙风词话》，人民文学出版社 1960 年版就署名《人间词乙稿序》作者樊志厚）

征。王国维还提出，"理想派"与"写实派"常常互相结合起来，形成一种新的创作方法。而用这种方法创作出来的艺术境界，则不能断然定为"理想派"或"写实派"。在这种境界里，"二者颇难分别，因大诗人所造之境必合乎自然，所写之境亦必邻于理想故也"。自然与理想熔于一炉，"景"与"情"交融成一体。王国维认为，这是上等的艺术境界，只有大诗人才能创造出这种"意与境浑"的境界。

王国维提出"境界"的核心，分"有我"和"无我"两种境界。大体上说，"有我之境"是以意取胜，是自我抒情色彩浓重的艺术境界；"无我之境"是以境取胜，是主观情感表达相对隐蔽的艺术境界，即沉迷于艺术魅力之中，已然忘记了自己的存在。在这里"我"即所谓自我意识的自我，"有我之境"浸透了"我"之情感。"无我"有"物"的存在，但实际上清除了物和我的差异。"无我之境"是人溶化在天地自然之间，山水自然成为主导。所谓"行到水穷处，坐看云起时"是通过自然达到心灵，这是中国哲学的最高境界。

最能体现王国维式的中国哲学观念的，莫过于他对"有我之境"与"无我之境"的辨析。他说："有我之境，以我观物，故物皆着我之色彩。""泪眼问花花不语，乱红飞过秋千去。""可堪孤馆闭春寒，杜鹃声里斜阳暮。"有我之境也。"无我之境，以物观物，故不知何者为我，何者为物。""采菊东篱下，悠然见南山。""寒波澹澹起，白鸟悠悠下。"无我之境也。"有我之境，以我观物，故物皆着我之色彩。无我之境，以物观物，故不知何者为我，何者为物。古人为词，写有我之境者为多，然未始不能写无我之境，此在豪杰之士能自树立耳。"[1]

---

① 彭玉平编著《人间词话》，中华书局 2010 年版，第 5 页。

"有我之境，以我观物，故物皆着我之色彩。"这是寄情于物，以情写物，物的人化，如杜甫诗"国破山河在，城春草木深，感时花溅泪，恨别鸟惊心。"显然杜甫是在"利害之关系"中观花鸟，读者"思而得之"，也是从诗人对花鸟之态度来体悟诗之意境，都以"利害"为媒介，为传导。"有我之境"，诗人作为感情激越的审美主体，从对象中反射自己，所以"物皆着我之色彩"，情已外化为景。

"有我之境"追求的是"意与境浑，物我一体"，如果"情"的彻底"物化"，不着主观臆造之痕迹，作品的境界反而更为豁目。"'红杏枝头春意闹'，着一'闹'字，而境界全出，'云破月来弄花影'，着一'弄'字，而境界全出矣。"红杏、春意，都是客观的景物，而"闹"则是带有人的主观意图的动作；云、月、花，也都是客观景物，而"弄"却是人的有目的的行为。对于景物以拟人化的处理，对于作者来说，无疑是一种借物抒情的享受，而对于读者来说，更增加了一层对于人类某种共同美感的享受。"闹"字与"弄"字，实有作者感情隐含于内，读者直观是见物不见情，这一直观感受使审美对象有了活泼的生机。"情"不露任何痕迹地物化而使"境界全出"，对于鉴赏者来说，反而容易得"意境两忘"的妙趣。

"无我之境，以物观物，故不知何者为我，何者为物。""无我之境"，天才才能达到，常人只能偶尔达到，全离意志而观物，故观物深而真，其创作亦更接近自然。"无我之境"其实就是"我"融于物，物融于情，情因物在，物以情显，是情的物化。"无我之境"，赏心悦目的激越之情占主导地位，但景后隐藏着情。

对于崇尚自然之美的王国维来说，他更推崇"无我之境"。然而，有我之境与无我之境一样，毕竟也是人的一种在世方式。而且，这两种在世方式之间具有剪不断、理还乱的关系；人生的困境与终极忧患，与其说是有我之境中种种人生的苦恼与选择，不如说是人既处于有我之境之中，却要去追求与实现无我之境的困惑。王国维分析了此种苦恼之成因，于是提出了著名的"三重境界说"："古今之成大事业大学问者，必经过三种之境界。'昨夜西风凋碧树。独上高楼，望尽天涯路'，此第一境也。'衣带渐宽终不悔，为伊消得人憔悴'，此第二境也。'众里寻他千百度，蓦然回首，那人却在灯火阑珊处'，此第三境也。"① 以中观法眼观之，这里的第一境，乃俗境也；人在俗境中却想超越此俗境去追求理想之真境，故有"望尽天涯路"之叹。第二境乃处于真境中人也；然而，人到了此处却不免有"高处不胜寒"之感，因为它太不食人间烟火了，未免过于寂寞凄凉，所以只能是"为伊消得人憔悴"了。到了第三境，人终于豁然大悟：真正的胜境并非要完全脱离俗境，以前之所以没有发现俗境中也能实现真谛，是因为没有真谛照耀之光；如今一旦"灯火阑珊"，我们才发现：原来"那人"早就在我们身边。这就是真正的"无我之境"，只是"无我之境"应该只有在人的想象中才会出现。而王国维的"无我之境"还可以这样说——"隐我之境"。就像第四则中"无我之境，人惟于静中得之。有我之境，于由动之静时得之。故一优美，一宏壮也"。在静中得之，是将言语表情隐藏于心，将情感隐于物中来表达。其实我只是隐藏，而实际上我依旧支配着物，支配着我情感的流露。

关于"有我之境"与"无我之境"的区别，钱锺书先生有更精辟的论述，他在《谈艺录》的"附说九"② 中，从李贺诗"好用'啼'、'泣'

---

① 彭玉平编著《人间词话》，中华书局 2010 年版，第 40 页。
② 钱锺书：《谈艺录》，中华书局 1984 年版，第 55—56 页。

等字"，推而论山水诗。他说，有不少诗人的山水诗"虽情景兼到"，但"我"与山水"内外仍判"："只以山水来就我之性情，非于山水中见其性情；故仅言我心如山水境，而不知山水境亦自有其心，待吾心为映发也。"所指的是诗人移情于山水，这类诗"皆不过设身处地，悬拟之词"。有的山水诗则"境界迥异"："要须留连光景，即物见我，如我寓物，体异性通。物我之相未泯，而我之情已契。相未泯，故物仍在我身外，可对而赏观；情已契，故物如同我衷怀，可与之融会。"前一类，明显是"物皆着我之色彩"的"有我之境"；后一类，属于庄子"万物与我同一"，但还只是"情已契"，是否属"无我之境"呢？钱先生举了比王国维更完整的实例，一是李白《赠横山周处士》："当其得意时，心与天壤俱，闲云随舒卷，安识身有无。"二是苏轼《书晁补之藏与可画竹》："与可画竹时，见竹不见人。岂独不见人，嗒然遗其身。其身与竹化，无穷出清新。庄周世无有，谁知此凝神。"苏轼用《庄子·齐物论》中庄周梦中化蝴蝶"不知周之梦为蝴蝶与？蝴蝶之梦为周与"的"此之谓物化"，实已道着"不知何者为我，何者为物"的"人的物化"或"情的物化"，亦如钱锺书先生所说："最道出有我有物、非我非物的境界。"此境界即地道的"无我之境"。① 钱先生其实是通过引证说明了王国维的"境界说"脱胎于中国传统文化。

王国维《人间词话》核心"境界"本是中国古代观点，后又引入佛典概念，再从康德的主客二分和叔本华、尼采的思想中吸收原料，来解析作为"情景合一"的境界。基于这种中西方文化思想背景构建起来的"境界

---

① 陈良运：《境界、意境、无我之境——读〈论情境〉与王文生教授商榷》，《文艺理论研究》2003 年第 3 期。

说"，当代学者罗钢，通过追寻王国维"境界说"中"真景物"与"真感情"两个概念的西方思想渊源，认定叔本华的直观说与海甫定的情感心理学分别构成了二者的理论支点，而所谓"观我"的理论则是连接二者的桥梁。说明西方的二元对立的认识论美学是王国维建构"境界说"所依赖的最主要的资源。他还通过比对分析，认为朱光潜、宗白华和李泽厚的"意境"的理论建构，也是受到德国不同认识论学派的积极影响，由此认定王国维的"境界"说，虽然也研究中国的诗词，也找了不少中国美学的词句，但不是从中国词学的土壤里生长出来的，其骨子里面始终是叔本华的二元对立的认识论美学，不过是对西方美学观念的一次横向移植而已。

由于这些研究为那些坚守中国传统文化传承的学者们难以接受，为避免断章取义造成误解，该观点在下面以附录的形式进行介绍。

附录

当前文学理论发展新趋势①

——以罗钢教授十年来的王国维《人间词话》学案研究为例

（童庆炳）

清华大学罗钢教授积十年之功，完成了他的王国维《人间词话》反思性研究，向朱光潜、宗白华、李泽厚等许多重要学者的看似不可超越的学术结论提出了挑战，对百年来的"意境"论研究做了澄清，获得了令人信服的成果，……

---

① 选自童庆炳《当前文学理论发展新趋势》，《探索与争鸣》2011 年第 9 期。

罗钢教授积十年之功来反思中国现代文学理论的开山祖师王国维及其名著《人间词话》，作为一个学案来研究，获得了四方面重大成果。主要说来，大致有四个方面。

第一方面，通过缜密的考证，揭示了王国维《人间词话》提出的"境界"说，主要思想来源是叔本华的认识论美学，与中国古代文论和美学无关，"境界"说乃是"德国美学的横向移植"。

一般研究者都有一种误解，以为王国维的《人间词话》是用文言写的，其中主要研究对象是五代以来的词，又使用了中国古代诗论和美学中很多词语，因此认为其思想来源基本上是中国古代诗论和美论。如兴趣、神韵、情与景、言情体物、言外之味、弦外之响等这些词语，甚至《人间词话》中"以物观物""以我观物"都是邵雍的原话，再加上他所举的诗词的例子都是古代的佳作，因此就认定王国维的"意境"说必然是在继承了中国古典的诗论和美论的基础上形成的新的理论建构。罗钢通过他的研究，用一系列的证据，证明了王国维的"境界"说与中国古代诗论、美论无关，是王国维借用叔本华的认识论美学和海甫定的心理学美学为理论支点，所提出的看似是中国化的理论创新，实则是德国美学理论一次横向移植。罗钢的论文从寻找王国维境界说立论的思想来源入手，从根本上说明了王国维的"境界"说是叔本华美学认识论的翻版而已。罗钢为了揭示这一点，他必须熟悉和理解王国维思想的变化，必须熟悉和理解德国的尤其是叔本华的认识论美学，也必须熟悉和理解中国古代诗论和美论。

对于百年文学理论的回顾性反思性的学案、文案研究，罗钢的论文深入王国维撰写《人间词话》时期的思想状态中。他的论文指出，《人间词话》是王国维从"哲学时期"转入"文学时期"时候写的。王国维从哲学转入文学，与他对早年笃信唯心主义哲学的怀疑与失望有直接的关系。

王国维在《三十自序二》中写道，哲学学说"大都可爱者不可信，可信者不可爱"，"伟大之形而上学，高严之伦理学与纯粹之美学，此吾所酷嗜也，然求其可信者则宁在知识上之实证论。伦理学上之快乐论与美学上之经验论，知其可信而不能爱，觉其可爱而不能信，此近二三年最大之烦闷，而近日之嗜好所以渐由哲学而移于文学"①。

罗钢说："这种思想变化直接影响他对叔本华美学的取舍。不待言的是，叔本华所谓的'意志本体'、'理念'等，都属于'可爱而不可信'的'形而上学'，这使得王国维逐渐疏远了它们，而与'理念'原本有着密切瓜葛的'直观说'则由于属于经验的范畴，和他后期服膺的心理学有某种程度的重合，因而被保留下来，并在《人间词话》中潜在地发挥了重要作用。"② 当然罗钢的研究并不停留在此种比较笼统的说明，他追根溯源，把王国维的思想变化的每一点新动向，《人间词话》中每一个具体说法，与叔本华等一系列德国美学的相关的具体论点，进行极细致的比对，务使王国维《人间词话》的思想都落到实处。罗钢的论文《眼睛的符号学取向——王国维"境界说"探源之一》，主要是追寻王国维"境界说"中"真景物"与"真感情"两个概念的西方思想渊源，认定叔本华的直观说与海甫定的情感心理学分别构成了二者的理论支点，而所谓"观我"的理论则是连接二者的桥梁。说明西方的二元对立的认识论美学是王国维建构"境界说"所依赖的最主要的资源。但他洋洋洒洒写了两万多字，旁征博引，务使王国维《人间词话》的"真景物""真感情"以及两者的联系，每一处都用事实和证据说话，这就不能不让人信服。研究要达到这种地

---

① 《王国维遗书·静安文集续编》第3册，上海古籍书店1983年版，第611页。
② 罗钢：《眼睛的符号学取向——王国维"境界说"探源之一》，《中国文化研究》2006年冬之卷。

步，不能不实现中西古今的汇通。

第二方面，通过反复的论证，揭示出朱光潜、宗白华和李泽厚的"意境"的理论建构，也是受到德国不同认识论学派的支撑，虽有不同，但都不是来自中国古代的诗论和美论，不过是在"传统的现代化"背景下的理论实践中变成了"自我的他者化"。

自王国维的"境界说"一出，中国现代文论界、美学界似乎觉得找到了文论和美论的中国话语，一些大家，如朱光潜、宗白华和李泽厚就纷纷进行理论的建构，提出了各种不同的说法。20 世纪 80 年代以来的后继者以为朱光潜、宗白华和李泽厚这些文论界、美论界的权威都肯定了王国维的"境界"说，就认为是"不刊之鸿论"，深信不疑，纷纷引用，继续研究。罗钢则以他学术家的勇气，在他的论文中，向这些权威提出挑战，指出他们所建构的理论资源同样也来自德国等西方美学，并不是中国土生土长的自己创造的理论。罗钢承认，"意境"这个词"是中国传统诗学遗留下来的符号"，但"这个符号原本具有的意义空间的包容性、模糊性、不确定性，使王国维得以在其中寄植了不只一个，而是一束西方美学观念"①。而后来者朱光潜的意境论，经过罗钢梳理，认为在说明诗的审美本质上，与王国维是一致的，而且王国维和朱光潜是在用不同的语言重申康德制定的审美独立性原则，两人又不约而同都强调"观"在意境中的重要性，但罗钢的研究表明：如果说王国维的境界说的思想主要来源于叔本华美学的话，那么朱光潜的意境论的思想主要来源于意大利学者克罗齐的"直觉"说；就情景关系而论，朱光潜的意境说比较圆融，强调"情景的

---

① 罗钢：《眼睛的符号学取向——王国维"境界说"探源之一》，《中国文化研究》2006 年冬之卷。

契合"。罗钢发现，"意境"是"情景交融"的始作俑者是朱光潜，而不是王国维。但朱光潜"情景的契合"也不是中国古代文论中的"情景交融"，罗钢说："一个关键的区别就是，朱光潜仍然是在德国美学关于感性与理性、直觉与概念这一二元对立关系内部来处理情景问题。"所以朱光潜的"意境"说也不是什么中国古代美学的总结形态，它仍然是从西方移植过来的。

对于大家都深信不疑的宗白华的"中国艺术意境"说，罗钢也有他的独到发现。宗白华在 1944 年发表了《中国艺术意境之诞生》，罗钢说：这篇文章"不仅郑重地在'意境'之前冠以'中国'二字，而且他在论文中所引用的也多是中国古代诗论和画论的文献，这使人们以为他的意境理论完全是在中国艺术的民族土壤中成长起来的，甚至认为其价值就是'揭示了中国艺术不同于西方的独特的意蕴、内涵和精神'（见叶朗主编的《美学的双峰——朱光潜、宗白华与中国现代美学》）。几乎没有人会怀疑他的'意境'理论会和某一种西方美学发生渊源性和系统性的思想联系"[①]。但是罗钢仍然用他的缜密的考证，令人信服地揭示了宗白华的"中国艺术意境"并非"中国"的，宗白华的"中国艺术意境"说，虽用了不少中国的诗论和画论的文献，但其理论根基仍然是德国美学。罗钢说："如同在王国维身后站着叔本华，在朱光潜身后站着克罗齐，在宗白华身后站立着一位二十世纪德国著名美学家恩斯特·卡西尔。"[②] 罗钢以他的那种一贯的寻找充分证据的方法，揭示了宗白华与新康德主义马堡学派卡西

---

① 李泽厚：《美学论集》，上海文艺出版社 1980 年版，第 325 页。
② 罗钢：《意境说：德国美学的中国变体》，《南京大学学报》2011 年第 5 期。

尔的文化哲学，"构成了宗白华所谓'中国艺术意境'的美学基础"①。罗钢把大家最为欣赏的宗白华境界三层面，即"从直观感相的描写，活跃生命的传达，到最高灵性的启示"也给解构了。

李泽厚是中华人民共和国成立后美学界中国"意境"论的有力推动者，他发表于1957年的论文《意境杂谈》影响甚巨，也被同行看成是不可动摇的坚实理论。李泽厚最著名的论点是"诗画（特别是抒情诗、风景画）中的'意境'与小说戏剧中的'典型环境中的典型人物'是美学上平行相等的两个范畴，它们的不同主要是艺术部门特色的不同所造成，其中的本质内容是相似的，它们同是'典型化'具体表现的领域"②。罗钢认为，李泽厚在这里引了恩格斯的"典型环境中的典型人物"的话，实际上是与黑格尔美学直接联系的。他明确指出，李泽厚曾说过"意境"是"中国美学把握艺术创作的实践所总结的重要范畴"，实际上这句话也是虚的。李泽厚的"意境"是"典型"的思想都来源于黑格尔的"美是理念的感性显现"的观点。虽然李泽厚关于"意境"的论点中，提出了"形"与"神""情"与"理"这对看似完全是中国古代美学的范畴，但经过罗钢的深入细致的分析，发现这些话语的深层仍然是德国美学中一般与特殊、有限与无限等思想模式密切相关，所以"在李泽厚的'意境'框架中，显然没有这种中国艺术经验存身的空间"。③ 罗钢认为李泽厚的"意境"说是"前苏联社会主义现实主义的反映论"，这都不无道理，甚至可以说切中要害。

---

① 宗白华：《中国艺术意境之诞生》，《宗白华全集》第2卷，安徽教育出版社2008年版，第4页。

② 李泽厚：《美学论集》，上海文艺出版社1980年版，第325页。

③ 罗钢：《意境说：德国美学的中国变体》，《南京大学学报》2011年第5期。

　　罗钢的研究表明，一直被文学理论界奉为中国古代美学核心范畴和审美理想的"意境"说，与中国的艺术经验和理论貌合神离，它离开了中国美学的根本。从外观上看，这些理论是彻底中国化的，从实质上看，这种理论又是极度西方化的。用罗钢的话来说，如果把王国维、朱光潜、宗白华、李泽厚的中国"意境"说比作一棵树，叔本华、克罗齐、卡西尔、黑格尔等的美学构成了这棵树的树干，而他们所使用的中国美学和艺术元素则是这棵树的枝叶，远远望去，我们看见的是外面纷披的枝叶，而一旦走近，拨开枝叶，我们就会发现，即使这个树上似乎最富于中国特征的枝叶，也仍然是从德国美学的躯干里生长出来的。

　　第三方面，如果说王国维、朱光潜、宗白华、李泽厚为意境说作了理论的建构的话，那么许多后继者盲从学术权威，在这些权威的影响下，对"中国艺术境界史"进行了旷日持久建构，耗费了大量的时光。特别是自20世纪80年代以来，随着"文化大革命"的结束，文学理论开始学科化，不少具有民族情结的学者对一时间大量涌入的西方文论的话语不满，急切地想从中国古代文论中去寻找文学理论资源，实现古代文论的现代转化，以寻找到中国化的现代的文学理论话语。这种用心和努力是值得称赞的，也是有意义的。但是由于王、朱、宗、李等大家所提供的关于"意境"论的理论范式的深刻影响，于是中国一些学者热衷于"中国艺术意境史"的话语建构。罗钢一一考察了这些关于意境史的历史建构，考察了蓝华增的以"形象思维"为意境论核心的论文《古代诗论意境说源流刍议》，考察了古风的"人与自然的统一是意境的审美本质"的学术专著《意境探微》，考察了夏昭炎的以"余味曲包"为意境实质的学术专著《意境概说》，考察了薛富兴的强调"意"的概括力的学术专著《东方神韵：意境论》，罗钢肯定还考察了另外一些的"中国意境史"的写作，罗钢发现，"比较几种中国古代意境说的历史版本，会使我们深深的困惑。尽管每一位学者都声称自己发现的是客观和真实的意境思想史，但这些历史之间却相互矛盾。某一位古代批评家在这一部历史中，被荣幸地接纳为'意境说'这个大家庭的成员，在另一部历史中又被无端地驱逐出去。某一种中国诗歌理论，在这一种历史中，被描绘为'意境'发展的关键环节，在另一种却湮没无闻。我们究竟应当相信哪一种'意境史'才是客观的真实的历史呢？也许真实的答案是，在中国古代诗学史上，根本就不存这些首尾一贯的、自成体系的'意境范畴史'，有的只是种种依据王国维等人提供的理论范式，人为地建构起来的'学术的神话'"①。罗钢从研究中发现的这些问题难道不令人深思吗？实际上，中国古代的诗话、词话中，的确有人提到"意境"这个词或与"意境"相关联的却又有根本区别的一些提法和思想，这些思想都是高度历史语境化的，意义是不同的，如果我们不是把这些词语放置到特定的语境中去考察，只是寻章摘句，随意所欲地去联系，形成系统，那么我们就根本不可能做出客观的真实的历史理解。如刘勰的"意象"，王昌龄的"物境、情境和意境"，皎然的"取境"，刘禹锡的"境生于象外"，王夫之的"情景交融"，陈廷焯的"意境"，等等，都各有自己的意思，绝不可"一锅烩"。令人敬佩的是，罗钢不是专门研究古代文论的，但他却花了很多时间对这些词语所产生的不同的语境、所表达的不同的意涵，一一作了考辨，清理得比较深入，这是很难得的。这样罗钢就做出了这样的结论："尽管在中国古代诗学史上出现过各种以'境'论诗的之说，却不存在一种今人所谓的'中国古代意境说'。这种'意境'说乃

---

① 罗钢：《意境说：德国美学的中国变体》，《南京大学学报》2011 年第 5 期。

是一种'学术的神话'。"① 毋庸讳言，我自己也在研究古代文论时，发表了一些文章，在"意境"问题上，也说了一些脱离语境的话，也犯了罗钢所指出的"学术的神话"的错误。我总是觉得学术批评是有益的，因此我们永远不要拒绝批评。只有在批评中，我们才能有所醒悟，有所提高，有所进步。罗钢在他的《学术的神话——评"中国的意境论"》一文中，曾引陈寅恪在冯友兰的《中国哲学史》上卷的"审查报告"的话提醒我们："今日所得见之古代材料，或散佚而仅存，或晦涩而难解，非经过解释及排比之程序，绝无哲学史可言。然若加以联贯综合之搜集及统系条理之整理，则著者有意无意之间，往往依其自身所遭际之时代，所居处之环境，所熏染之学说，以推测解释古人之意志。由此之故，今日之谈中国古代哲学者，大抵即谈其今日自身之哲学者也。所著之中国哲学史者，即今日自身之哲学史者也。其言论愈有条理统系，则去古人学说之真相愈远。"陈寅恪这里所言，即提醒我们了解古人学说之不易，特别是我们企图把古人的学说条理化系统化之时，我们的主观性也就越强，离古人的学说可能越远，所谓的"学术的神话"也就这样产生了。

第四方面，罗钢通过研究，对 20 世纪初王国维在《人间词话》中提出"意境"说，提出了以李泽厚、佛雏以外的第三种独特的全新的理解。第一种就是"中心范畴"说，认为"意境"说是"中国美学的中心范畴"，是中国美学一次历史性总结，是中国审美的最高理想。罗钢通过他的研究，认为这种说法脱离古代美学的实际，是没有根据的，因而是站不住的；第二种是"中西融合"说，认为王国维的"意境"是中国美学和西方美学结合的产物，是"中西融合"的典范。如资深研究家佛雏就持这种

---

① 罗钢：《意境说：德国美学的中国变体》，《南京大学学报》2011 年第 5 期。

看法，他在《王国维诗学研究》中说："王氏标举传统诗学的'境界'（意境）一词，而摄取叔氏关于艺术'理念'的某些重要内容，又证以前代诗论词论中有关论述，以此融贯变通，自树新帜。他的'境界'说原是中学西学的一种'合璧'。"① 第三种就是"横向移植"说，这是罗钢对王国维的"境界"（意境）的全新的理解。他以无可辩驳的证据，证明了王国维的"境界"说，虽然也研究中国的诗词，也找了不少中国美学的词句，但不是从中国词学的土壤里生长出来的，其骨子里面始终是叔本华的二元对立的认识论美学，不过是对西方美学观念的一次横向移植而已。

罗钢关于王国维《人间词话》"境界"说的反思性研究，是中国文学理论的一个重要的学案研究，收获甚大。他的研究结果像一面镜子，映照出百年来我们中国现代文学理论走过的路。在这一百年间，我们搬用西方的理论不少，但我们自己建构的学说却很有限。这不能不令人深思。

小说评点阅读

小说评点无疑是古代小说批评理论中最富于民族特色的一种批评样式。小说评点这种文体，是伴随着明清小说的社会影响力日渐扩大而出现的。所以，要讲清小说评点这种文体，首先要搞清楚中国的小说由来。

在中国，"小说"一词最早见于《庄子·外物篇》："饰小说以干县

① 佛雏：《王国维诗学研究》，北京大学出版社1999年版，第208页。

令，其于大达亦远矣。"① 汉代之前的"小说"，本意指浅琐的言论，有别于历史典册著述的"大达"之词。汉代以后在目录学出现"小说"概念，唐朝时志怪小说开始流行，明清时历史小说对社会产生广泛影响。纵观小说历史，"小说"之名历来纷繁复杂，约有如下几种最为流行。

其一，由先秦两汉所奠定的有关"小说"的认识，"小说"是一种源于民间、道听途说的"街谈巷语"，即"小说"是无关道义的琐屑之言。该观点主要出自《汉书·艺文志》小说类序说："小说家者流，盖出于稗官，街谈巷语、道听途说者之所造也。"② 还有一说，"小说"是篇幅短小的"残丛小语"。该观点出自东汉学者桓谭《新论》："若其小说家合残丛小语，近取譬喻，以作短书，治身理家，有可观之辞。"③ 虽是"小语"，但对"治身理家"有"可观之辞"。这一"界说"对后世的影响大致有二：确定了"小说"的基本范围；确认了"小说"的基本价值功能。此一"小说"的内涵和外延对后世小说观念影响甚巨，为以后"小说"进入四库全书的史部和子部从观念上奠定了基础。

其二，"小说"是指有别于正史的野史、传说，"野史"一般认为是指古代私家编撰的史书，也叫"稗史"，是与官修的史书不同的另一种史书。古代有"稗官野史"的说法，稗官者，采录民俗民情的小官也。《汉书·艺文志》引如淳所说，"细米为稗，街谈巷说，甚细碎之言也。王者欲知里巷风俗，故立稗官，使称说之"。"小说"大多属于闾巷风情、街谈巷

---

① 庄子：《庄子·外物篇》，（清）王先谦撰，刘武著《庄子集解》，中华书局 2012 年版，第 455 页。

② 陈国庆：《汉书艺文志注释汇编》，中华书局 1983 年版，第 163 页。

③ （汉）桓谭：《新辑本桓谭新论》，朱谦之校辑，中华书局 2009 年版，第 69 页。注：桓谭《新论》十七卷已亡佚，其相关小说家的条目因唐代李善注《文选》中江淹杂体诗《李都尉陵》引用而得以保存。

说、逸闻轶事的记录。这一观念确立的标志是南朝梁《殷芸小说》的出现，清姚振宗《隋书经籍志考证》卷二十三云："案此殆是梁武作通史时，凡不经之说为通史所不取者，皆令殷芸别集为小说，是小说因通史而作，犹通史之外乘。"① 这是中国最早用"小说"一词作为书的书籍。

其三，"小说"是一种由民间发展起来的"说话"艺术。这一说法较早见于南朝宋裴松之注《三国志》所引《魏略》："太祖遣淳诣植。植初得淳甚喜，延入坐，不先与谈。时天暑热，植因呼常从取水自澡讫，傅粉，遂科头拍袒，胡舞五椎锻、跳丸、击剑、诵俳优小说数千言讫，谓淳曰：邯郸生何如耶?"② "俳优小说"显然是指与后世颇为相近的说话技艺，这种民间的说话在当时甚为流行。古代以"小说"指称说话技艺，与后世作为文体的"小说"有别，却是后世通俗小说的近源。

其四，"小说"是指虚构的有关人物故事的特殊文体。此一概念与近世的小说观念最为接近，亦与明清小说的发展实际最相吻合，体现了小说观念的演化。这个认识也有一个过程，首先是确认"人物故事"为小说的基本特性，这在宋初《太平广记》的编纂中已显端倪。该书之收录以故事性为先决条件，以甄别前此庞杂的"小说"文类，但仍以"记事"为准则。随着宋元说话的兴盛，尤其是通俗小说的勃兴，在观念上近于"实录"的记事准则便被故事的虚构性所取代。于是"小说"专指虚构的故事性文体。③

需要特别指出的是："小说"既是一个"历时性"的观念，其自身有

① （清）姚振宗：《隋书经籍志考证》，《二十五史补编》，中华书局 1955 年版，第5537 页。

② 《三国志·王粲传》卷二十一，引自魏世民《〈列异传〉〈笑林〉〈神异传〉成书年代考》，《明清小说研究》2005 年第 1 期。

③ 参见黄卉《中国古代小说学研究》，《殷都学刊》2004 年第 3 期。

一个明显的演化轨迹，但同时，"小说"又是一个"共时性"的概念，"小说"观念的演化主要是指"小说"指称对象"人"的生活变化，这种变化并不意味着"人"作为小说描写对象在小说历史中不断"更替"，而常常表现为"共存"。

中国小说学的萌生并不在小说领域，而是表现在哲学思想中，对后世小说学影响最大的无过于《论语·子张》中的一段话：子夏曰："虽小道，必有可观者焉。致远恐泥，是以君子弗为也。"

"小道""可观"一语遂成后世评定小说这一文体的基本术语，经数千年而不变。"小道"指称小说相对于历史文化典籍的非正统性，"可观"则有限度承认小说的认识价值功能，可谓一语而成定评。然则"小道"一词在先秦时期本非指称"小说"，而是指称某种思想或行为方式。如《逸周书·太子晋解第六十四》："如文王者，其大道仁，其小道惠。"《春秋·梁传·隐公元年》："兄弟，天伦也，为子受之父，为诸侯受之君，已废天伦而忘君父以行小惠，曰小道也。"这种对于"小道"的认识一直延续到汉及以后。

将"小道"与"小说"相关联始于东汉班固，班固《汉书·艺文志》将"小道"与"小说"相勾连使"小道"所指称的内涵自先秦以来的"泛指"某种思想行为而变为一种"特指"小说，至此，所谓"小说"视为"小道"的观念得以成立，并流播广远。

"小道可观"是中国小说学史上第一个值得重视的理论命题，它虽然没有太多的理论内涵可以探究，但它以其言说者的权威性对中国小说和小说学产生了深远影响。就中国小说史的发展而言，"小道可观"乃利弊各具，利者，小说虽曰"小道"，但"可观"一词始终给小说网开一面，使其在儒家文化一统的背景下得以生存和繁衍。当然，"小道可观"其"弊"

亦莫大矣，中国小说始终处于一个尴尬的位置和可怜的地位也正与此相关。①

这一出自儒家经典《论语》中的一段言论，经班固《汉书·艺文志》的演绎及其与"小说"的勾连，可谓给小说文体树立了具有一定审美范畴的"标尺"，规范了小说在中国文化史上的基本功能，后世白话通俗小说位置的进一步下移及其与"史"和儒家教化观念的攀附，无不可从"小道可观"这一理论命题中寻找到思想的源头。从历史典籍的角度考察，"小说"之名首见于《庄子·外物》，但后人对《庄子》"小说"一词的"发明"其实并不太在意，南宋学者黄震推崇《庄子》为"千万世诙谐小说之祖"（《黄氏日抄》），绝非缘其对"小说"一词的发明，而是对其诙谐本色的赞赏，故《庄子》一书对中国小说学的贡献不在小说之"名"而在于小说之"实"。

中国小说最大的特色，便是自宋代开始具有文言小说与白话小说两种不同的小说系统。文言小说起源于先秦的街谈巷语，是一种小知小道的文字记录。在历经魏晋南北朝及隋唐长期的发展，形成笔记与传奇两种小说类型。而白话小说则起源于唐宋时期说话人的话本，故事取材来自民间，主要表现了百姓的生活及思想意识。

小说评点主要是随着我国小说的发展而逐渐形成的小说文本解读方法。"评"即评论，批评者就作品的思想内容和艺术手法等内容书写评语，表达自己的审美取向；"点"即圈点，评点者在欣赏作品时遇到神来之笔、精湛手法、艺术技巧等，在文字边上加上圈点，表示赞赏。根据评点文字的位置，可以分为双行夹批、行侧批、眉批、回前回后批等形式。一部作

① 参见谭帆《小说学的萌兴——先唐时期小说学发覆》，《文学评论》2004 年第 6 期。

品的评论，有的可以五种形式全部具备，如《红楼梦》的脂砚斋评本；有的可以仅有一种形式，如《儒林外史》的卧闲草堂本。评点可长可短，长的可以是一篇独立的评论文章，如金圣叹的《水浒传》回前的评点就有这样的长文；短的常常是寥寥数语乃至一个字。评点式文字一般是和作品一起刊行，但后来也慢慢开始独立起来单独刊行，如《中国历代小说论著选》，就把这类文字汇集在一起，其文学理论的研究价值就越来越凸显出来了。

中国古典小说评点继承了经学、史注评等注释学传统，在诗文笺注评点的影响下萌兴于明万历年间，繁盛于明末清初，直至现代才退出小说批评领域，对古代小说的创作和传播都产生了重要的影响。晚清觚庵在论及《三国演义》广为流传的原因时，提出了"三得力"的观点："《三国演义》一书，其能普及于社会者，不仅文字之力。余谓得力于毛氏之批评，能使读者不致如猪八戒之吃人参果囫囵吞下，绝未注意于篇法章法句法，一也。得力于梨园弟子……粉墨杂演，描写忠奸，足使当场数百人同时感触而增记忆，二也。得力于评话家柳敬亭一流人，善揣摩社会心理，就书中记载，为之穷形极相，描头添足，令听者眉飞色舞，不肯间断，三也。"[1] 这其实是谈到了包括《三国演义》在内的所有古代小说的传播问题，像小说评点、戏曲改编、民间说唱，都是小说得以传播的重要方式和途径。

小说评点与诗话有所不同，诗话是给人读的，重心放在奇闻逸事；评点主要是教人写小说的，重心放在写作得失。评点始于南宋，至明代，评

---

[1] 觚庵：《陶庵漫笔》，引自赵雅丽《从评点看明代建阳刊本〈三国演义〉的读者定位》，《广西师范学院学报》2016年第1期。

点之风尤盛，大致可以分为以下几种基本类型："文人型""书商型"和"综合型"。其中，"文人型"评点以南宋吕祖谦编选的《古文关键》为代表，《古文关键》应是现存最早的古文评点选本，是评点文体形成的标志性著作，它选取了唐宋著名散文大家韩愈、柳宗元、欧阳修、曾巩、苏洵、苏轼、苏辙、张耒之文共 60 余篇，其在点评时对文章布局谋篇的精辟见解，对散文创作方法的强调，在文章学上具有重要的意义。从《古文关键》可以看到评点形态与传统文学批评不同的特色，"书商型"评点是以追求图书传播商业效果的评点类型，明代余象斗作为一个以商业牟利为目的的书坊主，能够迎合普通读者的需求，于万历二十二年推出一个《水浒志传评林》，在小说传播史和小说评点史上独创了"上评、中图、下文"这种颇富商业效果的"评林体"。

所谓"评林"，是将评语"集之若林"之意。"评林体"该体式每页分三栏：上栏为评语栏，相当于后来评点中的眉批，包括评人物、评情节、评诗词，每则评语标出题目；中栏为插图栏，描绘或勾勒正文所叙情节或人物，亦有题目；下栏为正文，正文为半页 16 行，每行 27 字，中间偶有夹评。

其一，就"评林体"的内容而言，其评点多是有关小说中人物及其行为的道德评判。如《列国志传评林》"十英杰辅重耳逃难"一节中有余象斗诗歌评点："后余仰止观到此又有诗为证：'申生纯孝世间夸，观此令人泪叹暖。泣言自隘人难口，献公不久丧邦家。'"这类评点或是对英雄、帝王的赞美，或是对昏君、乱臣的唾骂，或是对孝子节妇的褒扬，或是对奸夫淫妇的鄙弃，符合正统的道德审美标准，抓住了读者的心理，故其评点本才有更好的阅读市场。

其二，就"评林体"的刊刻形式而言，"上评、中图、下文"的版式具有较好的广告效果。将评点话语单独置于一栏并放在最上层，突出了评点的位置，并且方便了读者的阅读。中间的插图，则生动形象地向读者展示了故事情节，极似后来的连环画，不停地吸引读者的眼球。"文之不足以评补之，评之不足以图补之"，"上评、中图、下文"的版式使得读者可以在评语、插图、正文之间反复阅读，加深了印象，余氏的良苦用心不言自明。①

明清时期，小说评点区别于别的雅文学文体评点的一个特点是：小说评点是以"传播"为主要归趣，是一个具有独特个性的批评系统。它出于商业目的，书坊主利用评点的传播功能刊刻注有评点的小说，评点也就成了书坊主的促销工具和商业手段，一些书坊主常借用名家评点来提高小说的影响力，他们在小说欣赏的过程中，往往都是有意识地选择一部小说评点它的文本价值，因此小说评点成了小说传播过程中一个重要的促销手段，评点因此也具有辅助阅读小说的社会功能，书坊主经常把评点作为小说销售的广告内容之一向读者刊布，借此招徕读者购买，书坊主在小说封面直接镌刻"识语"加以说明，如由明代余象斗的双峰堂刊刻的《水浒志传评林》《批评三国志传》等小说，书中附有余象斗本人写的评点，他刊刻的"评林"本一般直署"书坊仰止余象乌批评"或"书林文台余象斗评梓"。到了明末清初，一些书坊主常借用名家评点来提高小说的影响力，盛于斯《休庵影语》曾言："近日《续藏书》，貌李卓吾名，更是可笑。……又若《四书眼》《四书评》、批点《西游》《水浒》等书，皆称李卓吾，……而读者又矮人观场，见某老先生名讳，不问好歹，即捧讽

---

① 原方：《余象斗"评林体"初探》，《明清小说研究》2007 年第 3 期。

之。"① 如《李卓吾先生批评西游记》，实为叶昼评点。

但对于什么是"评点"，前人并无一致的用法，"评点"既能用在经史典籍，也可用在文人典故上。因而，今人视为"评点"的作品，前人则有"评""批""评阅""点评""批点""批评""评林""评释""评定""评品""评选""批选""钞评""参评""品题""评论""评较""评次"等不同之名称，显见学者们在评点文化典籍或文学创作时，极力张扬的是自己的学术个性。不过，就中又以"批点""批评""评点"三者使用为多，这又体现出经历过学者们学术个性张扬的历史沉淀后，大家的文学认识在一定程度上逐渐趋于统一。

当代学界多视"评点"为一种特殊的文学批评方式。如谭帆先生认为："评点是中国古代文学批评的一种重要形式，与话、品等一起共同构成古代文学批评的形式体系。"② 而孙琴安先生甚至提出了"评点文学"概念，认为："评点文学是一种由批评和文学作品组合并存的特殊现象，具有批评和文学的双重含义。"③ 但是，就我国小说评点的实际情形而言，则其说又不能涵盖"评点"的全部内涵，因为评点不仅涉及文学批评，还可涵涉经学、史学等方面内容，仅视其为文学批评在某种程度上窄化了其内涵。之所以会有这样的误解，有其具体的历史原因：评点这种批评体式的成熟在南宋，且最初应用于古文选本，如《古文关键》《文章规范》等，而这些选本都是以指导习文为主的。相较而言，日本学者高津孝的看法在某种意义上对"评点"的研究有所开拓，他把"评点派"与"标点派"进行了明确区分。高氏认为："关于评点文本，吕祖谦与朱熹的看法相互

---

① 朱一玄、刘毓忱编：《〈西游记〉资料汇编》，南开大学出版社 2002 年版，第 316 页。
② 谭帆：《中国小说评点研究》，华东师范大学出版社 2001 年版，第 1 页。
③ 孙琴安：《中国评点文学的性质、范畴、形式及其他》，《学术月刊》2010 年第 2 期。

对立。这种对立使得为文本施加附加要素时，分别向两个不同的方向展开，即形成了评点本流派与标点本流派。评点是对文章进行批评的一种行为形态，它重视文章的表现技法。与此相对，标点则以辅助读者读解文本内容为目的，其对象主要是《四书》。标点一派始于朱子高徒黄，继有何基、王柏。标点以句读施点以及为文中重要之处施抹为重点。我们现在所使用的标点法即渊源于此。与评点不同，它并不印刷出来，而主要是使用朱、墨、黄等色笔。"① 从高氏所论，我们可以得到以下几点结论：在我国评点活动中，存在着评点派与标点派，评点的对象是文章，属于文学范畴；标点的对象是四书五经，属经学范畴。评点侧重文章技法的揭示，标点则侧重经书内容之解读。

但在明清时期，中国的小说评点已超越以往的文章技法揭示或内容解读范畴，介入小说的改编领域。评点对小说改编主要有两种方式，一种是对文本删节、改写和修正。在"四大奇书"的传播史上，对于文本的修订已成传统。如毛本《三国志通俗演义》、金圣叹改定本《水浒传》《新刻绣像批评金瓶梅》。《西游记》文本同样有众多的文人改定本，明代有鼎锲京本全像西游记杨氏清白堂刊本，简称其为"清白堂本"或"杨闽斋本"、《唐僧西游记》（二十卷一百回），还有两个简本：朱鼎臣编撰的《鼎锲全像唐三藏西游释厄传》，十卷六十九则，篇幅约为百回本的四分之一，有唐僧出身的故事。杨致和编定的《西游记传》，篇幅与朱鼎臣本相近，但没有唐僧出身故事，二者利用其简本的传播优势促进了小说的广泛传播。清代汪象旭、黄周星评本《西游证道书》合并明刊本第九、十、十一回为

---

① ［日］高津孝：《科举与诗艺——宋代文学与士人社会》，潘世圣译，上海古籍出版社2010年版，第74—75页。

第十、十一两回，增补玄奘出身一节为第九回，从而成为《西游记》之最后定本。明清文人介入小说文本，按照自己的思想意趣和个性爱好对其进行修订，加快了通俗小说的"文人化"进程，从而促进了中国古代小说的发展。

在文学传播过程中，中国古代小说评点对中国小说的影响是巨大的。评点者删改小说，从版本意识角度看，这是一种不太合理的现象，可是当时没有版权意识，加上小说社会地位低下，小说作者大多属于科举无望的文人，以至于在小说作者署名时，名字用的基本上是笔名，加之小说文本又处于民间流传状态，评点家可以无所顾忌大肆删改。金圣叹为此曾不无得意地说："圣叹批《西厢记》是圣叹文字，不是《西厢记》文字。"（《读第六才子书西厢记法》）认为这就是文学创作。

我们作为今天的读者，应该如何评价这种评点者删改小说的现象呢？从现代文学理论的角度看，古代小说评点是中国叙事作品的一种特殊的文本阐释学。批评家作为文本的分析者，是读者和文本、读者和作者之间交流的中介。而中国古代的小说评点赋予中国一批叙事经典以特殊的存在方式，也在一定程度上改变了这些作品的阅读过程和阅读形态。"评点家半为鉴赏者、半为叙事理论探索者，半为读者之友、半为隐蔽的改作者的综合型角色，使一部评点的历史在很大程度上成为经典作品的接受史。"①

---

① 杨义：《中国叙事学》，人民出版社 1997 年版，第 345 页。

金圣叹《水浒传》评点

"金圣叹，名人瑞，庠生，姓张，字若来，原名采。为人倜傥不群，少补长洲诸生，以岁试之文怪诞黜革。次年科试，顶张人瑞就童子试，拔第一，补入吴庠。"① 这段史料引出与金圣叹有关的两方面情况，一是关于金圣叹的姓名，金圣叹先姓金，后姓张，终又姓金；原名采，后名人瑞，再名圣叹。二是关于金圣叹的科考，"以岁试之文怪诞黜革"，寄寓着他狷狂驳杂的特有品性。金的改名，似与科考有关。金圣叹以科场为儿戏，藐视功名，侮弄圣贤，何以又假冒他人之名再试科举，为博取功名而折腰仕途？史载金圣叹为人"倜傥高奇，俯视一切"，可谓清初一奇人、狂人、怪人。但作为一名文学评论家，金圣叹在我国文学批评史上占有重要的地位。不论是经史子集还是稗官野史，他都爱加以评点，其文艺思想散见于各书的评点中。他曾立下宏愿，要评点他认可的六才子书：第一才子书，庄子所著《庄子》；第二才子书，屈原所著《离骚》；第三才子书，司马迁所著《史记》；第四才子书，杜甫的《杜诗》；第五才子书，施耐庵所著《水浒传》（又名《忠义水浒传》）；第六才子书，王实甫所编《西厢记》。

---

① 参见顾公燮《哭庙异闻》，上海古籍出版社 1979 年影印版。但据清抄本金圣叹的《沉吟楼诗选》所附俞鸿筹撰"读后记"：圣叹原名采，鼎革后更名人瑞，稗史有云本姓张氏，或云名喟，皆臆造不足据。

可惜由于"哭庙"事件①受株连，金圣叹到临死之时，只完成了《水浒》和《西厢记》的评点（《水浒传》共100回被金圣叹删定为70回，后人称为"腰斩《水浒》"。金本《西厢记》也删去了最后的大团圆结局，结束于"草桥惊梦"，这些删改充分显示了金圣叹的卓越见识和艺术眼光），唐诗的评点只完成了一小部分，他自己也不无遗憾地在临刑前说，"且喜唐诗略分解，庄、骚、马、杜竟何如？"到如今，我们所能见到的金圣叹艺术见解，也只能从这两部才子书和《金圣叹批才子古文》一书中领略一二了。

过去有人这样说过：不读金圣叹评点的《水浒》等于没读《水浒》，这话虽然听起来有点夸张，但从金本《水浒传》所产生的社会影响力看，也并非言过其实。

金圣叹对《水浒传》的内容及其书名是非常欣赏的。他曾说："天下之文章，无有出《水浒》右者。《水浒》之文精严，读之即得读一切书之法也……能善得此法……便以之遍读天下之书，其易果如破竹也者"②。但他认为梁山好汉不配称"忠义"之人，因为原著中《水浒传》七十回后又的确有梁山好汉受朝廷招安，为国平叛的事情，这说明梁山好汉还是有"归顺朝廷"之心的。出于清初汉族知识分子不甘受外族统治的特定心理，金圣叹便腰斩了《水浒传》，他把原著七十一回以后关于梁山好汉受招安、征方腊等内容悉数腰斩删去，加入了卢俊义梦见梁山头领全部被捕杀的情

---

① 哭庙案发生于清朝顺治十八年（1661），本是吴县诸生为声讨吴县县令任维初的贪酷而组织的一次地方性请愿活动。秀才们无力抗交苛税，只能到文庙中的先贤牌位前痛哭流涕，发泄自己的怨恨与牢骚。然而，刚坐江山不久的清朝统治者不容忍这种行为，金圣叹与诸生因此被捕判决死罪，罪名是"纠党千人，倡乱倡告，拟不分首从斩决"。

② （清）金圣叹：《第五才子书施耐庵水浒传·序三》，原著施耐庵，评点金圣叹，天津古籍出版社2006年版，第5页。

节而结束全书。

"小说和戏曲，中国向来是看作邪宗的。"① 邪宗是相对于封建法理的正宗而言的，它说明小说等文体所追求的艺术宗旨有别于四书五经的儒家文化典范，小说的人物塑造也不同于一心维护封建礼教的正统人物形象，具体表现在明代小说评点里的人物论主要就是"批趣处"，能使读者"惊风云之变态"就是小说之"趣"。"天下文章当以趣为第一。既然趣了，何必实有其事，并实有其人？若一一推究如何如何，岂不令人笑杀？"② 这里强调的只是小说给读者的审美享受"趣"，可见这里的"趣"已经脱开了"理"的羁绊，追求纯审美的小说审美意象了。如《水浒传》写林冲正要和洪教头比武，柴进偏说："且把酒来吃着，待月上来也罢。"金圣叹批曰："说使棒，反吃酒，极力摇曳，使读者心痒无挠处。"若说比武便比武，就是"直头布袋"，削弱了吸引人的力量；中断比武情节，使读者的悬疑心理加重，恰恰有引人入胜之妙。单等"吃过了五七杯酒"，"早月上来了"，柴进才说："二位教头较量一棒。"情节重新连接上。金圣叹又批道："写得好。待月是柴进一顿，月上乃是柴进一接。一顿一接，便令笔势踢跳之极。"比武情节共有三处停顿，金圣叹认为这是三次"奇笔"。他说："凡作三翻跌顿，直使读者眼光一闪一闪，真极奇极恣之笔也。"③ 越是紧张急迫的情节，越应该有所中断，有所松弛，越能取得好的艺术效果，这就是金圣叹称许的"极忙极热之文，偏要一断一续而写"的"心闲

---

① 鲁迅：《徐懋庸作〈打杂集·序〉》，《且介亭杂文二集》，人民文学出版社 1973 年版，第 61 页。

② （明）叶昼：《〈水浒传〉第五十二回总评》，引自方锡球《两种叙事范型的式微及现代叙事的价值选择》，《文学评论》2007 年第 2 期。

③ （清）金圣叹：《第五才子书施耐庵水浒传》第八回评，原著施耐庵，评点金圣叹，天津古籍出版社 2006 年版，第 76 页。

手敏"笔法。还有《水浒传》第十四回吴用说三阮撞筹，书中写道："阮小五听了道，'罢！罢！'叫道：'七哥，我和你说什么来！'"金圣叹夹批云：

"罢罢"只二字，忽插入"叫道"二字叙事，然后又说出九个字来，却无一字是实，而能令读者心前眼前，若有无数事情、无数说话。灵心妙笔，一至于此！①

作者没有实写阮小五何以叫出"罢！罢！"，更没有交代他与阮小七说过什么，但是，有心的读者，却能从中看出阮氏兄弟日常谈论的胸襟抱负，还有谋划出路时顾盼踌躇之态；或者是吴用来到后，阮氏兄弟曾经对其来意作过揣测，而闻听吴用说辞后，兴奋、决断之情溢于言表。

在人物性格塑造上，作者不避雷同重复之嫌，偏要写两个类似的情节或人物，这就是"相犯"。以古代文法论之，这种相犯的笔法实在是"走险路"，很容易造成重复雷同的缺陷。但《水浒传》作者何以故意弄险呢？金圣叹认为是作者"以显自家笔力"，"以为快乐是也"。找出同中之异，而不是用两个"完全相同的人物和情节"制造毫无意义的"对立"。所以金圣叹在第三回评中云："此回方写过史进英雄，接手便写鲁达英雄；方写过史进粗糙，接手便写鲁达粗糙；方写过史进爽利，接手便写鲁达爽利；方写过史进刭直，接手便写鲁达刭直。作者盖特地走此险路，以显自家笔力。读者亦当处处看他所以定是两个人，定不是一个人处，毋负良史苦心也。"史进和鲁达同为英雄，这是二者共同点，是他们不同于其他人的特殊性。但对于史进或鲁达个人来说，"英雄"又是他们的共性，如果

---

① （清）金圣叹：《第五才子书施耐庵水浒传》第十四回评，原著施耐庵，评点金圣叹，天津古籍出版社 2006 年版，第 118 页。

作者仅仅着眼于这个共性，塑造出两个完全相同的英雄，那么史进便不称其为史进，鲁达便不称其为鲁达。作者的最终目的是让读者"看他所以定是两个人处，定不是一个人处"，这就需要在"英雄"的共性中分别写出二人所以为英雄的独特个性来。妙在施耐庵善于"同而不同处有辨"，在看似相同的性格描写中，能做到"无一句一字偶尔相似者"①。比如粗鲁是史进和鲁达的共性，但"鲁达粗卤是性急，史进粗卤是少年任气"，"性急"和"少年任气"就是区分史进和鲁达"定是两个人，定不是一个人"的关键所在。鲁达和武松有共性，但个性是更主要的。鲁智深听到史进被华州太守关进监牢，马上就要去打死太守，救出史进。武松却认为不可轻举妄动，须得回去报知宋江，领大队人马攻打华州，方可得救。金圣叹批曰："写鲁达不顾事之不济，写武松必求事之必济，活提出两个人。""写爽直便真正爽直，写精细又真正精细。一副笔墨，叙出两副豪杰，又能各极其致，妙绝。"②

清金圣叹《水浒传》第36回"没遮拦追赶及时雨"回评："此篇节节生奇，层层追险。节节生奇，奇不尽不止；层层追险，险不绝必追。真令读者到此，心路都休，目光尽灭，有死之心，无生之望也……一篇真是脱一虎机，踏一虎机，令人一头读，一头吓，不惟读也读不及，虽吓也吓不及也。"此回中宋江和两个公差投宿店不得，是第一追；寻到村庄，却正碰上是冤家，是第二追；掇壁逃走，又遇大江截住，是第三追；沿江奔去，又值横港，是第四追；刚下船，追兵也已赶到，是第五追；岸上人又

---

① （清）金圣叹：《第五才子书施耐庵水浒传》第十四回评，原著施耐庵，评点金圣叹，天津古籍出版社2006年版，第118页。

② （清）金圣叹：《第五才子书施耐庵水浒传》第五十七回评，原著施耐庵，评点金圣叹，天津古籍出版社2006年版，第508页。

认得船上艄工，是第六迫；艄工从舱板下摸出刀来，是最后一迫。在《水浒传》第六十四回评中，金圣叹把张顺赴江南请安道全的过程中所遇到的事件归结为"八可骇"，在层层节节的八次奇险中，显示了张顺的勇敢、机智、百折不回的斗争精神。它总是险象迭生、山穷水尽，然而结果总是化险为夷，柳暗花明。这种手法在我国传统的章回小说中运用较多。

在小说结构安排上，草蛇灰线法是清代文人金圣叹在评点《水浒传》时提出来的，他说："有草蛇灰线法。如景阳冈勤叙许多梢'哨棒'字，紫石街连写若干'帘子'等是也。骤看之，有如无物；及至细寻，其中便有一条线索，拽之通体皆动。"草蛇灰线的原意是夜行人以燃着的草绳照明，在他走过的路径上留下灰线，这断断续续的草蛇灰线标示着夜行人的行踪。喻为一种叙事方法，指有一条不显眼的线索贯穿全书，粗心人未必能看得出来，细心人才能发现它。这就是我们平常所说的"暗线"。草蛇灰线法是用于小说情节结构的一种方法，它能在行文中巧妙处理人物和情节之间的微妙关系，在行文中常用不易被人发现的各种暗伏，遥应，来作一些暗示，实际上是一种明线、暗线相结合的创作手法。如第三回写鲁智深下了五台山，走进一个市井，"智深看那市镇上时，也有卖肉的，也有卖菜的，也有酒店、面店……听得那响处，却是打铁的在那里打铁，间壁一家门上写着'父子客店'。"金圣叹在此批曰："老远先放此一句，可谓隔年下种，来岁收粮。"他的意思是说，此处提到"父子客店"，实为下回情节伏笔。第四回鲁智深因大闹五台山被逐，只好"离了五台山，径到铁匠间壁客店歇了，等候打了禅杖、戒刀，完备就行。"第五回写"岳庙间壁菜园"，实是为第六回拳打众泼皮，倒拔垂杨柳的故事伏笔。金圣叹认为"客店""菜园"都是对下文情节关系密切的"要紧字"，所以要特地"插放前边"，埋下一伏线，以形成与后文明暗、隐显的对比照应之趣。伏笔有大小、隐显之别，妙在含而不露，若隐若现，似无却有的忙中"闲笔"。这一笔法也即金圣叹的所谓"草蛇灰线法"。例如《水浒传》写景阳冈武松打虎之前，几次写他带的那根哨棒。武松来到酒店，"入里面坐下，把截哨倚了"，吃了十五碗酒，"绰了哨棒"，告别酒家。"体力哨棒"走上景阳冈，看了印信榜文，知道山冈有虎，但他不肯转回酒店，仍"将哨棒绾在肋下"，一步步上冈子来。

金圣叹认为读者的美感主要来源于对曲折情节的心理感受。故事情节一波三折，起伏变化，读者的心理也要随着跌宕翻腾，艺术的美感由此而产生。他说："文章之妙，无过曲折。诚得百曲千曲万曲，百折千折万折之文，我纵心寻其起尽以自容与其间，斯真天下之至乐也。"[①] 他主张情节、气势要跌宕变化，反对那种似"一望平原"、没有丘壑起伏的叙事。如鲁智深大闹野猪林那一回，林冲被押解荆州，一路上两个差役对他是百般折磨，为后来的野猪林想取林冲性命做了充分铺垫，但在临下手时，以"只见松树背后雷鸣也似一声，那条铁禅杖飞将来"始，以"智深……摆着手，拖了禅杖，叫声：'兄弟保重。'自回去了"终。用"飞将来"写铁禅杖，渲染了林冲就要被害的紧迫情势；用"拖了禅杖"再次描写，则衬托出林冲逢凶化吉的松弛。一"飞"一"拖"，张弛有度，有效地渲染了现场的气氛，显示了作者深刻而细致的观察力和表现力。金圣叹赞其"来得突兀，去得潇洒，如一座怪峰，劈插而起，及其尽也，迤逦而渐弛矣。"[②] 清金圣叹《读第五才子书法》："有欲合放纵法，如白龙庙前李俊二张二童二穆等救船已到，却写李逵重要杀入城去；还道村玄女庙中，赵

---

① 林乾主编：《金圣叹评点才子全书》第二卷，光明日报出版社1999年版，第165页。
② （清）金圣叹：《第五才子书施耐庵水浒传》第八回评，原著施耐庵，评点金圣叹，天津古籍出版社2006年版，第76页。

能赵得都已出去，却有树根绊士兵叫喊等，令人到临了又加倍吃吓是也。"小说情节经过高潮后理应收束，可作者却故意把笔宕开，再激起一波，然后结尾。又《水浒传》第十八回"林冲小寨大并火"，写晁盖等人粉碎了何涛的追剿之后，阮小七用一只快船载了何涛，直送到大路口。本来把何涛放了，这段情节也该收束了。可作者却进一步写阮小七"喝道：'这里一直去，便有寻路处。别的众人都杀了，难道只凭地好好放了你去，也吃你那州尹贼驴笑。且请下你两个耳朵来做表证！'阮小七身边拔起尖刀，把何观察两个耳朵割下来，鲜血淋漓。插了刀，解下搭膊，放上岸去。何涛得了性命，自寻路回济州去了。"金圣叹夹批："一篇如奔风激浪，至此已得收港，却不肯便住，故又另自蹴起一波，其才如许。"

金圣叹《读第五才子书法》："有大落墨法，如吴用说三阮，杨志北京斗武，王婆说风情，武松打虎，还道村捉宋江，三打祝家庄等是也。"如第十三回中对杨志和索超比武的描写："征旗蔽日，杀气遮天。一个金蘸斧直奔顶门，一个浑铁枪不离心坎。这个是扶持社稷，毗沙门托塔李天王；那个是整顿江山，掌金阙天蓬大元帅。一个枪尖上吐一条火焰，一个斧刃中迸几道寒光。那个是七国中袁达重生，这个是三分内张飞出世。一个似巨灵神忿怒，挥大斧劈碎西华山；一个如华光藏生嗔，仗金枪搠透锁魔关。这个圆彪彪睁开双眼，胳查查斜砍斧头来，那个必剥剥咬碎牙关，火焰焰摇得枪杆断。这个弄精神，不放些儿空，那个觑破绽，安容半点闲。"读了真是令人眼花缭乱，目不暇接。这种笔法犹如"昨夜雨滂澎，打倒葡萄棚"一般，常为表现小说高潮的技法之一。小说情节的高潮部分，往往是小说主题得到充分显示的地方，只有大落墨的笔法，方能使之气势壮阔、五彩缤纷，给人以深刻的印象。

自金圣叹七十回（到英雄排座次，卢俊义惊梦止）评本一出，全国上下，只知有金本《水浒》，而不知有全本百二十回《水浒》。有清近三百年间，市面上流行的《水浒传》大多是此本，夸张一点讲就是"此本一出，他本尽废"。

后人的小说评点，例如毛宗岗评的《三国》和脂砚斋评《红楼》，便明显受到了金圣叹评点风格的影响，脂砚斋还曾经感叹过这样的话，"假使圣叹见之，正不知批出多少妙处""作者已逝，圣叹云亡，愚不自谅，辄拟数语，知我罪我，其听之矣"① 云云，可见在脂砚斋心目中，金圣叹的小说评点地位是多么高高在上而不可超越。但现代学者胡适先生对金圣叹的小说评点则有赞有弹，胡适在写于 1920 年的《〈水浒传〉考证》中，对金圣叹的"文学眼光"给予了极高的评价：金圣叹能在那个时代大胆宣言，说《水浒》与《史记》《国策》有同等的文学价值："天下之文章无有出《水浒》右者，天下之格物君子无有出施耐庵右者!"② 这里，胡适所称赞的是金圣叹的眼光与胆气。胡适指出：金圣叹用了当时"选家"评文的眼光来逐句批评《水浒》，遂把一部《水浒》碎砍，成了一部"十七世纪眉批夹注的白话文范"！例如圣叹最得意的批评是指出景阳冈一段连写十八次"哨棒"，紫石街一段连写十四次"帘子"和三十八次"笑"。圣叹说这是"草蛇灰线法"！这种机械的文评正是八股选家的流毒，读了不但没有益处，并且养成一种八股式的文学观念，是很有害的。③ 由此出发，胡适还批评金圣叹，说："金圣叹的《水浒》评，不但有八股选家气，还有理学先生气……金圣叹把《春秋》的'微言大义'用到《水浒》上去，

① 《脂砚斋批·石头记》，另有一说出自清郑庆山《立松轩本石头记考辨》，参见张万良《脂批形成于何时——与吴国柱先生商榷》，《明清小说研究》1995 年第 2 期。
② 胡适：《水浒传考证》，《论中国古典小说》，长江文艺出版社 1987 年版，第 179 页。
③ 同上书，第 180 页。

故有许多极迂腐的议论。"胡适认为，金圣叹认为"这种穿凿的议论，实在是文学的障碍"。他说："这部新本的《水浒》把圣叹的总评和点评一齐删去，使读书的人直接去看《水浒传》，不必去看金圣叹脑子里悬想出来的《水浒》的'作史笔法'；使读书的人自己去研究《水浒》的文学，不必去管十七世纪八股选家的什么'背面敷粉法'和什么'横云断山法'！"① 总的说来，胡适对金圣叹超前思想的认识是比较中肯的，他摆脱了用政治观点来统帅一切的做法，基本上是从小说理论与小说评点发展史的角度评价金圣叹。②

张竹坡《金瓶梅》评点

《金瓶梅》虽然被视为中国古典小说中的"四大奇书"之一，却无缘广泛流传于世，究其原因，因其一直以来都被封建统治者视为诲淫的"秽书"而持续遭到被查禁、被封锁的厄运。自问世以来，《金瓶梅》就有着许多不解之谜，譬如作者是谁，故事发生在何地，书中人物有无现实原型，该书是应该禁绝的"淫书"还是名垂千古的现实主义名著。曾作为天下"第一奇书"的《金瓶梅》，在中国古代小说诸名作中，被视为"第一难读，又第一难评。"③ 迄今所见，对《金瓶梅》作全书评点的共三家，即李渔、张竹坡、文龙。其中，张竹坡的《金瓶梅》评点影响

---

① 胡适：《水浒传考证》，《论中国古典小说》，长江文艺出版社 1987 年版，第 180 页。
② 参见吴子林《金圣叹小说评点的研究与反思》，《东方丛刊》2003 年第 2 期。
③ 刘辉、杨扬主编：《金瓶梅之谜》，书目文献出版社 1989 年版，第 357 页。

最大。

长期以来，张竹坡的家世生平一直是不解之谜，大家只是大概知道张竹坡是徐州人，是 25 岁点评《金瓶梅》、29 岁便英年早逝的才子，但对其家世生平始终未解。1984 年 3 月，江苏学者吴敢先生赴武汉参加中国古典小说理论讨论会，受到与会师友众多见解的启发，开始全力进行张氏族谱与家藏故集的访求工作。吴敢先生研究发现，彭城张氏曾先后六次纂修宗谱：第一次，康熙初年张胆、张翮兄弟修；第二次，康熙六十年张道渊修；第三次，雍正十一年张道渊修；第四次，乾隆四十二年张璐修；第五次，道光五年张协鼎修；第六次，道光二十九年张省斋修。至此，六种不同刊本《张氏族谱》的问世，基本展示出张竹坡的家世及生平，《张氏族谱》的发现，是金学研究领域的一个重大收获与突破，大大充实了张竹坡的生平材料，它对我国小说史、文学批评史，具有重要的价值与意义，使张竹坡为"第一奇书"评点者的说法，得到了最终的确定与认可。300 余年的未解之谜，终于得到了答案。①

张竹坡（1670—1698）名道深，字自得，今江苏省徐州市铜山县人，祖籍浙江绍兴卧龙山。明代中叶，其高祖张棋始携眷来徐，客居铜山吕梁。明嘉靖年间，其曾祖张应科迁居徐州后，经数十年经营，彭城张氏成为彭城望族，满门进士，络绎不绝，自清顺治八年恩赠张竹坡曾祖父张应科为骠骑将军起，至清嘉庆帝授张文鼎为奉政大夫止，"皇清诰敕六十一道"。然造化弄人，唯张竹坡这支仕途不顺。虽竹坡聪慧斐然，但自 15 岁参加乡试，累次不第，故而在康熙三十四年（1695）三月，年仅 26 岁的

---

① 参见吴敢《金瓶梅评点家张竹坡年谱》，辽宁人民出版社 1987 年版，第 110 页介绍："彭城张氏编修家乘，至《清毅先生谱稿》已是第六次"。

竹坡潜居于家中的皋鹤草堂，为《金瓶梅》作评点，时仅十余日，一气竟写下了十多万文字。却因此而不被世俗和家族容纳，终究郁郁寡欢，29 岁便英年早逝。一生钟情于《金瓶梅》且愤世嫉俗的张竹坡更因评点、刊发《金瓶梅》而为后世族人所不容，险些被逐出象征着族权与家史的《族谱》。在《张氏族谱》中有一篇《张竹坡别传》："竹坡才子。稽首为伯量公犹子，恃才傲物，曾批《金瓶梅》小说，隐讥刺，直犯家讳，非告示误用其才也！早逝而后嗣不昌，岂无故欤？"这段话是张竹坡的四世族孙张省斋修家谱时对张竹坡近乎刻薄的评价。纵观整套家谱，除了张道渊为兄长所著传记，后人却很少谈及张竹坡这位祖先。在族谱里明言其"直犯家讳"，在一定程度上揭示出长期困惑学界的张竹坡生平之谜。

张竹坡的评点，主要包括书首专论，回首与回中总评和文间夹批、旁批、眉批三大类。这些文字涉及作品的题材、情节、结构、语言、思想内容、人物形象、艺术特点、创作方法等各个方面，对全面深入地理解与鉴赏《金瓶梅》具有极大的指导作用。

自从张竹坡《金瓶梅》评点问世以来，人们对张竹坡的评点历来褒贬不一，莫衷一是。鲁迅先生当年曾断言："诸'世情书'中，《金瓶梅》最有名。""作者之于世情，盖诚极洞达，凡所形容，或条畅，或曲折，或刻露而尽相，或幽伏而含讥，或一时并写两面，使之相形，变幻之情，随在显见，同时说部，无以上之。"① 在对"世情"类写实小说的理论阐发上，张竹坡有其独到的眼光，在某些方面甚至超越了金圣叹；而他对《金瓶梅》的评点，我们又可以在脂砚斋等人的评点中找到熟悉的影子。

张竹坡评点《金瓶梅》主要有以下观点。

---

① 鲁迅：《明之人情小说（上）》，《中国小说史略》，商务印书馆 2011 年版，第 146 页。

第一，《金瓶梅》是"第一奇书"而非"淫书"。张竹坡在《竹坡闲话》说明评点《金瓶梅》原因："《金瓶》我又何以批之也哉？我喜其文之洋洋一百回，而千针万线同出一丝，又千曲万折不露一线，闲窗独坐，读史读诸家文，少暇偶一观之，曰：如此妙文，不为之递出金针，不几辜负作者千秋苦心哉！"并认为："凡人谓《金瓶》是淫书者，想必伊止知看其淫处也。"①

当代学者吴敢认为张竹坡评点《金瓶梅》在两个方面具有较高思想价值："其一，系统提出'第一奇书非淫书论'，给《金瓶梅》以合法的社会地位，使其得以广泛流传"，"第二，指出《金瓶梅》'独罪财色'，是泄愤之作，具体肯定了这部小说的思想性、倾向性"②。

不可否认，《金瓶梅》中的确存在不少淫秽的文字。例如书名金瓶梅，最简单的理解是代表三个女人：潘金莲、李瓶儿、庞春梅，由这三人的名字各取一字组成。鲁迅先生对此说过："因为这书中的潘金莲、李瓶儿、庞春梅，都是重要人物，所以书名就叫《金瓶梅》。"③ 也有人认为，三个字分别是："金"代表金钱、"瓶"代表酒、"梅"代表女色。对此，张竹坡首先肯定《金瓶梅》是一部以描写罪恶为主题的小说，其间的"淫词"是小说的有机组成部分，不能因为其中涉及的"淫词"就把它视为"淫书"。他在《读法·五十二》中特别提醒读者："《金瓶梅》不可零星看。如零星，便止看淫处也。故必尽数日之间，一气看完，方知作者起伏层次，贯通气脉，为一线穿下来也。"④ 他在《读法·五十一》中还写道：

---

① 吴敢：《张竹坡与金瓶梅》，百花文艺出版社 1987 年版，第 195 页。
② 吴敢：《张竹坡〈金瓶梅〉评点概论》，《徐州师范学院学报》1987 年第 3 期。
③ 鲁迅：《明之人情小说（上）》，《中国小说史略》，商务印书馆 2011 年版，第 146 页。
④ （清）张竹坡：《批评第一奇书〈金瓶梅〉读法》五二，《皋鹤堂批评第一奇书金瓶梅》，王汝梅校注，吉林大学出版社 1994 年版，第 47 页。

"《金瓶梅》说淫话，只是金莲与王六儿处多，其次则瓶儿，他如月娘、玉楼止一见，而春梅则惟于点染处描写之。何也？写月娘惟扫雪前一夜，所以丑月娘丑西门也。写玉楼惟与含酸一夜，所以表玉楼之屈，而亦以丑西门也。是皆非写其淫荡之本意也。"① 张竹坡这些评点，就是在今天看来，仍然具有一定启发意义。

第二，《金瓶梅》在人物形象塑造上，一反其问世之前的小说人物形象类型化的格局，塑造出一批生动丰满的个性化人物形象，如第十六回评点："《金瓶》内正经写六个妇人，而其实止写得四个：月娘、玉楼、金莲、瓶儿是也。然月娘则以大纲，故写之，玉楼虽写，则全以高才被屈，满肚牢骚，故又另出一机辅（疑为'轴'字）写之。然则以不得不写，写月娘；以不肯一样写，写玉楼；是全非正写也。其正写者，惟瓶儿、金莲。然而写瓶儿，又每以不言写之。夫以不言写之，是以不写处写之。以不写处写之，是其写处单在金莲也。单写金莲，宜乎金莲之恶冠于众人也。吁！文人之笔，可惧哉！"② 又第三十二回评点："西门是混帐恶人，吴月娘是奸险好人，玉楼是乖人，金莲不是人，瓶儿是痴人，春梅是狂人，敬济是浮浪小人，娇儿是死人，雪娥是蠢人，宋蕙莲是不识高低的人，如意儿是顶缺之人，若王六儿与林太太等直与李桂姐辈一流，总是不得叫做人，而伯爵、希大辈皆是没良心的人，兼之蔡太师、蔡状元、宋御史皆是枉为人也。"③ 这说明了我国古代的文学批评家早在明末时，已注意

---

① （清）张竹坡：《批评第一奇书〈金瓶梅〉读法》五一，《皋鹤堂批评第一奇书金瓶梅》，王汝梅校注，吉林大学出版社 1994 年版，第 44 页。

② （清）张竹坡：《批评第一奇书〈金瓶梅〉读法》一六，《皋鹤堂批评第一奇书金瓶梅》，王汝梅校注，吉林大学出版社 1994 年版，第 33 页。

③ （清）张竹坡：《批评第一奇书〈金瓶梅〉读法》三二，《皋鹤堂批评第一奇书金瓶梅》，王汝梅校注，吉林大学出版社 1994 年版，第 39 页。

到人物形象的生动传神和个性特点，对塑造具有鲜明个性特点的人物形象已经具有相当水平的认识了。

《金瓶梅》的人物身体书写蕴含有丰富的文学价值，它深入人的潜意识层面，揭示了身体在现实生活中的复杂境遇，暴露了人之好色、贪吃、偷窥等劣根性。凡事处心积虑，不择手段，不惜付出一切代价，得不到就等于失去了的潘金莲；为了"爱情"得了魔怔后协力气死丈夫，倒贴重金嫁给西门、平时对众人惯撒钱财的富婆李瓶儿；多干活少说话、见机行事、八面玲珑的春梅；貌似忠厚、忍辱负重，什么也做得、什么也忍得、什么也明白的西门大娘吴月娘……《金瓶梅》将人的身体欲望与深刻的社会内涵有机融合为一体，不同的人性特征构建起中国古典小说现实主义文学的骨架，既是文学升华又是美学超越。

第三，将《金瓶梅》不单看作世俗小说，而是视为"史公文字"，甚至将之看成《史记》，在评点（《读法·三十四》）里，他提出所谓"《金瓶梅》是一部《史记》。然而《史记》有独传，有合传，却是分开做的。《金瓶梅》却是一百回共成一传，故知作《金瓶》者必能作《史记》。"还有在第三十七回的评点："《史记》中有年表，《金瓶》中亦有时日也。开口之西门庆二十七岁，吴神仙相面则二十九，至临死则三十三岁。而官哥则生于政和四年丙申，卒于政和五年丁酉，夫西门庆二十九岁生子则丙申年至三十三岁该云庚子，而西门乃卒于戊戌。此皆作者故为参差之处。何则？此书独与他小说不同，看其三四年间，却是一日一时，推着数去，无论春秋冷热，即某人生日，某人某日来请酒，某月某日某某人，某日是某节令，齐齐整整挨去，若再将三五年间甲子次序排得一丝不乱，是真个与西门计账簿，有如世之无目者所云者也。故特特错乱其年谱，大约三五年间，其繁华如此，则内云某日某节，皆历历生动，不是死板，一串铃可以排头数去，而偏又能使看者五色眯目，真有如挨着一日日过去也，此为神妙之笔。嘻！技至此亦化矣哉！真千古至文，吾不敢以小说目之也。"① 看到过抄本的沈德符说它是一部"指斥时事"的书，应是知音之言。

毛宗岗《三国演义》评点

三国故事在我国古代民间颇为流行。宋元时代即被搬上戏剧舞台，金、元时演出的三国人物故事剧目已达 30 多种，元代至治年间开始出现了新安虞氏所刊的《全相三国志平话》。在元末明初，罗贯中综合民间传说和戏曲、话本，并根据陈寿《三国志》和裴松之《三国志·注》里面的历史资料，结合他个人对三国那段特定历史社会人生的独特体悟，创作了《三国志通俗演义》，现存最早的三国刊本是明嘉靖年所刊刻的，俗称"嘉靖本"，全书共 24 卷。清康熙年间，毛纶、毛宗岗父子以罗贯中的《三国志通俗演义》为评点基础，辨正史事、增删文字，修改小说结构，终成今日通行的 120 回本《三国演义》。毛本《三国演义》"以文章之奇而传其事之奇"，在历史与文学的有机结合下创造出杰出的艺术作品。

毛宗岗，清初小说评点家。字序始，长洲（今江苏吴县）人。父毛纶，曾评点《琵琶记》，并为《三国演义》作过笺注，这些无疑成为毛宗岗评点《三国演义》的基础。毛宗岗将罗贯中原本加以修订，整顿回目，

---

① （清）张竹坡：《批评第一奇书〈金瓶梅〉读法》三七，《皋鹤堂批评第一奇书金瓶梅》，王汝梅校注，吉林大学出版社 1994 年版，第 40 页。

改订文辞，删除论赞，增删琐事，改换诗文，使之成为今日通行的一百二十回本。其修改和评语颇多精当处，唯其依据朱熹《通鉴纲目》，增强了"尊刘黜曹"的封建正统观念，并据此夸大《三国演义》里的封建忠君与正统思想，这是在他评点《三国演义》之前没有的，同时也是后人对其诟病的一个主要原因。浮云客子在《琵琶记·序》中称赞他"予喜其能读父书，以为有子若此，尊人虽失视，可无憾焉"①。可见他继承家学渊源，而且是毛纶的一个不错的助手。在毛纶、毛宗岗父子评点之前，人们对《三国演义》的评价并不很高，而经过毛氏评点，《三国演义》才焕发出艺术的风采。清人黄叔瑛对这种情况作了论述："余于穷经之暇，涉猎史册，间及陈寿之《三国志》，因取《三国演义》参观而并校之。大都附会时事，征实为多，视彼翻空而易奇者，转苦运掉不灵；又其行文，不无枝蔓，字句间亦或瑕瑜不掩；卓吾李氏盖尝病之。惜其无人为之打叠剪裁，并与洗刷其眉目，所以官骸粗具，生面未开，评刻虽多，犹非全璧。最后乃见声山评本，观其领挈纲提，针藏线伏，波澜意度，万窍玲珑，真是通身手眼，而此书所自有之奇，与前代所未剖之秘，一旦披剥尽致，轩豁呈露。不惟作者功臣，以之追配圣叹外书，居然鼎足，不相上下。"② 这个评价已是将他的文学评点地位和金圣叹等同视之，足见对他的《三国演义》小说评点本评价相当之高。

在文学研究中，历史小说怎么写，历史真实与作者虚构之间应该如何把握分寸，历来就是一个争论不断的问题。《三国演义》作为一部历史小

---

① （清）浮云客子：《琵琶记·序》，引自许振东《17 世纪白话小说的文人阅读与传播》，《广州大学学报》2006 年第 11 期。注：浮云客子，一说为苏州蓹溪人彭珑。参见文革红《毛声山批评〈第七才子书琵琶记〉——"浮云客子序"作者考》，《苏州大学学报》（哲学社会科学版）2008 年第 3 期。

② 黄叔瑛：《第一才子书〈三国志〉序》，《中华文化论坛》2006 年第 4 期。

说，如何处理好历史事实和文学虚构的关系，就是《三国演义》文学创作成败得失的关键，毛宗岗认为："读《三国》胜读《西游记》。《西游记》捏造妖魔之事，诞而不经，不若《三国演义》实叙帝王之事，真而可考也。"① 他强调《三国演义》的历史真实性。在托名金圣叹的序言中，毛宗岗说："近又取《三国志》读之，见其据实指陈，非属臆造，堪与经史相表里。由是观之，奇文莫奇于《三国》矣。"② 他的话，充分肯定了《三国演义》的历史价值和文学价值。

历史小说应具备历史真实性，这是毫无疑问的。至于要真实到何种程度，那就要具体问题具体分析，在《三国演义》中有很多正史并无记载，纯属虚构的故事情节。诸如在诸葛亮的有关事件中，"舌战群雄""智激周瑜""七星坛借东风""采桑祭吊周瑜"皆于史无证；在关羽的故事中，"秉烛达旦""过五关斩六将""华容道义释曹操"也都是虚构的文学故事。还有一些是正史记载简略的地方，在《三国演义》中却被夸张渲染。如刘备之游说孔明，《三国志》只云："先主诣亮，凡三往乃见。"在《三国演义》中却根据"三往"二字敷陈为曲折跌宕的"三顾茅庐"的故事。《三国志》有建兴三年诸葛亮"率众南征，其秋悉平"的历史记载，《三国演义》中却因此演绎成富于戏剧色彩的"七擒七纵"的文学故事。还有书中孔明出场，开头就用虚笔，通过其友人和长辈之口介绍其人，为后面诸葛亮的出场做足铺垫；然后由虚入实，三顾茅庐方识得诸葛亮庐山真面目，人物形象才逐渐鲜明起来。此外，又如曹丕三路伐吴皆败，其中一路是实写，而另两路则是虚写。虚笔同实笔相交叉的笔法，实笔能

---

① 北京大学哲学美学教研室编：《中国美学史资料选编》，中华书局1981年版，第218页。

② （清）毛宗岗：《三国演义·序》，朱一玄、刘毓忱编《三国演义资料汇编》，南开大学出版社2003年版，第252页。

给人以具体、鲜明的印象；而虚笔能使情节若隐若现，以虚带实，虚实相间，能使情节参差变化、文势跌宕、引人入胜，给读者以充分的想象天地。

针对《三国演义》的历史抉择观，清代学者章学诚在《丙辰札记》中说："凡演义之书，如《列国志》《东西汉》《说唐》及《南北宋》多纪实，《西游记》《金瓶梅》之类全凭虚构，皆无伤也。唯《三国演义》则七分事实，三分虚构，以致观者往往为其所惑乱，如桃园等事，士大夫有作故事用者矣……须实则概从其实，须虚则著寓言，不可错杂如《三国》之淆人耳。有一些重要情节完全是作者自己虚构的，如桃园三结义，空城计，关羽义释曹操……"① 章学诚最反感的就是这些纯属虚构的小说成分。胡适对此也有同感，他在 1922 年的《三国志演义·序》中写道：除了赤壁之战个别故事外，"全书的大部分都是严守传说的历史，最多不过能在穿插琐事上表现一点小聪明……故此书不成为文学的作品"②。

应该说在写作历史小说时，这些纯属虚构的小说成分是允许出现在小说中的，但正如鲁迅在《中国小说的历史变迁》中指出，《三国演义》的第一个缺点就是"容易招人误会"，"因为中间所叙的事情，有七分是实的，三分是虚的；惟其实多离，故易给缺乏历史常识的读者造成错觉，应尽量虚少，所以人们或不免并信虚者为真，如王渔洋是有名的诗人，也是学者，而他有一首诗的题目叫《落凤坡吊庞士元》，这'落凤坡'只有《三国演义》有，别无根据，王渔洋却被它闹昏了"③。对于那些史书上有

---

① （清）章学诚：《丙辰札记》，《章学诚遗书》，文物出版社 1985 年版，第 388 页。
② 胡适：《三国志演义·序》，《胡适文存》二集，华文出版社 2013 年版，第 506 页。
③ 鲁迅：《中国小说的历史变迁》，后编入《中国小说史略》作为附录，《鲁迅全集》第 9 卷，人民文学出版社 2005 年版，第 333 页。

过记载的历史事件，小说在尊重历史事实的基础上，大胆进行艺术加工，描写得合情合理，符合事物发展变化的客观规律，这是符合历史小说创作规律的。如《三国演义》关于赤壁之战的描写，除了有《资治通鉴》作历史依据外，还参考了其他野史杂记，但绝大部分情节如"蒋干中计""黄盖诈降""孔明借东风"等都是虚构出来的。由于这些艺术描写，既没有违背赤壁之战曹败刘胜的基本事实，又符合人物的基本性格；也符合历史演义小说的创作规律，因而是值得肯定的。

毛宗岗认为《三国》一书的写作手法，常在出人意料之处"求变"，有星移斗转、雨覆风翻之妙。"杜少陵诗曰：天上浮云如白衣，斯须改变如苍狗。此言世事之不可测也。《三国》之文亦如是尔。本是何进谋诛宦官，却弄出宦官杀何进，则一变；本是吕布助丁原，却弄出吕布杀丁原，则一变；本是董卓结吕布，却弄出吕布杀董卓，则一变；本是陈宫释曹操，却弄出陈宫欲杀曹操，则一变；陈宫未杀曹操，反弄出曹操杀陈宫，则一变；本是王允不赦催、汜，却弄出催、汜杀王允，则一变；本是孙坚与袁术不睦，却弄出袁术致书于孙坚，则一变；本是刘表求救于袁绍，却弄出刘表杀孙坚，则一变；本是昭烈从袁绍以讨董卓，却弄出助公孙瓒以功袁绍，则一变；本是昭烈救徐州，却弄出昭烈取徐州，则一变；本是吕布投徐州，却弄出吕布夺徐州，则一变；本是吕布功昭烈，却弄出吕布迎昭烈，则一变；本是吕布绝袁术，却弄出吕布求袁术，则一变；本是昭烈助吕布以讨袁术，却弄出助曹操以杀吕布，……论其呼应之法，则读前卷定知有后卷；论其变化无方，则读前文，更不料有其后文。于其可知见三国之文精于其不可料，更见《三国》之文之幻矣。"①

---

① 陈曦钟等辑校，《三国演义会评本》，北京大学出版社1986年版，第12页。

在小说篇章结构构思上，毛宗岗认为应如围棋高手，在行棋过程中，仿佛在不经意间在远离战场的他处布下一子，让人一时摸不着头脑，但过了十几手后，才突然发觉此子实为一伏兵，与其他各子有遥相呼应之妙。《三国志读法》云："《三国》一书，有隔年下种，先时伏着之妙。善圃者投种于地，待时而发；善奕者下一闲着于数十着之前，而其应在数十着之后。文章叙事之法亦犹是已。如西蜀刘璋及刘焉之子，而首卷将叙刘备，先叙刘焉，早为取四川伏下一笔；又于玄德破黄巾时，并叙曹操，带叙董卓，早为董卓乱国曹操专权伏下一笔；……自此而补，凡伏笔之处，指不胜屈。每见近日稗官家一到扭捏不来之时，便平空生出一人，无端造出一事，觉后文与前文隔断，更不相涉。试令读《三国》之文，能不汗颜？"① 如第 1 回"斩黄巾英雄首立功"中，在并叙曹操时写道："时有人桥玄者，谓操曰：'天下将乱，非命世之才不能济。能安之者，其在君乎？'南阳何颙见操，言：'汉室将亡，安天下者，必此人也'。汝南许劭，有知人之名。操往见之，问曰：'我何如人？'劭不答。又问，劭曰：'子治世之能臣，乱世之奸雄也。'操闻言大喜。"这就为下文写曹操的专权"隔年下种"。在带叙董卓时写道："张角正杀败董卓，乘势赶来，忽遇三人冲杀，角军大乱，败走五十余里。三人救了董卓回寨。卓问三人现居何职。玄德曰：'白身。'卓甚轻之，不为礼。玄德出，张飞大怒曰：'我等亲赴血战，救了这厮，他却如此无礼！若不杀之，难消我气！'"这就为下文写董卓的骄横乱国"先时伏着"。这种伏笔写法，充分体现了作者在全书篇章结构在艺术构思上的深谋远虑。

---

① （清）毛宗岗：《三国志读法》，引自石麟《毛批〈三国〉的叙事理论》，《三峡论坛》2010 年第 11 期。

可以说，《三国演义》在描写当时的历史形势、重大事件转折和主要人物等方面，大体上能尊重历史真实，基本上做到了既尊重历史事实又大胆进行艺术创造，以致有学者认为：迄今还未见写历史小说有超过《三国演义》。

第七章　叩问作者

　　文学阅读是伴随着文学活动的出现而出现的。据《汉书·艺文志序》记载："古者诸侯卿大夫，交接邻国，以微言相感，当揖让之时，必称诗以谕其志，盖以别贤不肖而观盛衰焉。"[1] 这段历史记载，说明了我国早在春秋时期，各诸侯国之间的礼尚往来，大多是以文学的方式作为开场白的，由此可见文学在当时的社会活动中是一种必不可少的社交文化礼仪。这种文化现象的形成，一方面，说明文学在当时的社会生活中已经起到了一个不可缺少的沟通作用；另一方面，也在一定程度上揭示了当时的人们愿意通过文学的形式来表达自己的人生志向。社会活动的需要，促使文学适应社会的需要而成为人们生活中一个不可或缺的文化因素。同时，文学也是古人强调自身的道德品质修养所必须具备的几个主要条件之一，如孔子的《论语·泰伯》中提出："子曰：兴于诗，立于礼，成于乐。"[2] 孔子还教育儿子孔鲤说："不学诗，无以言。"他为什么要让儿子学诗？因为

---

[1]　（汉）班固：《汉书·艺文志》，（唐）颜师古注，商务印书馆 1955 年版，第 49 页。
[2]　《论语·泰伯》，李泽厚译注，中华书局 2015 年版，第 105 页。

"诗可以兴，可以观，可以群，可以怨；迩之事父，远之事君；多识于鸟兽草木之名。"① 从这些言论中看，孔子是认可文学与人的道德品质修养之间存在着十分紧密的联系的，由此也构成了孔子"诗教"的文艺思想核心。这样，人们需要通过文学阅读去了解他人的人生志向，去弘扬人们的自身道德品质修养，这一人类社会需求，反过来又促使文学阅读成为人类社会一种必要的文化活动。

　　既然"修身必先要学诗"，那么，应该如何"学诗"呢？也就是说，如何解读文学呢？

　　春秋战国时期，是我国古代经济繁荣、学术文化活跃的一个特殊时期，活跃在这个历史时期的先秦诸子，如孔子、孟子、老子、庄子、墨子、荀子、韩非子等，都是我国古代卓有盛名的思想家、哲学家和文学家，他们不仅以各自的理论学说形成不同的学术流派，在文学创作和文学研究方面，也提出了许多对后世影响极大的文学观点。其中，孟子的"以意逆志"说和"知人论世"说比较具有代表性，对后来的作者中心论文学研究产生了极大影响。

　　最早在春秋时期，就有人注意到了作者的思想情感在文学活动中的作用："诗者，志之所之也。在心为志，发言为诗。"② 这已经非常明确地指出了文学文本是作家内心情感的真实再现。在文学活动中，作者的作用无疑是整个文学活动中的一个重要环节。作者在社会生活中的亲身感受体验，需要通过文学文本传达出来，并以此唤起文学阅读者的审美感受。因此，以作者为中心的文学研究常常是以重建、恢复文本的作者原意为目标

---

① 《论语·阳货》，李泽厚译注，中华书局 2015 年版，第 245 页。
② 《毛诗注疏卷第一》，《毛诗正义》（1），（汉）毛亨传，（汉）郑玄笺，（唐）孔颖达疏，山东画报出版社 2004 年版，第 6 页。

的文学阅读理论。其理论立足点在于：文学文本是作家根据自己的社会人生体验和理想，艺术性地创造出来的精神产物。这样，因人成文，由文知人，便成了作者中心研究理论的出发点。

古今中外的许多学者，对作家在文学创造活动中作用的研究，主要是从两个方面进行。

一是以意逆志说，这是从作者内在深层的情感心理在作品中的艺术表现的内部动因研究。

二是知人论世说，这是以作者生活的社会历史背景与作品内容之间相互联系的外部影响研究。

从表面上看，文学阅读就是读者对文学文本（包括口头或书面的）进行理解性阅读，因为文学活动起于作者止于读者，但从作者角度还是读者角度切入文学作品去进行阅读理解，其结论则大不相同。从作者的角度进行文学阅读，即作者中心论；从读者的角度进行文学阅读，即读者中心论。下面我们将结合作者和读者两个不同角度对中国古代的"以意逆志"说与"知人论世"说展开论述。

孟子："以意逆志"说

"以意逆志"说是孟子与弟子咸丘蒙在讨论《诗经·小雅·北山》时提出来的：

咸丘蒙曰："舜之不臣尧，则吾既得闻命矣。诗云：'普天之下，莫非王土；率土之滨，莫非王臣。'而舜既为天子矣，敢问瞽瞍之非臣，如何?"曰:"是诗也,非是之谓也;劳於王事而不得养父母也。曰此莫非王事,我独贤劳也。故说诗者不以文害辞,不以辞害志。以意逆志,是为得之。如以辞而已矣,《云汉》之诗曰:'周余黎民,靡有孑遗'。信斯言也,是周无遗民也。"①

孟子的弟子咸丘蒙对《北山》诗中"普天之下,莫非王土,率土之滨,莫非王臣"这几句诗的意思产生了疑问。既然舜贵为王子,普天之下都是王土、王臣,那么,他又怎么去对父亲瞽瞍尽孝呢?因此追问老师孟子:"敢问瞽瞍之非臣,是何?"孟子明确解答:"是诗也,非是之谓也。"孟子认为舜作为天子,整天为治理天下操心,尤为辛苦,因而在诗作中抒发了"劳於王室而不得养父母"的哀怨,其志为孝敬父母,并非为臣其父。据此,孟子提出:"故说诗者不以文害辞,不以辞害志。以意逆志,是为得之。如以辞而已矣。《云汉》诗曰:周余黎民,靡有孑遗。信斯言也,是周无遗民也。"② 孟子针对弟子咸丘蒙解释拘泥于文字的弊端,认为文学解读要顾及全人全篇,并以《诗经·大雅·云汉》作为例证分析,指出如拘泥于文字,忽视全诗,看到部分而忽视群体,把诗歌的艺术夸张当成生活真实理解,就会以文害辞、以辞害志,就会得出周朝没有黎民百姓的结论了。

"以意逆志"中的"意""志""逆"三个字十分重要,对它们应有正确理解。"意",有人认为是作者之"意",也有人认为是读者之"意"。从文学创作的角度看,当然是作者之意合理;但从文学接受产生的阅读效果角度看,读者的看法似更合理些。"志",有人认为是作者之"志",也

---

① 《孟子·万章上》,《孟子译注》卷九,杨伯峻译注,中华书局 2005 年版,第 194 页。
② 同上。

有人认为是作品之"志"，还有人认为是"记载"的意思。这三种意见并无本质的不同，都可以视为作者或作品所表达的原意。"逆"，有三层意思：迎受、接纳；考证、探究；追溯、反求。整句话连起来看，所谓"以意逆志"，就是读者以"己意"去"逆"作者作品之"志"，在这个过程中，读者既没有完全抛弃自己"现在的视域"，也没有把理解对象"初始的视域"简单地纳入自己"现在的视域"，而是把这两种不同的视域融合起来，形成一个全新的视域，从而得出带有自己个性的对作品的诠释。①不难看出，"以意逆志"的欣赏方法，既要尊重读者的主体意识"意"，又不能背离对作者作品之"志"，并把欣赏过程看成读者之"意"与解读对象之"志"，通过"逆"的方式相互交融而建构新意义的过程。这种欣赏方法是具有科学性的。

这里，孟子提出的文学解读观点的核心是"以意逆志"，但对其中"意"一词的含义，究竟是解释者所会之意，还是作者本人的创作之意，历来有不同的见解，汉代赵岐在《孟子注疏》（卷九上）解释为："志，诗人志所欲之事。意，学者之心意也。"读诗人"不可以辞害其志，辞曰：'周余黎民，靡有孑遗。'志在忧旱灾民孑然遗脱不遭旱灾者非无民也。人情不远，以己之意，逆诗人之志，是为得其实矣。"宋代大学者朱熹的《孟子集注》也认同这种观点，认为："当以己之意迎取作者之志，乃可得之。"现代文人朱自清的《诗言志辨》和今人李泽厚的《中国美学史》也都把"意"理解为文学解读者之意。但清代的吴淇对此有不同看法，他在

---

① 视域，指一个人在其中进行领会或理解的构架或视野。是一个在胡塞尔、海德格尔、狄尔泰和其他现象学及解释学哲学家们的著作中被赋予了特殊哲学意义的词。每个人作为一个历史的存在者都处于某个传统和文化之中，并因此而居于某个视域之中。视域就是一个人的生活世界。不可能有纯客观的、与人的特殊视域无关的理解。

《六朝选诗定论缘起·以意逆志节》中提出："汉、宋诸儒以一志字属古人，而意为自己之意。夫我非古人，而以己意说之，其贤于蒙（咸丘蒙）之见也几何矣。不知志者古人之心事，以意为舆，载志而游，或有方，或无方，意之所到，即志之所在，故以古人之意求古人之志，乃就诗论诗，犹之以人治人也。即以此诗论之，不得养父母，其志也；普天云云，文辞也。'莫非王事，我独贤劳'，其意也。其辞有害，其意无害，故用此意以逆之，而得其志在养亲而已。"他是主张"意"应是作者之意，现代作家叶圣陶也认同这"意"是作者之意。

《说文》云："逆，迎也。关东曰逆，关西曰迎。"逆，就是迎的意思。在关东，叫逆，关西叫迎。郑玄注："逆，犹钩考也。"这句话意思是说，"以己之意'迎受'诗人之志而加以钩考"①。他的主张很明确，就是分析诗的人不能因为个别的词和句曲解整篇的意义，而应该根据作品探索原来的创作意图，分析作品的内容。在两千多年前，孟子能提出这样独到的见解，不能不说是一大创举。直至今日，也不无借鉴意义。

应该注意的是，对"意"的两种理解具有本质上的差别，以文学读者之意推想作者之志，就构成了读者中心论；如以作者之意推及作者之志，就是作者中心论。

明朝人杨慎改杜牧《江南春》绝句，以为"千里莺啼绿映红，水村山郭酒旗风"中，"千"应为"十"，原因是"千里绿映红谁人见得，千里莺啼谁人听得？"昔人何文焕在《历代词话考索》中，就对这种死抠词句的做法提出批评："即作十里，亦未必尽听得着看得见。此诗之意，意既

---

① 朱自清：《朱自清诗言志辨·朱自清新诗杂话·比兴》，吉林人民出版社2013年版，第48页。

广不得专指一处，故总而命曰《江南春》，诗家善立题者也。"这正是用"以意逆志"的方法批驳了他人的谬误，显得合情合理。

据《左传》等典籍记载，春秋时期，诸侯列国间公卿大夫在进行外交活动时，常常"赋《诗》言志"。所谓"赋《诗》言志"的诗，不是指一般的诗歌作品，而是指"诗三百篇"中的诗篇，"赋《诗》言志"就是借"赋"（诵读）"诗三百篇"，即借《诗经》中的诗篇以表达赋诗者自己的想法（"志"），《左传·襄公二十七年》记载，郑伯享赵孟于垂陇，郑国子展等七子应赵文子之请，"赋《诗》言志"。子展赋《草虫》，借其中的"未见君子，忧心忡忡"两句表达自己以赵文子为君子的心情。其他六子亦各有所赋，都是借所赋诗中的某几句表达自己不同的心情，其中不乏歪曲诗意以就自志的现象。总之，这种诵诗方法或割裂全诗，断章取义，或曲解诗意，穿凿附会，或对诗句作表面的机械的理解，以附和自己的主观意志，《左传·襄公二十八年》就记载有"赋诗断章，余取所求焉"的话。这种"赋《诗》言志"常常对诗的解读造成曲解和误导。

孟子提出的"以意逆志"说与"赋《诗》言志"有根本的不同。所谓"以意逆志"，就是读者以"己意"去"逆"作品之"志"。是说读者要用自己的切身体会去推测作者的本意，解释诗的人，不能因个别文字影响对词句的理解，也不能因个别词句影响对诗本意的认识。应当以自己对诗意的准确理解，去推求作者的本意。在这个过程中，读者既没有完全抛弃自己原有的情感体验，也没有把理解对象初步体验简单地纳入自己原有的体验，而是把这两种不同的体验融合起来，形成一个全新的感受，从而得出带有自己个性的对作品的诠释。不难看出，"以意逆志"的欣赏方法，是既有尊重读者的主体意识之"意"，又不能背离对作者作品之"志"，并把欣赏过程看成读者之"意"与解读对象之"志"，通过"逆"的方式相互交融而建构新意义的过程。

如果我们把孟子另一著名文学研究观点"知人论世说"联系起来综合辨析，我们大概可以得到更为全面的认识。

孟子："知人论世"说

"知人论世说"是孟子在和另一弟子万章讨论"交友"问题时顺带提出来的：

孟子谓万章曰："一乡之善士，斯友一乡之善士；一国之善士，斯友一国之善士；天下之善士，斯友天下之善士。以友天下之善士为未足，又尚论古之人。颂其诗，读其书，不知其人可乎？是以论其世也，是尚友也。"①

孟子与弟子万章主要谈的是"交友之道"，又从"交友之道"谈到了"读书之道"。在这里，孟子读书谈文学，有意设定了两个先决条件：其一是"知人"，即了解写作者的思想人品；其二是"论世"，即了解写作者的时代背景。孟子认为，"读其书"要先"知其人"，而要"知其人"就必须"论其世"，即读书要先顾及作者的处世行事，然后知其为人，知道了作者的为人，也就达到了与古代圣贤交友的目的。从孟子与学生的对话内容看，孟子是将"诗""书"等古人撰著的文献，视为"知人论世"的依

①《孟子·万章下》，引自《孟子译注》卷十，杨伯峻译注，中华书局2005年版，第217页。

据，亦即历史认识的一种"文本"，所重视的无疑是作品的历史认识价值和社会实用价值。

孟子的本意是论述交朋友的范围问题，"并不是说读诗的方法，而是修身的方法。"① 乡里人和乡里人交朋友，国中人和国中人交朋友，更广泛的范围，则和天下的人交朋友，也就是朋友遍天下了吧。如果朋友遍天下还嫌不足，那就有上溯历史，与古人交朋友了。当然，也只有神交而已。这种神交，就是诵他们的诗，读他们的书。而为了要正确理解他们的诗和他们的书，就应当了解写诗著书的人，要了解写诗著书的人，又离不开研究他们所处的社会时代。这就是所谓"知人论世"的问题了。孟子认为，后人要与古人为友，主要途径是诵读古人留下的诗书。由"知人论世"而"尚友"是目的，"颂其诗，读其书"则是手段。孟子的本意在于阐发一种尚友之道。但有意味的是，它同时也提示了一种对诗书的读解之法。而后一种意义在后世的影响甚至超越了其本义，加之孟子言论对中国传统文化的深远影响，"知人论世"渗透到中国文学批评传统中，成为众多文学批评方法的本源。从这个意义上讲，知人论世已不再停留在方法论的层面，更成为一种重要的批评精神，在文学批评史中不断得到衍变和发展。其中汉儒解诗、魏晋以后对诗之体貌与人之性情的考究，甚至宋以来对文坛名家年谱的编撰，细察诗人生平，都可看作"知人论世"精神在中国传统文学批评中的演化和发展。

"知人论世"，是个古已有之今天又常用的成语。现在人们使用时常把它分解为两重意思，一是知人，二是论世，仿佛两者之间没有什么内在联

---

① 朱自清：《朱自清诗言志辨·朱自清新诗杂话·比兴》，吉林人民出版社 2013 年版，第48 页。

系。但这并不是"知人论世"原本的含义。原本的含义是什么？《辞海》
的释义是："了解一个人并研究他所处的时代。"并引清代学者王昶的《湖
海诗传序》作为书例："以诗证史，有裨于知人论世。"从释义可以看出，
"知人"和"论世"是有内在关联的，不是两重意思的简单相加。释义中
所说的"世"，是特指所要了解的那个人物所处的"世"，而不是泛指一般
的时世。按照《辞海》这个释义，可知"知人论世"原本是指一种了解和
研究人物的文化批评方法。

《辞海》的这个释义当然是不错的，但从历史上这个成语的实际使用
情况来看，人们对它的理解和所赋予它的含义，并不像《辞海》解释的那
么简单。这个成语的源头也不是清代王昶的《湖海诗传序》，而是《孟
子》。

《孟子·万章下》云："颂其诗，读其书，不知其人，可乎？是以论其
世也。""知人论世"这四字成语，就是由孟子这句话演化出的。第一句话
好理解，是说学诗、读书，应该了解作者其人。第二句有些费解。何谓
"论其世"？"世"指什么？朱熹是注释《孟子》的权威，他解释"论其
世"说："论其世，论其当世行事之迹也。言既观其言，则不可不知其为
人之实，是以又考其行也。"朱熹把这个"世"解释为所论对象的身世和
经历。朱熹认为孟子的意思是说，要想了解作者其文其人，就必须先了解
作者的身世和经历。对《孟子》这句话，可以看作既是一种读书方法，也
是一种识人之法。

《孟子》这句话对中国传统的文学批评方法影响甚大，"知人论
世"——通过考察作者的身世经历来研究和评价其文学作品，成为一种非
常通行的文学批评方法。这种方法，大致也就是《辞海》里说的那句话：
"了解一个人并研究他所处的时代。"

汉代以来解诗者"知人论世"的审美传统，又经历了魏晋时期人物的品评风潮，及至南北朝，"知人论世"说在理论和实践上都进入一个新的高峰时期。刘勰在《文心雕龙》中，专列有《体性》篇，论述体貌与性情，即作品风格与作家个性的关系。他从诸如"贾生俊发，故文洁而体清；长卿傲诞，故理侈而辞溢"等作家个案出发，揭示了诗人的个性特点、诗文风格及二者间的联系。更重要的是他还由此上升到一般规律，从理论上总结出个性的差异导致作品内容和风格的差异，"然才有庸侪，气有刚柔，学有浅深，习有雅郑，并情性所铄，陶染所凝，是以笔区云谲，文苑波诡者矣。故辞理庸偏，莫能翻其才；风趣刚柔，宁或改其气；事义浅深，未闻乖其学；体式雅郑，鲜有反其习；各师成心，其异如面"①。通过刘勰这番创造性的总结，"知人论世"说便拥有了文学上的理论根基，堂而皇之地以新的姿态介入文学批评。同时，刘勰还将"人""世"的内涵进行扩充，由对诗人个体的考察发展为对群体的观照（《明诗》篇），由对一个时代的平面概览发展为对若干时代动态流程的纵览（《时序》篇），用群体论和时序论丰富和发展了"知人论世"说。刘勰的理论在南北朝时期承续了"知人论世"的传统，并将其推向新的境界。

另外，从中国文学自身特点看，诗歌是中国古典文学的主体，诗歌创作上的特色成为中国古典文学的主要特色，这种特色表现之一在修辞层面、审美方法层面及文学创作方法层面上共同强调比兴、引典用事等，最后达到言有尽而意无穷之效。故而中国古典作品，主要是诗，多为言简篇短、意义深邃之作。诗歌中大量出现的这种借言他物、实抒己情之法，仅在文字表面难以获得诗之意蕴，需要读者在阅读时进行破解，作为"人"

---

① （南北朝）刘勰：《文心雕龙·体性》，赵仲邑译注，漓江出版社1980年版，第254页。

的诗人自身境况、与作为"世"的时代社会境况自然成了可靠的依据，至少也是有效的导入途径。如《毛诗序》开篇即言"《关雎》，后妃之德也"。将《关雎》与后妃之德相连在一起理解，这样的见解似乎过于牵强，但既如此解释，理由又是从何而来？

如果考虑到解诗者"知人论世"的原则，当时《关雎》之乐专在后妃之房中演奏，音律平和，故而象征后妃之德一说，也并非完全属于空穴来风、主观臆测。再如现代闻一多先生对《诗经》的研究，同样提出了惊世骇俗的新解："《国风》中凡言鱼，皆两性互称对方之度语，无一实指鱼者"，"《诗》言鱼，多为性的象征，故男女每以鱼喻其对方"①。闻一多先生此解便是从"世"的角度，考证了众多"野蛮时代"民族风俗中"鱼"象征意义而得出的结论。若此说成立，又一次证实了"知人论世"在批评中确有其效。所以，"知人论世"实际上为文本的解读和阐释提供了两个视角，它之所以在中国古代文学批评，尤其是诗歌批评中占有重要的一席之地，关键就于能在批评实践中屡试不爽，具有实践的有效性。

"知人论世"联系作者的生平及时代，可以更好地认识作品的价值和意义。了解作家的生平、思想、创作风格，有助于对其作品内容的理解和把握。一个时代有一个时代的特点，一个时代有一个代的文学。适当了解某个时代的风貌，同样有助于准确把握这个时代的文学作品。如唐代国力强盛，投笔从戎的知识分子大多精神昂扬、情感豪迈，在他们的诗作中，尤其是边塞诗，虽有塞外环境的恶劣，也有对故乡、亲人的深切思念，但更多地是同仇敌忾的愤慨、保家卫国的决心，因而格调高亢，情绪激荡。而宋代词人就不同，积贫积弱、国力衰微的大宋，已经没有了大唐的气

---

① 闻一多：《诗经通义甲》，《闻一多全集》（卷三），湖北人民出版社1993年版，第313页。

象，在知识分子的笔下，豪迈之气少了，悲凉之气多了；雄伟气魄少了，家国之愁多了。

在当代学者里面，不乏运用孟子的"知人论世观"研究中国历史收获丰硕学术研究成果的学者，其中影响较大的有在央视《百家讲坛》上"讲三国"一举成名的易中天。怎样看"三国历史"中出现的人物和事件？史书记载里诸葛亮实有其人，赤壁大战史书亦有记载，赤壁之战的时候诸葛亮作为蜀国的代表性人物也确实去过东吴，但他只是去送信，是去传达以刘备为代表的蜀军要与东吴联军抗击魏军的政治立场，信送到了人也就回去了，这些都是符合历史事实的。但史书里没有记载孔明借东风、草船借箭和三气周瑜等，这些故事情节其实都与史实无关，是小说《三国演义》作者妙笔生花虚构出来的，但从文学叙述的角度看，对诸葛亮人物性格的展示相当生动传神。至于后来的"空城计"吓退司马大军和七星续命也是作者虚构的，也就是说史书中的诸葛亮根本就不是传说中的那么厉害。易中天就此说过："历史有三种形象：历史形象、文学形象和民间形象。作为学者，我自然看重第一种。'三国'的文学形象深入人心，是因为《三国演义》写得很生动。"① 所以，如何把文学的三国人物（即《三国演义》的人物形象）还原为历史的三国人物形象，就成了他讲三国的学术思维出发点和闪光点。就像路人皆知的曹操"宁肯我负天下人，不可天下人负我"的奸贼形象，易中天通过史料分析，为读者还原了"奸诈的曹操"其实是《三国演义》中片面的曹操的文学形象，而非完整的曹操历史形象。易中天在《品三国》里根据史料记载还原了一个胸怀天下、从善如流的曹操是一个"可爱的奸雄"。

---

① 易中天：《品三国·开场白·大江东去》，上海文艺出版社 2006 年版，第 1 页。

史书记载的曹操，作为一个政治家，提出了"唯才是举"，从善如流，不拘一格大胆选拔人才，对世家望族的政治垄断宣战。曹操还采纳枣祗、韩浩等人的建议实行屯田，贷给农民耕牛和田地，用官牛的收成按官六客四分成，用私牛的对半分成。屯田的目的主要是解决军粮之需，同时也使一些无牛和田地的农民生计得到解决。安定民生与边防，为租庸调制之先声，由此也奠定了盛唐之基础。

曹操也是位军事家，他很善于用兵。谋士郭嘉在分析"十胜之议"时评价他能"以少克众，用兵如神"。曹操非凡的军事才能是有史可查的。他征徐州、征乌桓都取得了胜利。再有像有名的官渡之战，曹操听从谋士许攸建议，亲率精锐骑兵五千人乘夜从小路偷袭袁绍粮草大营乌巢，在军事力量对比处于绝对劣势的形势下打败袁绍而取得胜利。对此诸葛亮也在"隆中对"中说"曹操比于袁绍则名微而众寡，然操遂能克绍以弱为强者，非惟天时，抑亦人谋也"。即使是赤壁之战，在战争的前一阶段，曹操统率大军进军襄阳，迫使刘琮投降；旋即进攻江陵，收编刘表的水军。一路南下的征程中，曹操的军事势力可说是锐不可当的，曹操赤壁之战的最后失败，主要还是应了"骄兵必败"的必然结果。

曹操还是一位杰出的文学家。曹操的文学创作以诗歌最为著名，内容多为描写亲身经历的战争生活。其中有不少感时之作，反映了汉末社会的动乱和人民生活的困苦，这类五言诗，其有"诗史"的性质。其著名诗篇有《短歌行》《苦寒行》《蒿里行》《观沧海》《龟虽寿》等。像《观沧海》，通过作者亲临东海观潮的感受，"日月之行，若出其中。星汉灿烂，若出其里"，日月星辰都在他的怀抱之中，如此恢宏、壮丽的意境实在是令人赞叹，表现了其乱世枭雄的壮阔胸怀。《龟虽寿》则直接抒发了诗人的人生胸怀"老骥伏枥，志在千里，烈士暮年，壮心不已"。

历史上的曹操与小说《三国演义》中的曹操确实是不一样的。但因为封建正统论的思想影响，小说《三国演义》"尊刘贬曹"观流传广泛，以致出身来历不明的曹操"容易招人误会，因为中间所叙的事情，有七分是实的，三分是虚的。帷其实多虚少，所以人们或不免信虚者为真"①。

所以，"知人"和"论世"这两个方面互相独立而又紧密相联，"知人"必须从作家的家庭、身世、个性把握入手，这样才能准确理解作家不同时期不同思想风格的作品，才能更好地理解作家在作品中明白表现出来的思想以及隐含于字里行间的言外之意，而作家的家庭以及个人生活的轨迹又不能脱离他当时所处的社会时代背景。以宋代女词人李清照为例，她生于名宦书香之家，自小便有诗名，18 岁和太学生赵明诚结婚后，共同切磋诗文，研究金石，情趣相投，生活美满。44 岁靖康难起，夫妇南渡避难，明诚途中暴病身亡，所带古玩珍藏亦丧失殆尽，她孑然一身，在辗转流离中度过了凄苦的晚年。这一切都可在她的词里得到印证。她的词，以南渡为界，分前后两期，前期写少女少妇生活，反映了她对理想和情愫的追求。如《如梦令》："常记溪亭日暮，沉醉不知归路。兴尽晚回舟，误入藕花深处。争渡，争渡，惊起一滩鸥鹭。"② 词中事、景、情融为一体，全词活泼明快，风趣横生，洋溢着欢愉的情韵。后期的词反映了词人饱经风霜的凄苦和坚韧不屈的生活意志，或隐或显地寄寓着家国之痛、故土之思。最值得注意的是《声声慢》，但若你不了解李清照此时正值国破、家亡、夫死、物散等不幸的变故，便不能准确理解开篇连下七组叠字"寻寻

---

① 鲁迅：《中国小说的历史变迁》，《鲁迅全集》第 9 卷，人民文学出版社 2005 年版，第 329 页。

② （宋）李清照：《如梦令》，中国社会科学院文学研究所编《唐宋词选》，人民文学出版社 1982 年版，第 227 页。

觅觅，冷冷清清，凄凄惨惨戚戚"，这如泣如诉，心神不宁，若有所失的妇人形态，接着通过把酒、望雁、看花、听雨等一系列生活场景的描绘，展现她的凄苦情怀，结句"这次第，怎一个愁字了得"，词中抒写的愁，虽然是个人的愁，但如果联系词人所处的时代来看，其典型意义就在于个人遭遇与国家的危亡、民族的苦难息息相通。①

对于"知人论世"的"世"，还有另一种解释，就是"时势"或"时世"，意指作者所处的时代和社会。将这种大眼界的"知人论世"方法用于文学评论，便会把某一作品与当时的时代特征、社会思潮和文学思潮结合起来考察。

朱自清认为："至于'知人论世'，并不是说诗的方法，而是言修身的方法，'颂诗'、'读书'与'知人论世'原来三件事并列，都是成人的道理，也就是'尚友'的道理。"② 根据朱自清先生的考证，孟子"知人论世"说的本义是"尚友"，是成人之法，而作为说诗的方法，以至于作为我国古代文艺批评方法的理论依据，是引申出来的。但这并不妨碍其本义。如果撇开其"尚友"之前提，则"颂其诗，读其书，不知其人，可乎？是以论其世也"的含义也非常明白，即颂诗读书必须知其人，论其世，要结合作者的立身、为人、处世来理解其作品，从而择其善者而从之，以其实现诗教的目的。

史学大师陈寅恪在为冯友兰的《中国哲学史》写的审查报告中说："古人著书立说，皆有所为而发，故其所处之环境，所受之背景，非完全

---

① （宋）李清照：《声声慢》，中国社会科学院文学研究所编《唐宋词选》，人民文学出版社1982年版，第237页。

② 朱自清：《朱自清诗言志辨·朱自清新诗杂话·比兴》，吉林人民出版社2013年版，第48页。

明了，则其学说不易评论。"① 要想准确评价历史人物，必须先"完全明了"其所处之"时世"，这是陈先生教给我们的"知人论世"的研究法。

因此，就其认识本质而言，"知人论世"的范式无疑体现并延续着中国古代源远流长的史学研究传统，即将诗、书等古代文献视为历史事实的一环或历史本相的表征加以理解和阐释。在后世对"知人论世"这一文学阐释、文学研究范式的实际运用中，也大大发掘并加强了文学作品的这种历史认识价值和社会实用价值。孟子生活在春秋战国诸子学说百家争鸣时期，他一生所致力的，是要维护儒家思想的一统天下，从他一再强调从"善士"这一点上看，其知人论世的读书观点本意是要通过读书恢复古代圣贤的本旨，他是不希望看到广大文学读者拥有自由解读诗的个人权力的。

孟子的"知人论世"说，还可以拆分为"知人"与"论世"这两个组成部分，它们既相互联系，又各有其独立的含义，由此可引出两个理解导向。

（1）先知人后论世，即不知人就不能论世。

（2）先论世后知人，即不论世就无法知人。

前者主要是人本主义，后者主要是文学社会学观点。作为一种方法论，孟子的"知人论世"说明确地指出了通向理解、把握文学作品的两个视角，其所以在古代文学欣赏中具有历久不衰的生命力，正是由于它自身具有一定的科学性和合理性。

先说"知人"，也就是要研究、了解和理解文学作品的写作者。这里

---

① 陈寅恪：《冯友兰：中国哲学史（上册）审查报告》，刘桂生、张步洲编《陈寅恪学术文化随笔》，中国青年出版社 1996 年版，第 10 页。

的"人"有其复合内涵，主要包括两层意义：一是作为社会的人，他的生活经历、政治遭遇（穷通出处）、思想崇尚，乃至籍里、家世、交游等，都在研究的范围之内；二是作为写作的"人"，其本身具备的若干特定主观条件，如创作才能、个性气质、文学修养、审美情趣等因素，还有其他相关的客观条件，如师承、流派等，也都应当列入研究的内容。对这两层意义作全面的研究、了解，恐怕才能算得上"知"其"全人"。中国历代诗论家在运用"知人"之法进行文学赏评，他们对与文学有关的历代诗人生平以及诗歌作品本事的研究，相当集中地体现了这方面的研究成果，尽管这些文学研究从现代理论体系的角度看，多半是不够完整的，有些甚至只是一鳞半爪的。

再说"论世"，"世"即世界，指一定的历史时代，这是作者生活的时间与空间的统一体，也有其复合的内涵。从广义说，可以包括一定时期、一定范围的社会和自然两个方面；从狭义说，仅指其中的社会。而社会的涵盖面已相当宽广，诸如政治上的治乱、经济上的兴衰，阶级斗争状况、下层社会面貌，乃至典章制度、文化思潮、学术风气、风俗习惯，等等。限于古代文化交流的条件，我们不能要求古代诗论家在"论世"时对社会作全方位、多角度的考察，哪怕是面对他们的现实社会，如果面对往古社会——历史，自然就更隔一层了。刘勰对此说过："时运交移，质文代变，古今情理，如可言乎？昔在陶唐，德盛化钧，野老吐'何力'之谈，郊童含'不识'之歌。有虞继作，政阜民暇，薰风咏于元后，'烂云'歌于列臣。尽其美者何？乃心乐而声泰也。至大禹敷土，九序咏功，成汤圣敬，'猗欤'作颂。逮姬文之德盛，《周南》勤而不怨；大王之化淳，《邠风》乐而不淫。幽厉昏而《板》《荡》怒，平王微而《黍离》哀。故知歌谣文理，与世推移，风动于上，而波震于下者也。"① 篇中阐述文学演变的原因时，能着眼于多种时代因素，比如政治教化的作用、学术思潮的影响、时代风气的浸润等，这在古代文人中已属难能可贵了。

所谓"知人"，实际上是要研究作者与作品的关系，用现代的眼光来看，也就是研究创作主体与艺术成品的关系。因为从一定意义上说，创作主体是"母体"，其复合内涵在很大程度上制约着甚至规定着创作客体——作品，所以对其人其事的研究就是不可或缺的了。所谓"论世"，实际上是要研究作品与产生它的时代的关系。按照社会学的观点，文学是社会生活的反映，尽管它与特定时代的社会生活的联系是或直接或间接，或明显或隐约的。综括以上两个方面，我们或许可以这样说，既然"人"与"世"都是形成作品极重要的因素，那么这二者与作品必然存在某种对应关系，在作品蕴含的信息总量中势必有与之相通以至于相契之处，因而对其研究结果可能成为理解作品的关键，或揭开奥秘的钥匙，或通向幽微深隐处的向导。

南齐的刘勰接承"知人论世"的传统说诗方法，并发展为"群体"论和"时序"论。刘氏一方面注意把握诗人（或作家）的个性特点，论述了风格和个性的关系，如"嗣宗倜傥，故响逸而调远；叔夜俊侠，故兴高而采烈"之类，并作出了"辞理庸俊，莫能翻其才；风趣刚柔，宁或改其气；事义浅深，未闻乖其学；体式雅郑，鲜有反其习"② 的论断。这里的"才""气""学""习"都紧扣着诗人（或作家）的个性特点，而论断本身又揭示了由个性的差异所带来的作品内容、风格的差异这一普遍规律。

---

① （南北朝）刘勰：《文心雕龙·时序》，赵仲邑译注，漓江出版社1980年版，第363页。
② （南北朝）刘勰：《文心雕龙·体性》，赵仲邑译注，漓江出版社1980年版，第254页。

这是对"知人"的一种具体化和深化。另一方面，刘氏又把"人"和"世"加以扩大，由对诗人个体的考察发展为对群体的观照，由对一个时代横断面的平视发展为对若干时代动态流程的纵览。如《明诗》篇对建安诗坛一群诗人生活内容和精神风貌的描述，便突出了群体的共性特点，而在《时序》篇中，刘氏更是站在历史的高度，纵观"蔚映十代，辞采九变"的诗文演变过程。"知人"而具有某种综合性，"论世"而具有一定的历史纵深感，这无疑是对"知人论世"的方法论创造性的发展。①

当然，"知人论世"并非一概而论，例如，同一时代的李白与杜甫其作品之思想内容、作品风格为何会有如此大的差别呢？一个是浪漫主义的诗人，称"诗仙"；另一个是现实主义诗人，其诗称"诗史"，其中重要的原因就在于作家生存的社会现实存在种种复杂的因素，不同的家庭、不同的社会地位、不同的人生价值取向的作家便会依据他们所接受的因素，形成不同的思想情感，显示出大异其趣的艺术风格。

另外，出于种种原因，作家有些话不便直说，往往在其作品中采取含蓄的手法。唐代诗人孟浩然虽布衣终身，但出仕的愿望十分强烈。733 年，张九龄任丞相，孟浩然希望得到他的引荐，写了《望洞庭湖赠张丞相》："八月湖水平，涵虚混太清。气蒸云梦泽，波撼岳阳城。欲济无舟楫，端居耻圣明。坐观垂钓者，徒有羡鱼情。"作者想渡湖苦无舟楫，只好临渊羡鱼，作者的入世意愿是十分强烈的，用"欲济无舟楫"喻出仕无人引荐，用"徒有羡鱼情"喻出仕的愿望，这几句话，诗人巧妙借用了"临渊羡鱼，不如退而结网"的古语，② 而且"垂钓"也正好对应"潮水"，故

---

① 王文龙：《"知人论世"与古代诗歌欣赏》，《名作欣赏》1998 年第 1 期。

② （西汉）刘安：《淮南子·说林训》，杨靖、李昆仑编，敦煌文艺出版社 2015 年版，第152 页。

整首诗要求援引的心情十分迫切，但又不露乞求之痕迹，写作技巧确是超人一等。再如唐代朱庆徐的《近试上张水部》："洞房昨夜停红烛，待晓堂前拜舅姑。妆罢低声问夫婿：画眉深浅入时无？"朱庆余平日很得水部郎中张籍的赏识，临考前写下此诗，征求张籍的意见，表面上写一位新嫁娘精心打扮自己等待天亮见公婆时的不安心情，而诗人的本意却是以此为喻，委婉试探自己的诗作合不合主考大人的评判标准。

孟子的"知人论世"说，对后来的作者中心论文学研究影响极大，就连近代大学者王国维对此也表示首肯，他说"由其世而知其人，由其人以逆其志，则古诗虽有不能解者寡矣"[①]。清代学者章学诚也在《文史通义·文德》中说："不知古人之世，不可妄论古人文辞也；知其世矣，不知古人之身处，亦不可以遽论其文也。"按章学诚和王国维的说法，由作者生活的时代了解作者的作品，进而由作者生平了解作者的创作意图，年代相隔我们再遥远的文学作品，后人无法正确解读的也没有多少了。

然而，由于世事变迁、朝代更迭，历代统治者鲜有文化保护意识，加之中国古代没有版权保护措施，许多人类早期创作的文学作品，在流传过程中出现不尽相同的内容，今天的我们，已难以通过历史文化典籍一一追寻作者创作的生活背景及其写作状况，后代的文学解读，如何"知人论世"进而"以意逆志"呢？

比如李白名篇《将进酒》，其中"天生吾材必有用"这一名句，查敦煌藏本伯2567唐诗选残卷作"天生吾徒有俊才"，宋蜀刻本有异本作"天生我材必有开"和"天生我身必有财"，《文苑英华》卷一百九十五则作

---

① 王国维：《玉谿生诗年谱会笺序》，《王国维书话》，劳舒编校，浙江人民出版社1999年版，第247页。

"天生我身必有材"，唐代殷璠所编的《河岳英灵集》则是"天生我材必有用"，① 显见即使是李白的名诗，流传于世后历来也有很大分歧，流传较广的《唐诗三百首》收录此诗时，也只是选择了其中的一种说法。如果我们以年代先后作为判断标准，那么唐代殷璠所编的《河岳英灵集》因编者生活年代与李白相同，应该是可信度较高。但现存的殷璠所编《河岳英灵集》，最早只能追寻到宋代翻印刻本，而宋代诸刻本中关于此名句的版本各有不同，说明宋人看到的李白诗篇，已不尽相同。如果我们从藏本保护的角度看，敦煌藏本由于长期封存在洞窟中，作品不会因为四处流传而被人为改动，应该可信度较高。但敦煌藏本唐诗选是残卷，内文多有缺失意思不连贯之处，我们很难根据上下文内容来判断其真实性程度有多高，因而其版本与作者的作品原作吻合程度也难以确认。

如果说，以上例子我们只是无从判断作品的本意与歧义，那么许多文学文本在流传过程中，被后人从自身的审美认知角度进行不同审美评判，是否就是历史发展的一种必然现象呢？唐代诗人柳宗元的《渔翁》一诗："渔翁夜傍西岩宿，晓汲清湘燃楚竹。烟销日出不见人，欸乃一声山水绿。回看天际下中流，岩上无心云相逐。"诗歌用"欸乃（音 ǎi nǎi）一声山水绿"等本色化语言，抒写出诗人自己与自然山水交融一体的和谐体验：老渔翁夜来安睡在西岩边，早起到湘江汲水，用竹竿烧饭。清烟散尽，太阳出来，却连个人影也未见，山也静来水也静，山水一片绿色，只有听到一声"欸乃"（指船棹摇动的声音），才知船已轻轻离岸。回头一望，天幕低垂到江心，水天一色，只有岩石上的白云在无意地飞去又飞还。诗歌所描写的意境是非常优美的，苏轼曾手书此诗，且跋曰："诗以奇趣为宗，

---

① 周勋初：《李白诗原貌之考索》，《文学遗产》2007 年第 2 期。

反常合道为趣。熟味此诗有奇趣，然其尾两句，虽不必亦可。"南宋严羽对此极表赞同："东坡删去后二句，使子厚复生，亦必心服。"宋末刘辰翁对他们的观点却不以为然："或谓苏评为当，非知言者。此诗气浑不类晚唐，正在后二句，非蛇安足者。"明人李东阳亦持类似看法："坡翁欲削此二句，论诗者类不免矮人看场之病。予谓若止用前四句，则与晚唐何异。"然而，刘李二人的观点又受到后人的反驳，清代的王士祯认为："柳子厚'渔翁夜傍西岩宿'，只以'欸乃一声山水绿'作结当为绝唱。添二句反蛇足业。"沈德潜亦云："东坡谓删去末二句，余情不尽，信然。"① 从以上所举的历代文人对同一首诗审美内涵的不同评价看，不难发现以孟子的"知人论世"和"以意逆志"文学研究方法，在文学解读的过程中，由于解读者各自所取角度的不同，所得结论也相差千里。

再比如，对《诗经·魏风·伐檀》的文学解读，历来就有很大分歧。诗曰："坎坎伐檀兮，置之河之干兮。河水清且涟漪，不稼不穑，胡取禾三百廛兮？不狩不猎，胡瞻尔庭有悬貆兮？彼君子兮，不素餐兮！"对这首诗的文学解读，即便都是从社会学角度入手，也因解读者的立场不同带出种种答案，《诗序》说："伐檀，刺贪也，在位贪鄙，无功受禄，君子不得进士尔。"孟子的解读与之截然相反，其弟子公孙丑问曰："诗曰：不素餐兮，君子之不耕而食，何也？"孟子答曰："君子居是国，其君用之，则安富尊荣，其弟子从之，则孝悌忠信，不素餐兮，孰大于是？"② 可以说，《诗序》对《伐檀》的理解是讽刺贪官，贪而无功受禄，君子实质上是伪君子。而孟子是理解为君子为君王所用，能使国家安富尊荣，子弟孝悌忠

---

① 引自莫砺锋《论后人对唐诗名篇的删改》，《文学遗产》2007 年第 2 期。
② 《孟子·尽心上》，《孟子译注》，杨伯峻译注，中华书局 2005 年版，第 287 页。

信，这是治国大事，是否"素餐"与之相比，不过是小事一桩。汉代的董仲舒对此又是另一种解读结论，董仲舒在《春秋繁露·仁义》中说："诗云：饮之食之，教之悔之，先饮食而后教诲，谓治人也。又曰：坎坎伐檀，彼君子兮，不素餐兮！先其事，后其食，谓之治身也。"根据董仲舒的解读，《伐檀》又成了让人先做事而后食之的勉励之词。清代姚际桓在其《诗经·通论》中也提出："此诗专美君子之，不素餐兮等四句，只是借小人以形象君子，亦借君子以骂小人，乃反衬'不素餐'之义耳。"我国五四运动以后，随着阶级对立意识的不断强化，许多学者又把它解读为一首骂"君子"不劳而食的诗歌。

毕竟，作者的文学创作活动，不是对其生存的社会进行机械的扫描成文，而是从纷繁复杂的社会生活中精心挑选文学素材，从所接触的形形色色的生活故事中创造出艺术情景，所以，作者笔下的社会生活已经过作者艺术分析、选择、加工改造，作品中的艺术情境已不能简单等同于生活实际。因此要求通过文学活动达到今人之心与古人之心契合相同，两心合一，那是很难实现的，就像清代学者仇鳌归在《杜诗详注》中要求文学解读者在解读杜甫诗歌时，要"度复沉潜，求其归宿所在，又从而句栉字比之，庶几得作者苦心于千百年之上，恍然如曳历其世，面接其人，而慨乎有余悲，悄乎有余思也"。他是要求文学解读者先要把自己的身心与作者杜甫的身心合二为一，然后用杜甫的思维方式和思想情感去艺术性感受诗之美，才能完全得到杜诗中的艺术真谛。殊不知文人作诗，常常是灵感所致，诗兴勃发，立成佳句。如有外界因素干扰，就无法再续成章。宋人谢大临就有过"秋来日日是诗思，近得一句'满城风雨近重阳'，忽催租人至，令人意败，终无法再续成篇"。文学活动中的妙手拈来，连作者本人都难以说清其中缘由，若干年后的文学解读，又如何细心品味作者的用心良苦呢？现代国学大师陈寅恪在谈到今人诠释古人作品时，必然会"著者有意无意之间，往往依其自身所遭际之时代，所处之环境，所熏染之学说，以推测解释古人之意旨。由此之故，今日之谈古代哲学者，大抵即谈其今日自身之哲学者"①。陈寅恪先生虽是讲的哲学，于文学亦是同样道理，每一个文学解读者总是以自己的思想观念来解读前人的文学作品，他不可能也无法做到与作者身心合一。所以，清代学者袁枚在《成绵庄诗说序》中提出："作诗者以诗传，说诗者以说传，传者传其说之是，而不必尽合于作者也。"这种文学解读观念，已经基本上同现代西方的人本主义观点十分接近了。

"以意逆志""知人论世"说与西方当代文艺观

西方解释学大师伽达默尔认为，理解的产生，应该是作者的"视界"与读者的"视界"的融合，即文本阅读的过程，应该是作者、读者与文本三者之间视界融合的过程。也就是说，在重视读者的积极作用这一点上，孟子所提倡的"以意逆志""知人论世"与当代西方的现代解释学、接受美学之间有诸多的相通之处。这主要体现在以下几点。

首先，从文学的欣赏和批评层面看，二者都比较注重读者的作用。从文学批评方法论的角度来看，"以意逆志"偏重于"读者—作品—作者"

---

① 陈寅恪：《冯友兰：中国哲学史（上册）审查报告》，刘桂生、张步洲编《陈寅恪学术文化随笔》，中国青年出版社 1996 年版，第 10 页。

关系的考察，它要求解诗者以尽可能细腻的内心体验去揣测作品的主旨和作者的创作意图，强调读者和批评家在释放作品本文意义中的能动作用。反对泥辞以求，反对以典册、简牍、训诂之学对作品意义作被动索解，强调阅读活动中的"心解""遥想"，强调"以意求古人则近，以词求古人则远"①。"以意逆志"肯定了读者参与本文意义创造的权利，重视审美理解的主体性。"以意逆志"顺应了文学欣赏的特点，读者对诗的理解和认识必然带有其本人的人生观、世界观、道德观、艺术观等影响。接受美学则将读者提高到主体的高度，认为读者不仅是没参与本文创作的作者，而且是使本文得以成为作品的必不可少的作者，加强了对于文学的欣赏和批评的研究。

在西方现代解释学看来，文本解读其实是一种对话活动，读者通过与文本对话来寻找文本的意义，在不断的寻找文本意义过程中，读者的"此在"立场在一定程度上规范着读者的文本解读结论，文本的意义世界也因为读者"此在"立场的积极介入而呈现不确定性和多义性。于是，文本的意义也因为一代代读者的主动性对话而不断被重新修改和认识。

其次，"以意逆志""知人论世"二者都强调作品的历史性。"知人论世"侧重于"作者—作品"的考察，首先了解诗人所处的时代背景和创作背景，了解读者所处的时代背景，从而把握作者的意念情思，然后把握作品的意蕴，最后对语言表达的得失做出评价。在文学欣赏和批评中，通过历史的把握和理解作品的内涵，并结合今人的时代状况做出新的阐释。

西方的接受美学则强调读者阅读一部文学作品，必须与他以前读过的

---

① （清）吴淇：《围炉诗话》，郭绍虞编选《清诗话续编》，上海古籍出版社 1983 年版，第 3 页。

作品相对比，调节现时的接受。读者对作品的接受理解，构成作品的存在。每一次具体的文本阅读，都是对历史和现实的有意识的调节。接受美学强调文学作品的意义不仅总是随着历史的变迁而发生变化，而且它只有在被从新的经验赋予了不同的内涵后，才能拥有现实的位置，这无疑把握了文学创造和发展的现实。如《老子》在不同时期的文本接受和文本解释就恰恰体现了这一点：春秋战国时期，周王朝已经覆灭，大小诸侯国林立，不断兼并，新的统一秩序亟待建立，《老子》应运而生①等成为重要的王霸学说之一，为意图问鼎的诸侯国君们提供文化思想路径。时至两汉六朝，道家后学不断解释和阐发《老子》，直至王弼为《老子》作注，《老子》的含义又有了新的意蕴，由最初的春秋时期王霸学说变成两汉时期与代表儒家文化的《论语》争锋相对的治国和处世的学说。至唐宋、明清之际，近代、唐代重边功和战事；宋朝则一直面临边防不稳、战事年年的状况，又有人从军事学角度对《老子》再作新的阐发，明清之际的王夫之在《宋论》中亦言此书应为"言兵者师之"，近代章太炎更认为《道德经》隐括了古代兵书的重要思想，"老聃为柱下史，多识事故，约《金版》《六韬》之旨，著五千言，以为后世阴谋者法"②。几乎已将其看作中国古代兵书之宗了。当下，为重拾国学，以适合新时期我国发展的现实需求，许多人重新解读《老子》，将其定位为与《论语》思想互补的学说，重点对"和谐"的文化内涵、文学内涵、美学内涵做重新的阐释。尽管 1993 年出土的郭店楚墓竹简本的《老子》（即简本《老子》）与今本《老子》有诸多大相径庭的言论，简本《老子》是我们所能看到的离老子生活时代最近

---

① 《老子》是道家的经典文本，分为"德经""道经"两部分。汉朝以来流传的各种版本，都把"道"经作为上篇，"德"经作为下篇，所以又称《老子》为《道德经》。

② 章炳麟：《訄书·儒道第四》，胡伟希选注，辽宁人民出版社 1994 年版，第 19 页。

的版本，因此也就更能忠实地反映老子思想的原貌。然而，基于以王弼注本为基础的今本《老子》对两千年来中华民族的传统文化和哲学思想产生重大影响的层面考虑，当代许多老庄思想研究者有意放弃了简本《老子》，而选择今本《老子》作为研究的本文，尽管简本《老子》从年代角度考虑，所反映的思想应该更接近老子本意。这正如姚斯在《走向接受美学》一书第四章所言，"接受过程是有所选择的。接受过程具有删节、价值变换的过程，简单化，同时也再次复杂化。因为接受毕竟是独立的，具有新创的能力，而不是一味地对传统进行依赖性模仿"。王弼的注本《老子》实则就是对已有的《老子》本文的满足当时世人们"期待视野"的，受研究者阅读经验限制的阶段性的历史性文学作品，是对已有《老子》本文的文本接受再创造。

最后，"以意逆志""知人论世"二者都强调对读者的审美要求。读者要正确做到"以意逆志"，正确把握作品的意蕴和作者的意图，就必须掌握大量的史料，全面了解作者所处的时代背景，并要求读者具备一定的接受和欣赏能力，做到"知人论世"。是否能做到"以意逆志""知人论世"成为衡量批评者能力和水平的重要标志。德国现代解释学者海德格尔认为，任何存在都是在一定时间空间条件下的存在"即定在"，超越人们的社会历史环境而存在是不可能的。存在的历史性决定了理解的历史性：我们理解任何东西，都不是用空白的头脑被动地接收，而是使用活动的意识去积极参与，也就是说，阐释是以我们已经先有、先见、先把握的东西为基础的。这种意识的"新结构"，是理解和解释总带有解释者自己的社会历史环境所决定的成分，所以不可避免地形成阐释的循环。在海德格尔看来，"理解的循环并不是一个把任何种类的认识都可以在其中运行的圆，而是定在本身存在的先结构的表现"①。这就是说，阐释不是一种恶性循环，而是认识过程本身的具体表现。换言之，认识过程永远是一种循环过程，但它不是固定不变的圆，不是没有变化和进步的，所以，"具决定性意义并不是摆脱这循环，而是以正确方式参与这循环"②。读者通过与文本对话来寻找文本的意义，在不断的寻找文本意义过程中，读者的"此在"立场在一定程度上规范着读者的文本解读结论，文本的意义也因为一代代读者的主动性对话而不断被重新修改和认识。

接受美学更是重视读者接受过程中的审美作用，1967年，接受美学的代表人物姚斯发表了那篇被称为宣告"接受美学理论形成"的里程碑式文章《文学史作为向文学理论的挑战》。在这篇文章里，姚斯指出："文学史是一个审美的接受和创造的过程，它发生在进行接受的读者，反思的批评家和不断创造的作者所完成的文学本文的实现中。"③文学作品"不是形而上学地展示其超时代本质的纪念碑。文学作品像一部乐谱，要求演奏者将曲变成流动的音乐。只有阅读才能使本文从死的语言物质材料中挣脱出来，而拥有现实的生命"④。据此，姚斯认为，文学史不应该像过去所认为的那样，仅仅是作家的文学史和作品的文学史，而应该是包括读者主动参与并接受所产生的文学效果史。通过培养读者的知解力和想象力，以期提高读者的期待视野，从而促使作者创造出更好的文学本文。

然而，毕竟现代解释学、接受美学所产生的文化背景是在当代西方，

---

① ［德］海德格尔：《存在与时间》，陈嘉映等译，生活·读书·新知三联书店1999年版，第182页。
② 同上。
③ ［德］姚斯：《文学史作为向文学理论的挑战》，胡经之、张首映主编《西方二十世纪文论选》（第3卷），中国社会科学出版社1991年版，第155页。
④ 同上。

因而它与孟子作为文学批评理论的"以意逆志""知人论世"的审美文化差异也是显而易见的。

第一，读者的地位不同。虽然二者都强调读者的作用，但是在各自的系统中，读者的地位是不同的。诚然，"以意逆志"肯定了读者参与本文意义创造的权利，重视审美理解的主体性。只是"以意逆志"作为批评方法必须依据"知人论世"的原则，这就限定了读者的欣赏和批评必须以作品为基础，即作品是第一性的，读者的欣赏和批评是第二性的。强调作品具有永恒的意义，读者要尽可能地通过了解作者和其所处时代的背景，从而正确把握作品的意蕴，缩短读者的理解与作者的意图。作者掌控着对作品的裁决。接受美学则强调读者的主体性。认为读者的具体化是第一性的，未定性的文本是第二性的。在接受美学看来，作者表现了什么是无所谓的，关键是读者发现了什么。作者在这里丧失了对作品的最高裁判权，而读者成为作品创作的作者之一，是推动文学创作、促进文学发展的一个决定性因素。

第二，文学作品的概念不同。"以意逆志""知人论世"所依据的作品就是作者创作出来的文学文本，两者的含义基本切合一致。接受美学则严格区分了文学作品和文学文本的含义。接受美学认为，任何文学文本都具有未定性，都不是决定性的或自足性的存在，而是一个多层面的未完成的图式结构。它的存在本身并不能产生独立的意义，而意义的实现则要靠读者通过阅读对之具体化，即以读者的感觉和知觉经验将作品中的空白处填充起来，使作品中的未定性得以确定，最终达到文学作品的实现。因此，接受美学所言的文学作品必须是具有未定性的文学文本和读者阅读过程中的具体化二者的有机结合。在接受理论中，文学文本和文学作品是两个性质不同的概念。

（1）文本是指作家创造的同读者发生关系之前的作品本身的自在状态；作品是指与读者构成对象性关系的东西，它已经突破了孤立的存在，融会了读者即审美主体的经验、情感和艺术趣味的审美对象。

（2）文本是以文字符号的形式储存着多种多样审美信息的硬载体；作品则是在具有鉴赏力读者的阅读中，由作家和读者共同创造的审美信息的软载体。

（3）它独立于接受主体的感知之外，其存在不依赖于接受主体的审美经验，其结构形态也不会因事而发生变化；作品则依赖接受主体的积极介入，它只存在于读者的审美观照和感受中，受接受主体的思想情感和心理结构的左右支配，是一种相对的具体的存在。由文本到作品的转变，是审美感知的结果。也就是说，作品是被审美主体感知、规定和创造的文本。

"以意逆志"讲求的是以读者的意图理解去把握作者的志趣情怀，具体的途径和方法就是"知人论世"，就是要了解作者的行踪、交游、思想和作者所处的时代背景、大的环境和品评者所处的时代，力争尽可能地把握作者的主旨意图，并在此基础上，结合自身所处时代探讨作者所创作出来的作品在客观上显现出来的含义。但总的来说，"以意逆志""知人论世"依然强调作者是第一性的，而读者的深发是第二性的，并且必须依据作者的意图主旨这一前提。然而事实是中国古代已存在的作品总是在随着历史时间的推移不断地被后世再加工再创造。如前面提到的《老子》在历代的接受情况就是例证。再如唐代诗人李白所作的《静夜思》一诗，明代中叶以前，内容为：

床前明月光。

疑是地上霜。

　　抬头看山月，

　　低头思故乡。

到明代中叶以后，此诗在字面上发生了些微的变化：

　　床前明月光，

　　疑是地上霜。

　　举头望明月，

　　低头思故乡。

从字面来看，似乎两首诗只是在第三句改了三个字，"抬"改成"举"字；"看"改为"望"字；"山"改为"明"字。实则诗意发生了重大的变化。"床"在唐代作"井栏"解，从考古发现来看，中国最早的水井是木结构水井。古代井栏有数米高，成方框形围住井口，防止人跌入井内，这方框形既像四堵墙，又像古代的床。因此古代井栏又叫银床，说明井和床有关联关系。古时人们喜欢围井而居，井边成了居民们活动交流的公共场地。成人在此或取水或洗涤，夏夜来这里聚会纳凉，同时谈天说地。在古人心目中井就代表家乡，所以有"背井离乡"等成语。而到了明代，"床"的含义已演变成"卧具"之意。这样原来诗中的女性口吻也被抹掉了，而直接以一个羁旅之人的视角和口吻叙述了。这是由于盛唐时期，唐朝决策者大肆边功，男子多从军边塞，女子独守空闺，独自承担照顾家庭的重担，井栏边汲水是常做的事。诗中描写了一位在井栏边汲水的女子看到地上的月光，以为是天气转寒地上结了霜，下意识地抬头看了看远处山边的明月，想起远在异乡的征人此时定在思念家乡和亲人。到了明代中叶，商业繁荣，各地多往来经商之人，月圆时分，难免会触动思乡之情。

一个作客他乡的旅人，白天倒还罢了，到了夜深人静的时候，思乡的情绪，就难免一阵阵地在心头泛起波澜；更何况是明月如霜的秋夜！秋月是分外光明的，然而它又是清冷的，对孤身远客来说，最容易触动旅思秋怀，使人感到客况萧条，年华易逝，凝望着月亮，也最容易使人产生遐想。所以，诗中的艺术形象就由女性变成了男性，而诗歌的内容经过这一改动，似乎并没有引起读者的抵触，反倒更受欢迎。原因就在于改动之后的诗歌内容更符合明代中叶以后社会发展的现实需要，直到今天，我们耳熟能详的依然是改动之后的《静夜思》内容。

从这样的审美认知角度看，西方的接受美学理论对读者作用的肯定，在具体的文学阅读活动中是可以成立的。

从以上例子可以看出，西方的接受美学恰恰消解了作者中心论的思想，它反对孤立、片面、机械地研究文学艺术，反对结构主义化的唯文本趋向，强调文学作品的阅读效果，重视读者的积极参与性接受姿态，从社会意识交往的角度考察文学的创作和接受，将读者从被动、顺从的文学阅读境遇中解放出来，与文学作品保持对话姿态。这无疑为"以意逆志""知人论世"的传统文论在今后的文学阅读发展演变提供了很好的文化路径，在一定层面上可以摆脱传统的作者中心论的偏颇。

第八章　读者选择

南宋哲学家、理学家朱熹认为："读书之法无他，惟是笃志虚心，反复详玩，为有功耳。"[①] 即读书要专心致志，虚心学习，反复思考，认真领会，才会学有所得。朱熹还在《读书之要》中说："学者观书，须先读得正文，记得注解，成诵精读，如自己做出来的文章一般。"也就是说，读书要读熟背熟书本内容，也要知道书本知识的典故出处，想要有更大收获还得在熟读的基础上用心思考，才有可能真正明白书中的道理。朱熹讲的这种学习方法，符合人们认识事物的客观规律，至今应有一定的借鉴价值。

这样，如何用心思考就成了读书得失的关键。

---

① （宋）朱熹：《读书之要》，《朱熹集》卷七十四，郭齐、尹波点校，四川教育出版社1996年版，第3889页。

孔子：一以贯之

孔子在一次和他的学生子贡的对话里，以为自己的博学多才不是源于"多学而识"，而是因为"一以贯之"。那么，应该怎样理解孔子倡导的"一以贯之"？

该观点出自孔子与弟子子贡对话"一以贯之"的典故。关于"一以贯之"，孔子在他的论著中没有明确阐释过，但在与门生子贡的一段对话中提到过："子曰：'赐也，女以予为多学而识之者与？'对曰：'然，非与？'曰：'非也，予一以贯之。'"① 孔子在对话时问子贡（子贡姓端木，名赐）："赐呀，你认为我学有所得是博闻强记而成的吗？"子贡回答："是的。难道不是吗？"夫子回答说："不是的。我学有所得在于一以贯之。"从以上对话可知，孔子认为自己的博学多才不是源于"多学而识"，而是因为"一以贯之"。这其中的"一"应该是孔子儒家文化学说中一个极为重要的核心思想，但孔子本人从未曾对此做过正面解释，从而引来后世学者的纷纭异释，成为"研究孔子学说中一大疑案"②。

梳理古代学界对孔子"一"的解释，大致有两种意见。

一种意见认为：孔子以此强调他的学说是由一个最根本的道理贯穿着的。如晋代何晏《论语集解》云："善有元，事有会，……知其元则众善

---

① 李泽厚译注，《论语·卫灵公》，中华书局 2015 年版，第 217 页。
② 来可泓：《论语直解》，复旦大学出版社 1996 年版，第 98 页。

举矣，故不待多学而一知之。"宋代邢昺疏云："此章言善道有统也。己之善道非多学而识之也。我但用一理以通贯之。"① 他们是将"一"解为"一理"，"贯"释为"通贯"，意思是说孔子的学说始终有一个最根本的道理贯穿着。就此而言，"一理"的内涵，即符合人的学习认知特点的本质规律。今人来可泓先生也说："孔子所持的'一'是很难解释清楚的，可能就是一个本质的东西，只要掌握了本质的东西，就一通百通了。"②

另外一种意见认为：孔子此言意在强调躬行（亲身实行）的重要性，即陆游《冬夜读书示子聿》所说的："古人学问无遗力，少壮工夫老始成。纸上得来终觉浅，绝知此事要躬行。"也就是孔子主张的"道"都体现在他的道德实践之中。清代诸儒多持此说。如清人刘宝楠《论语正义》卷八引阮元《一贯说》云："贯，行也。此夫子恐子贡但以多学而识学圣人，而不于行事学圣人也。夫子于曾子则直告之，于子贡则略加问难而出之，……一以贯之，犹言壹是皆以行事为教也。亦即忠恕之道也。"并云："圣门之教，行尤为要。《中庸》云：'博学之，审问之，慎思之，明辨之，笃行之。'学、问、思、辨，多学而识之也，笃行，一以贯之也……至于所以行之，不外忠恕。故此章与诏曾子语相发也。"卷五又引王念孙《广雅疏证》云："《里仁篇》子曰：'吾道一以贯之'一以贯之，即一以行之也。《荀子·王制篇》云'为之贯之，贯亦为也。'《汉书·谷永传》：'以次贯行，固执无违。'《后汉书·光武十王传》云：'奉承贯行'，贯亦行也。《尔雅》：'贯，事也'事与行，义相近。故事谓之贯，亦谓之服，行谓之服，亦谓之贯矣。"这是认为孔子所言"一以贯之"之"贯"，皆可

---

① （宋）邢昺：《论语注疏》卷十五，《十三经注疏》影印本，中华书局 1980 年版，第 2516—2517 页。

② 来可泓：《论语直解》，复旦大学出版社 1996 年版，第 417 页。

训为"行"。①

在当代学者那里，关于"一以贯之"的理解，则比古代学者要繁杂得多，钱穆先生在其《论语新解》中就"吾道一以贯之"这句话解释为"我平日所讲的道，都可把一个头绪来贯串着"。在注评中，钱穆先生重点解释了"贯"字，作串通义。他还顺势批判了清代儒家将"贯"字解释为行事义的说法。② 杨伯峻先生在其《论语译注》中就这句话解释为"我的学说贯穿着一个基本观念"。杨伯峻先生在注释中也是重点解释了"贯"字，作贯穿或统贯解，同时也否定了清儒阮元的行或事的解释。③ 傅佩荣先生在其《解读论语》中就这句话解释为"我的人生观是由一个中心思想贯穿起来的"。但他在解读"一以贯之"时则说："指完整系统或中心思想。这是人的理性发展与实践心得抵达一定程度时都会向往的境界，而自古以来只有极少数大智大仁者可以如愿以偿。"④ 南怀瑾先生在其《论语别裁》中就这句话解释就更戏剧化了。他说："这一以贯之的是什么呢？如果说是钱，把它贯串起来还可以，这'道'又不是钱，怎么一以贯之呢？"他还说，曾参给同学的解释是两个字"忠恕"，那么这就不能叫"一以贯之"，该是"二"以贯了。接着他用禅宗中的"拈花微笑"的故事和俱胝禅师的"一指禅"的故事来比拟孔子的心法。就是说，他以为，孔子所谓的"一以贯之"这个"一"字究竟是说什么，只有曾参领悟明白了，这就像迦叶的微笑和小沙弥的伸出一根食指从而悟道一样。南先生还不无感

---

① 参见梅显懋《〈论语·卫灵公〉"予一以贯之"义辨》，《古籍整理研究学刊》2007 年第 1 期。

② 钱穆：《论语新解》，生活·读书·新知三联书店 2005 年版，第 92 页。

③ 杨伯峻、杨逢彬：《论语译注》，岳麓书社 2009 年版，第 39 页。

④ 傅佩荣：《解读论语》，上海三联书店 2007 年版，第 63 页。

慨地说，孔子的这句话乃是"千古以来一个大问题、一个大疑案"。①

"一"在中国另一个文化名人老子那里，倒是意思很清楚，在《道德经》里，老子经常以"一"来代称"道"，如"天得一以清，地得一以宁，神得一以灵，谷得一以盈，万物得一以生，侯王得一以为天一正"。在老子看来，"一"是什么？"一"就是"气"，"气"就是"道"的物质形态。"道生一，一生二，二生三，三生万物。"② 因此，以上所有的"一"，都是得"道"的意思。意思是天得到道而清明，地得到道而宁静，神（人）得到道而英灵，河谷得到道而充盈，万物得到道而生长，侯王得到道而成为天下的首领。

要准确判断哪种解释更加符合孔子的本意，恐怕得先回到孔子说这段话的历史语境里去查找。

从孔子与子贡对话的历史语境来看，刘宝楠云："据《史记》，是此节亦绝粮时问答语。"这应该是没有疑问的。《史记·孔子世家》载鲁哀公六年（前489），孔子率领弟子们自陈赴蔡，时楚国使人聘孔子，陈、蔡大夫忧孔子为楚所用，将危及自身利益，"于是乃相与发徒役围孔子于野。不得行。绝粮，从者病，莫能兴。孔子弦歌不衰。子路愠见曰：'君子亦有穷乎？'孔子曰：'君子固穷，小人穷斯滥矣。'子贡色作"。孔子正是在此时与子贡有了以上关于"一以贯之"那一番对话。孔子此言明为针对弟子的不满而发。师徒厄于陈、蔡，正是需要弟子接受现实严峻考验之时，弟子们却精神萎靡，甚至牢骚满腹。怨发于声，与孔子的气定神闲、泰然处之形成极大的反差。孔子在回答子路的质疑时，指出了君子与小人在人生

---

① 南怀瑾：《论语别裁》，复旦大学出版社2005年版，第185—186页。
② 老子：《道德经》第四十二章，《道德经注》，（魏）王弼、楼宇烈释注，中华书局2011年版，第243页。

旅途中都会遇有困厄之时，所不同的是：君子无论在怎样的情况下，都能坚持信念节操不变。而"小人"则会在困厄之中失去自我控制无所不为。从弟子们当时的表现来看，自然还不足以配作君子。故而孔子之言致使子贡"色变"。那么，君子的这种修养是从何而来呢？是"多学而识之"吗？孔子已明确地给予了否定的回答。但这不等于说孔子否定"多学而识之"的重要，而是强调"多学而识之"必须"一以贯之"。① 换句话说，孔子的这番言论是针对弟子们当时的表现而言的，也就是说，孔子对弟子们道理虽懂但行动却明显脱节并不满意，孔子所强调的是思想与言行的一致性。

如果我们能换个角度，站在现代人的求知角度去思考孔子这句话的本意，从实践论的角度看，"知"是"行"的基础，"行"是"知"的目的，懂得知识并用它去指导实践，是为"知行统一"；如果知识和实践相互背离，那是"知行不一"。由此回到孔子与子贡对话的特定语境上看，孔子的"一以贯之"是针对"多学而识之"的提问给出的答案，即孔子认为自己之所以"多学而识之"是"一以贯之"的结果。孔子强调的是坚守的人生信念所引发的持之以恒行为，人的思想言行要"始终如一"。这样，"予一以贯之"的理解应为：我用持之以恒的道德实践，来贯穿获得学识才干的过程。其言外之意就是：一个人的博学多才，并非机械地记忆知识，而是在自己的亲身实践中，把获得的知识融会贯通，那才是真才实学。

---

① 参见梅显懋《〈论语·卫灵公〉"予一以贯之"义辨》，《古籍整理研究学刊》2007 年第 1 期。

孔子：温故而知新

儒家文化先贤孔子在《论语·为政》里这样说过："温故而知新，可以为师矣。""故"可理解为"旧"的、"过去"的，也可解释为"历史的知识、经验"，孔子这句话很有意思，他认为在温习旧文化旧知识时，能有新体会、新发现就可以当老师了。孔子曾谦逊地自称"信而好古""述而不作"①，意思是他的著述都是忠实地传述古代圣贤所流传下来的为人处世、修身养性、治军行政、治国安邦的历史经验与教训，其间并没有多少他自己原创的东西。

对于孔子的名言"温故而知新，可以为师矣"，南宋大儒朱熹的解释在较长一段时期被看作经典注解，他说："故者，旧所闻。新者，今所得。言学能时习旧闻，而每有新得，则所学在我，而其应不穷，故可以为人师。若夫记问之学，则无得于心，而所知有限，故学记讯其'不足以为人师'，正与此意互相发也。"② 从普遍的文化意义上看，一切历史事件的文化构成都是后人可资借鉴的"故"。但按朱熹的解释，"故"具体可以分为两类：一类是"故"的历史文本形式，即《诗》《书》《礼》《易》《春秋》等以及成文的典章制度，主要以知识的形式传播；另一类是"故"的非文本形式，是指体现在社会行为中的礼仪习俗，主要以经验的形式传

---

① 孔子：《论语·述而》，李泽厚译注，中华书局 2015 年版，第 87 页。
② （宋）朱熹：《大学·为政第二》，欧阳玄主编《四书集注》，海南出版社 1992 年版，第 72 页。

播。由于孔子"信而好古，述而不作"，所著所述大多为古代圣贤之言及历史经验总结，古代的文化典籍就成了孔子之"故"的主要组成部分。"故"自身不会产生新，因为"新"的产生要依赖于主体的创新意识和其所处的特定情境，但是"故"必有某种品质才能使主体"知新"，这种品质就是"故"中所体现出来可以传承到后世的历史经验，以及为孔子认可的文化典范。

据此，朱熹提出："所谓'温故而知新'。须是知新，日日看得新方得。却不是道理解新，但自家这个意思长长地新。"又曰："读后去，须更温前面，不可只恁地茫茫看。须'温故而知新'。须是温故，方能知新。若不温故，便要求知新，则新不可得而知，亦不可得而求矣。"由此可见朱熹强调的是常读常新，是能够读出与前面不同的新意。

后面的"可以为师矣"亦有两解：一是这样的人才可以为师；二是自己做到这个程度，才可以为人师。前者着重知人，后者强调修己，这两解意义并不相同，但两者之间并不冲突，可以兼备这两重的意义，使得自己的人格更为完整。但如果站在前述"为师"的意义之角度来看，孔子这句话的主要意思还是以修己的自我期许来解释较为妥当。

当代学者鲍鹏山对以上解释有不同看法，鲍鹏山认为一般之理解，"故"为"旧知识"，"新"为"新知识"。朱熹《论语集注》："故者，旧所闻。新者，今所得。"钱穆《论语新解》："故字有两解。一曰：旧所闻昔所知为故，今所得新所悟为新。一曰：故如故事典故。《六经》皆述古昔，称先王。知新谓通其大义，以斟酌后世之制作，如汉代诸儒之所为。"依此二位的解释，"故"的理解，一般指已发生之事实，包括已有之结论或主张，已为社会所认可之价值观。故"故"解释为旧知识问题不大，而"新"，无论是从朱熹所说的"每有新得，则所学在我，而其应不穷"，还是从钱穆的"知新谓通其大义",解释为"新知识"都问题多多。[①]

何为"知识"?一言以蔽之,知识是"对于事实的认知",知识包含两个元素,一为"事实",是知识的对象;二为"已知",是知识的时态。则所有的知识,都是已经被认知到的"事实"的符号化,"知识"一旦产生,就是"过去完成时"的"故",日常人们所说的"新知识""旧知识"云云,只是就某个具体的人了解记诵这些知识的时间先后而言,而非针对知识本身而言。比如,"孔子是春秋时期人"这句话,就是知识,因为它包含了"事实"和人们对这个事实的"认知"。这个知识,或对于这个事实的认知,在孔子时代即已"完成",生活在 21 世纪的一个学生,他可能今天才获知这个"事实",对他而言,当然是"新近获知",但这个知识并不是"新知识"。一言以蔽之,所有的"知识",都是"故","新知识"这个概念,只有在"新近获知"这个意义上才能成立,在"新的知识"这个意义上,是不成立的。

而孔子心目中的老师,当然不是那些以探究自然或人类历史未知奥秘为职业的人,而是那些能够判断价值的人,所以,他的"知新",不会是指一个老师每天从事于认知事实的工作,恰恰相反,他心目中的老师,包括他本人,每天所做的,是探究和传播"道","道"不属于"事实"的范畴,而是属于"价值"的范畴。所以,孔子这里的"温故而知新",是指一个人建立在先王圣贤价值观(所谓"旧")基础上对新问题、新现象能做出正确的价值判断。其实,有道德价值判断力,能对世间人、物作价值判断,是教育的根本使命之一。[②]

---

① 参见鲍鹏山《温故而知新》,《光明日报》2013 年 3 月 15 日,第 15 版。
② 同上。

综合起来看，"温故而知新"可以有四种解释。一为"温故才知新"，温习以前学过的知识，并且由其中获得新的领悟。二为"温故及知新"：一方面要温习典章故事，另一方面要努力学习新的知识。三为，温故，知新。随着自己阅历的丰富和理解能力的提高，回头再看以前看过的知识，总能从中体会到更多的东西。四为，是指通过回味历史，可以预见并解决未来的问题。合并理解这四种解释，在阅读活动中，要尽量广泛阅览文化典籍，反复思考其中的含义，对已经听闻的文化知识，也要时常复习，能有心得、有领悟；并且要尽力吸收新知，如此融汇新旧、贯通古今，方可称是"温故而知新，可以为师矣"。

如前所述，孔子的"温故知新"观点是在特定的时空条件下针对不同的对象、具体的人事的特定言说方式，但其中包含统一的思想纲领、哲理，即"吾道一以贯之。"① 因此，要完美阐释孔子这"温故而知新"的审美内涵，唯一的办法就是通过特定的历史语境具体分析，并且在不同的历史语境中有不同的诠释。通过历史典籍中记载的孔子与学生们的对话，我们不难看出孔子及其弟子们是如何"温故知新"的。其内容如下。

其一，发现"故"中所包含的抽象意义与新情境、新话题的契合。例一，子贡问曰："贫而无谄，富而无骄，何如?"子曰："可也。未若贫而乐道、富而好礼者也。"子贡曰："《诗》云：'如切如磋，如琢如磨'，其斯之谓与?"子曰："赐也，始可与言《诗》已矣！告诸往而知来者。"② 这段话的意思是说，子贡问孔子："贫穷而能不谄媚，富有而能不骄傲自大，怎么样?"孔子说："这也算可以了。但是还不如虽贫穷却乐于道，虽

---

① 李泽厚译注，《论语·里仁》，中华书局2015年版，第41页。
② 李泽厚译注，《论语·学而》，中华书局2015年版，第2页。

富裕而又好礼之人。"子贡又问："《诗》上说，'要像对待骨、角、象牙、玉石一样，切磋它，琢磨它'，就是讲的这个意思吧?"孔子说："赐呀，你能从我已经讲过的话中领会到我还没有说到的意思，举一反三，我可以同你谈论《诗经》了。"例二，子夏问曰："'巧笑倩兮，美目盼兮，素以为绚兮。'何谓也?"子曰："绘事后素。"曰："礼后乎?"子曰："起予者商也，始可与言《诗》已矣!"① 即子夏问孔子："笑得真好看啊，美丽的眼睛真明亮啊，用素粉来打扮啊。这几句话是什么意思呢?"孔子说："这是说先有白底然后画画。"子夏又问："那么，是不是说礼也是后起的事呢?"孔子说："商，你是能启发我的人，现在可以同你讨论《诗经》了。"从这两例看，诗文内容本身并不包含子贡、子夏所悟出来的意义，但是经过他们的问答思辨之后，抽象的"切磋""琢磨"与具体的君子修养产生了相通。同样，"素"与"绘事"、仁（道）与礼在"先后"这一层面上产生了相通。古文献与新情境在抽象意义上的相通体现的是它对人的道德启发价值。前一例是引《诗》证理，是"知新"后"征故"，赋予了"故"新的含义;而后一例是论《诗》而得新意，"故"是缘起，"新"是意义的联想，是真正的"温故"后"知新"。

其二，"故"在新情境中作为证据的运用。例一，或谓孔子曰："子奚不为政?"子曰："《书》云:'孝乎! 惟孝，友于兄弟，施于有政。'是亦为政，奚其为为政?"② 有人对孔子说："你为什么不从事政治呢?"孔子道："《尚书》上说:'孝呀，只有孝顺父母，友爱兄弟，并把这种风气影响到政治上去。'这也就是从事政治呀，为什么一定要做官才算从事政治

---

① 李泽厚译注，《论语·八佾》，中华书局2015年版，第25页。
② 李泽厚译注，《论语·为政》，中华书局2015年版，第13页。

呢?"例二,孔子谓季氏:"八佾舞于庭,是可忍也,孰不可忍也?""三家者以《雍》彻。子曰:'相维辟公,天子穆穆',奚取于三家之堂?"① 周朝时候的乐舞,天子用八行,每行八个人,叫作八佾。诸侯六佾,大夫四佾。各个不同,不允许擅自越级。当初周成王为了奖励周公对国家的贡献,特别赐他天子礼乐用来做周公庙的祭祀,其后的公爵人等都由此僭用,已经属于失礼了。季氏是鲁桓公的子孙,他在家庙中祭祖,也僭用八佾之舞,所以孔子批评说:礼仪最为严格的无非是名分,罪过最为严重的无非是僭窃。祭祀的时候,由祭祀人的爵位而定,这是周朝的定礼。季氏本来氏大夫,只能用四佾之舞,今天却用八佾之舞在家庙的庭院祭祀,这是以大夫之身僭天子之礼,是王法所不容的,必须受到惩罚,作为臣子,没有比这更大的罪过了。三家指春秋时鲁国当政的孟孙氏、叔孙氏、季孙氏三家,孟孙氏、叔孙氏、季孙氏三家在祭祖完毕撤去祭品时,也命乐工唱《雍》这篇诗。孔子认为"相维辟公,天子穆穆",助祭的是诸侯,天子严肃静穆地在那里主祭命乐工唱《雍》这篇诗。这种祭祀方式,怎么能用在三家大夫的庙堂里呢? 在这两例中,孔子引用了《书》《诗》中的句子,来论证自己的观点。

这样,"温故"本身没有产生新的意义,但是这种旧意却是参与新情境、新观点的言说,对于当下的情境来说,它们是有生命力的。所以这种情况无疑也是一种"温故知新",或者叫作"知新而证故"。

其三,"故"在新情境中的被修正和改造。例一,子疾病,子路请祷。子曰:"有诸?"子路对曰:"有之。《诔》曰:'祷尔于上下神祇'"子曰:

---

① 李泽厚译注,《论语·八佾》,中华书局2015年版,第25页。

"丘之祷久矣。"① 整段话的意思是，孔子得了急病，子路为他进行祈祷，孔子问他：有这事吗？子路回答说：有啊。祈祷词是：请求天上地下的神灵都来保佑您。孔子说：一直以来我都在祈祷。孔子的意思是说，我一直都在祈祷但还是得病，你为我祈祷应该没有什么作用。例二，子曰："麻冕，礼也；今也纯，俭。吾从众。拜下，礼也；今拜乎上，泰也。虽违众，吾从下。"② 麻冕：一种礼帽，纯：黑色的丝，俭：省俭，泰：高傲轻慢。古人用绩麻做礼帽，依照规定，要用二千四百缕经线。麻质较粗，必须织得非常细密，这很费工。若用丝，丝质细，容易织成，因而省俭些。臣见君，先在堂下磕头，然后升堂又磕头，这是合于传统的礼的。今天大家都免除了堂下的磕头，只升堂后磕头，这是倨傲的表现。虽然违反大家，我仍然主张要先在堂下磕头。在第一例中，子路"知新而证故"，为祈祷寻找证据，而孔子反对这样做，但又不愿直接批评子路，故用"丘之祷久矣"，委婉地表明了自己的态度。显然，对于"请祷"这一习俗传统，孔子在自己所处的新情境中，是采"不取"的态度。而在第二例中，孔子对于传统礼制有坚持、不坚持之区分，这就涉及孔子面对新的情境的选择标准问题。麻冕变纯，虽俭，但不伤及礼，所以他从众；而拜上之泰则违背了"拜"这一礼的根本，所以，他选择"从下"。同样是"故"制，孔子在新的情境下，选择在自己看来合于礼的方式或改造，或废弃，或保留。这无疑是对"故"的一种灵活运用。

也不仅是孔子善于"温故知新"，他的学生子贡在《论语》中也是一个"温故知新"的高手。《论语》里有一段记载，表明他通过孔子的教诲，

① 李泽厚译注，《论语·述而》，中华书局 2015 年版，第 87 页。
② 李泽厚译注，《论语·子罕》，中华书局 2015 年版，第 117 页。

已深得"温故知新"之妙：冉有曰："夫子为卫君乎？"子贡曰："诺。吾将问之。"入，曰："伯夷、叔齐何人也？"曰："古之贤人也。"曰："怨乎？"曰："求仁而得仁，又何怨！"出，曰："夫子不为也。"①

要了解这段对话，首先要大概地了解一下当时卫国的形势。卫国在国君辄即位后，他的父亲还在与他争夺王位，而当时孔子恰在卫国，所以冉有这一问，但他又不便直接询问孔子，因此在私下向子贡询问。可巧的是这样的事又恰好与古人伯夷、叔齐两兄弟的让位形成了对照。因此子贡便拿伯夷、叔齐的事来向孔子探询，而孔子的回答，让子贡明确了夫子的立场，所以子贡非常肯定地对冉有说："夫子是不会帮卫君的啊。"由此，我们也可以看到，孔子对事情的判断，基本上是基于"仁"与"礼"，对合礼、合仁的事就去行之，否则就要反对之。

在《论语·子张》中记载："卫公孙朝问于子贡曰：仲尼焉学？子贡曰：文武之道，未坠于地，在人。贤者识其大者，不贤者识其小者，莫不有文武之道焉。夫子焉不学？而亦何常师之有。"② 卫国的公孙朝问孔子的学生子贡说：孔子的学问是从何处学来的呢？子贡回答说：周文王和武王的教化成就，并没有完全失传，而是散布于世间。有才德的人能把握住其中重要的部分，普通人则能掌握住末节的部分，世间其实无处看不到文王和武王的教化成就啊。因此我的老师在何处不曾学习过呢？又何必需要有固定的老师呢？也就是说，孔子的学问是通过学习先贤的教化成就、文武之道领悟出来的。也就是说，孔子对于传统礼制有坚持、不坚持之区分，在不同的历史语境中分别有不同的诠释，他是以一个历史文化传播者和解

---

① 李泽厚译注，《论语·述而》，中华书局 2015 年版，第 87 页。
② 李泽厚译注，《论语·子张》，中华书局 2015 年版，第 268 页。

说者的身份存在的。

荀子：君子博学 知明无过

儒家文化的另一代表性人物，"性恶论"倡导者荀子，在他的《劝学》篇，针对一个人的学习提出了许多很有意思的观点，其中有许多与现代教育理论有着相似之处，例如有一个很有意思的观点"学不可以已"，意谓学习应持之以恒，不可中辍，即人一辈子也不能停止学习，这其实就是现代的终身教育理论。但如果有人要继续追问下去，人为什么要一辈子学习？荀子的回答是很明确的："君子博学而日参省乎己，则知明而行无过矣。"① 这句话的大意是说，君子知识渊博且每天都自我检查，那么就会更加聪明而行动也不会有过错了。

"君子博学而日参省乎己，则知明而行无过矣。"荀子其实是要借此说明人的学习目的，是要做到"知明而行无过"，即通过不断学习提高自己的聪明才智，使自己的行动少犯或不犯错误。对此，荀子进一步展开说明："吾尝终日而思矣，不如须臾之所学也。吾尝跂而望矣，不如登高之博见也。登高而招、臂非加长也、而见者远；顺风而呼、声非加疾也，而闻者彰。假舆马者，非利足也，而致千里；假舟楫者，非能水也，而绝江河。君子生非异也，善假于物也。"这段话的意思是说，我曾经整日地思索，却不如片刻之间所学到的知识多；我曾经踮起脚后跟向远处眺望，却

---

① （战国）荀子：《劝学》，《荀子选译》，雪克、王云璐译注，巴蜀书社1991年版，第2页。

不如登上高处看得广阔。"吾尝终日而思矣，不如须臾之所学也"，这是从"思"与"学"的关系角度，以自己的切身体会，强调"终日"时间长，"须臾"时间短，在对比中说明了"学"的重要。在这一段话里，作者也用了五组比喻，先用"吾尝跂而望矣，不如登高之博见也"来喻证"吾尝终日而思矣，不如须臾之所学也"，说明学习的作用。接着用日常生活中常见的一些情况组成四组比喻：登高而招、顺风而呼，假舆马、假舟楫（假：假借，借用），来喻证"君子生非异也，善借于物也"。这四组比喻说理的逻辑是很严密的。登高而招、顺风而呼，用自然之物作比；假舆马、假舟楫，用人为之物作比，这样举例就很全面而严密，说明"假物"是一个很普遍的现象，可见作者对喻体作了精心的选择。而登高而招、顺风而呼，假舆马、假舟楫，它们都能获得见者远，闻者彰，致千里，绝江河这样良好的效果。而这种效果的获得，并非人本身固有的条件有什么特异：臂非加长，声非加疾，非利足，非能水，条件很普通很一般。之所以取得特异的效果，是因为借助了登高、顺风、舆马、舟楫的缘故，也就是"善假于物"，凭借了外界条件的帮助。由此便可以合乎逻辑地推论出，君子之所以能成为君子，不是君子的天赋本性跟其他人有什么不同，而是因为君子善于借于外物；君子所以善"思"，是因为他善"学"。这里特别强调的是"知明而行"与"善假于物"，"明"不学何知？物不学焉能"善假"？这就需要在学习方法上下功夫，换言之，学习即为人、修身、处世的基础与凭借。作者巧妙地把自己的观点寓于比喻之中，借助于人和自然的辩证关系达到不言自明的效果。这段文字的高明之处还在于，作者在运用比喻说理时，兼用比较的方法，让读者在思考判断中决定如何取舍。开头"跂而望"与"登高见"比较，前者所见不如后者"博"，自然舍前而取后。同样，"终日思"与"须臾学"比较，前者不如后者多，当然也会舍"思"而取"学"。

不过，荀子《劝学》中的"君子博学而日参省乎己，则知明而行无过矣"，对此句中"参省"一词的理解，学者们历来有不同看法。归纳起来，主要有以下两种观点。其一，参省：参（cān，动词），验，检查，做动词解；省，省察，反省。其二，参省：参（sān，量词），同"三"，表多次，做量词解；省，反省。

人民教育出版社全日制普通高级中学教科书（必修）《语文》第一册采用的就是第一种说法，认为"参省"即是检查、省察的意思。但这种解释值得商榷。

其实，在对《荀子·劝学》各种不同的注释、解释里，学者们对"省"意义的解说基本一致，没有太大分歧，即"省"为反省、省察之义。歧义问题只出现在"参"字的解释上，即作为动词的"参"还是作为量词的"参"存在争议。

在《荀子》以及之后的古文献作品中，"参"除了读为"cān"表"参验"的意义外，还有"三"的读音（《广韵》：苏甘切，平谈心。侵部）。当"参"读为"三"时，其意义和用法与"三"相同。在我国古代文献之中，"参"用作"三"的情况极为常见，历代均有实例出现过，如：

（1）以此参之，万不失一。（《史记·淮阴侯列传》）

例1是说"以此作为参验，万无一失"。

（2）参稽治乱而通其度。（《荀子·解蔽》）

例2是《荀子》中的语句，《汉语大字典》在"比勘、验证"条目下所引用的例文。杨惊注曰："参，验也。"王先谦云："疏通参验稽考度制也。"将"参"字释为"参验"。

（3）参分天下而有其二。（《后汉书·光武帝纪第一》）

例3 "参分天下"，陆德明《经典释文》云："参，七南反，又音三。"是说把天下分成三份，占有其中的两份。

以上例证说明"参"在古文中有不同用法，但并不足以证疏"参"在荀子《劝学篇》中的本义，我们还需要从其他的认知途径对此进行更深入辨析。

例如，古人言谈或写作时常常引用历史典故（古人通常把具有权威性的著作称为经，把标准和法则称为典，把有出处的词句称为典故。用典，也叫"用事""援引"，是引用的一种），即引用古人的历史事迹或古代典籍中的言语词句，来证明自己的论点或表达自己的思想感情，这在历史典籍中是一个较为普遍的现象。

当代学人著述时的许多典故就来自以前的经书经传，在遣词组句写作文章的时候，也经常要用到字典或是词典，以便文字规范表达清晰准确无误。经过细心的斟酌安排以后，在言词方面也能更为贴切更为典雅，即具有书卷气。典故引用分为明引和暗引两大类。荀子的《劝学》中两者都经常用到，如：

（1）"南方有鸟焉，名曰蒙鸠，以羽为巢，而编之以发，系之苇苕，风至苕折，卵破子死。巢非不完也，所系者然也。"

蒙鸠，又名鹪鹩、桃雀、巧妇鸟。灰色，有花斑，善于编巢。它常取茅草、芦苇、羽毛等材料，用头发丝或麻缕编织鸟巢，鸟巢大如鸡蛋，非常精巧，故人称其为巧妇鸟。鸟巢或造在树林里，或造在芦苇丛中。荀子看到有只蒙鸠编了一个精美完好的巢，却把巢系在苇苕（tiáo，芦苇新生的嫩条，顶端开花）上，大风吹来，苇苕折断，鸟蛋摔破了，小鸟也摔死了。卵破子死的悲惨结局并非因为鸟巢不完美，而是因为系巢的地方不好。荀子很强调后天的学习与环境。他从蒙鸠的遭遇中总结出了这样的人生哲理："故君子居必择乡，游必就士，所以防邪僻而近中正也。"

（2）"《诗》曰：'尸鸠在桑，其子七兮。淑人君子，其仪一兮。其仪一兮，心如结兮。'故君子结于一也。"

这是《劝学》里直接引用《诗经·曹风·尸鸠》中的诗句。鸠即布谷鸟，吴代陆玑撰《毛诗陆疏广要》说："鸠，鸤鸠也。今谓布谷。"诗歌的意思是说："布谷鸟住在桑树上，精心喂养它的七只小鸟。那些善人君子啊，坚持道义一个样。坚持道义真专一，思想就像打了结。"作者是用布谷鸟喂养小鸟来劝喻君子学习时要把精神集中在一点上。荀子借此来说明自己"君子结于一"这一观点的事例，文章在引用过程中，交代了语句的出处，让读者一看便知。如对此处理解有障碍，还可查找原文进行对比研究。这种情况称为明引。

暗引就完全不同了。由于文中所引用的与原文出入较大，并且未交代所援引历史文献的相关材料，如作者、出处等，这就给我们识别其是否用典制造了一定障碍，甚至有时会因此产生理解上的偏差。这样，读者就应当在阅读过程中，尽量把典故出处的原作找出来进行对照，以便对作者引用它的目的、意义和用法有更深刻而正确的理解。

在荀子《劝学》和古代文献中，使用暗引这一方式也是很普遍的现象，历代的书籍、篇章等中均有出现。如：

（1）狂夫之言，圣人择之（清刘开《问说》）。此句原出自《史记·淮阴侯列传》，广武君曰："臣闻'智者千虑，必有一失；愚者千虑，必有一得'。故曰'狂夫之言，圣人择焉'。顾恐臣计未必足用，愿效愚忠。"后被历代所采用。《旧唐书》与清方浚师的《古典旧文》、清纪昀《四库全书总目提要·子部总序》所引与此完全相同，而《问说》则与原文有一字之差。

（2）危人而自安，害人而自利（《荀子·正论篇第十八》）。"危人而自安，害人而自利。"最早见于《太上感应篇》："危人自安，减人自益。"《荀子》在引用时加了虚词"而"。后又被他篇所引，如《旧唐书》引曰："危人自安，盖亦多矣。"

此类情况，荀子《劝学》一书中俯拾皆是。荀子《劝学》篇中的"日参省乎己"就属此类。近代学者王先谦的《荀子集解》引唐朝杨倞注云："参，三也。曾子曰：吾日三省吾身。"王先谦对此解释说："荀书自作而日参省乎己。参、三义同。《群书治要》作而日三省乎己，易参为三。与杨注义合。"① 根据杨倞的注释，再追溯"日三省吾身"一语的出处。"日三省吾身"出自《论语·学而第一》，原文为："曾子曰：'吾日三省吾身。为人谋而不忠乎？与朋友交而不信乎？传不习乎？'""日参省乎己"与"日三省吾身"句式完全相同，其中的"己"与"吾身"意义相同，也就是说二者只是用词形式上有所变化而已，表达的思想并未改变，因此构成用典。《论语》是儒家经典著作，作为万世师表，《论语》中的许多经典词句经常被世人所引用，荀子对此作知晓的精细程度，自不必言。于是，当荀子在《劝学》一文谈到博学、修身问题时，信手拈来头脑中已有的精辟语句表达自己的思想理念，这是很自然的事情。与今天我们写作文章过程之中引用典故、成语无异。

如果将"参"按照"参验"之意来理解，则"参省"构成一组同义复词。构成联合式合成复音词的两个词素意义相同或相近，表义上处于并列地位的词，叫作同义复词。如土地、道路、手足等。而"参省"作为固定组合形式，在之前的其他书籍中未见出现。这就使我们很难将其确定为

---

① （清）王先谦：《荀子集解·劝学》，中华书局 1988 年点校本，第 2 页。

一个同义复词，甚至不能确定其为词。而将"参"解释为"多次"，与"省"作为词组来理解和阐释则更顺理成章。

另外，通过文本阅读，我们不难发现《劝学》的语言主要是韵文结构。古人在表达某种特定心情时常使用这种结构。如：

"夫功者难成而易败，时者难得而易失；时乎时，不再来。愿足下详察之。"①

这是蒯通劝说韩信反汉一段话中的最后几句。"时乎时，不再来"中的"时"与"来"上古同属叠部，可以押韵。司马迁此处使用了方便运用、容易表达的韵文，就使蒯通劝说韩信时的紧迫神情跃然纸上。

同样，"博学而日参省乎己"同下文的"则知明而行无过矣"也是一组韵语。《劝学》旨在论述学习的重要性，所以本文的上下句均采用这种韵文结构来表达。如果将"参省"作为同义连用来理解，则不符合音律要求，因上句"博学而日参省乎己"为八个字，下句"则知明而行无过矣"去掉连词"则"为七个字，这样就不如改为"博学而日参（或省）乎己，则知明而行无过矣"感觉更好一些。"日参（省）乎己"与"行无过矣"以四对四，词句完整，表义简便明了。但作者并没有删掉其中之一的"参"或"省"，这就明确地告诉我们"参省"并非同义连用，"参省"二字缺一不可，否则整句意义的表达就不够充分、不够明了。

总之，"日参省乎己"是引用《论语》之语。"参省"之义不是"参验、反省"，而是"多次反省"引申义为经常反省。在阅读和研究古文献时，经常会遇到用典这一情况，这时就需要多方面、多角度的去考释、论证、辨别，以求结论准确。如不详加分析，很容易就造成理解上的失误。

---

① 司马迁：《淮阴侯列传》，王禹翰主编《史记全本》，万卷出版公司 2016 年版，第 139 页。

此句就可见一斑。①

《论语》记载，曾子继承孔子的学习观，云："吾日三省吾身，为人谋而不忠乎？与朋友交而不信乎？传不习乎？"他每天多次检查自己，是否有需要改进的地方。荀子认为，人性本恶，但可以通过后天的学习、教育来增长积累知识，修养品德，培养才干，形成君子人格，达到"善"的圣德境界。后天的学习对人格的形成有决定作用，不仅要积累各方面的知识，博览群书，还要虚心严谨，坚持每天省察自己的言行，做到"知明而行无过"，才是道德节操高尚的有德君子。我们要严格要求自己，既要学习各方面的知识，又要经常反省自己，发现错误就立即改正，不断在学习与实践中提高自己。

现代西方：从实证主义、解释学到接受美学的阅读观

在西方，中世纪以前，人们也并不在乎文学作品的作者究竟是谁，当时的文学创作活动主要也是一种集体行为。16 世纪时，人的个体意识开始觉醒，西方的神学统治开始动摇，人的独立价值得到肯定，于是创作文学作品的人——作者开始受到重视，对作者的创作研究也开始进入理论研究发展阶段。由于自然科学发展和影响，人们重视事物的确定性和实证性，相应地在思想上也出现了实证主义哲学。实证主义创始人孔德，把社会发展归纳为神学（即虚构）、形而上学（即抽象）和科学（即实证）三个阶

---

① 参见周坤、朱立华《〈劝学〉中"参省"释义辨》，《文学教育》2007 年第 7 期。

段，并相信"实证"即科学是人类思想发展的最后阶段。受"实证"主义哲学方法的影响，在文学研究上，作者被视为社会某一家族成员的代表，要了解作家作品，必须推及他的家人以及他的社会生活环境。这就好比考察生物物种的演变，必须了解生物物种群的来龙去脉。对此，丹纳在《艺术哲学》中进行了概括，他说："要了解一件艺术品，一个艺术家，一群艺术家，必须正确的设想他们所属的时代的精神和风俗概况。这是艺术品的最后解释，也是决定一切的根本原因。"① 由此他提出实证解释的三要素是：时代、种族、环境。

"实证"主义的文学研究方法，对我国现代学者产生了一定影响，如胡适研究《红楼梦》时，就是采用了实证主义的方法。郁达夫也曾经多次说到，文学作品是作家的"自叙传"，由作家推及家族、种族，以及他们的文化背景、地理环境和气候条件，反之亦然。可以说，在这种自然科学研究观影响下形成的"实证"主义文学研究方法，促成了作者理论的形成和发展，后来的传统解释学理论，正是建立在"实证"主义的基础上，把重建、恢复作者原意作为传统解释学的目的，传统解释学创始人施莱尔马赫提出"哪里有误解哪里就有阐释学"② 著名论断。他认为，造成文学误解的原因有二：一是由语境变化所引起的语义变异所致；二是不了解作者的心理及其个性所致。因此，施莱尔马赫明确提出了恢复作者原意的两种文学解决方法："语法解释"和"心理解释"。

"语法解释"又被称作"客观的"文学解释，因为它排除了作者的主观因素对文学创作可能产生的积极影响，试图借助语言文字这个文学作品

---

① ［法］丹纳：《艺术哲学》，傅雷译，人民文学出版社 1986 年版，第 7 页。
② ［德］施莱尔马赫：《1819 年讲演纲要》，《理解与解释——诠释学经典文选》，洪汉鼎译，东方出版社 1990 年版，第 58 页。

的中介桥梁，达到理解作者原意的目的。施莱尔马赫一共归纳出44条语言规则，其中最重要的有两条：第一，"每一在一给定文本中需要充分确定的东西，只有参照作者与他最初的公众共有语言领域才能确定"；第二，"在一段给定的文本中每个词的意义，只有参照它与周围的词的共存才能确定"。根据他的语言规则第一条要求，在文学活动中，要把公众使用语言的共同习惯，与作者个体所使用的语言相对照，从中确定作者语言的习惯用法，以此确定词义，即作者原意。第二条要求依据词语系统来确定一个词的意义。即单个词的意义是与文中其他词语相关联的，必须置放在上下语境中才能确认。

"语法解释"确定的词义，还只是文本语言的表层意义，尚未达到作者所要表达的深层意义。这就需要通过"心理解释"方法来完成。"心理解释"又称"技术解释"。施莱尔马赫认为：因为文本的历史距离，与文本相关的历史背景知识发生了变化，要恢复作者原意，必须重建作者的心理个性和历史情境。这就要求解释者排除自己的思想观念，放弃个人的见解，以此超越时空的障碍，才能通向已逝作者的精神世界。这就是说，人的精神主题具有相同性，解释者和作者的精神可以超越时空实行相通，解释者只要能够消除误解和自我意识的障碍，就能够与作者实现心理转换，即解释者以我之身心，替代他人之身心。这样就能超越文字，顺利进入作者的生活精神世界，从而发掘出文本的深层意义。

就"语法解释"和"心理解释"的关系而言，两种研究方法实际上是经常发生矛盾、互不相容的，因为语言作为人类情感交流的工具，具有以下两个明显特征：一是语言的公共性，语言交流的双方必须共同遵守一定的语法、句法、约定俗成的语言规则，语言的传达理解才成为可能；二是语言使用的个人性，要把个人的思想感情生活感受充分表现出来，就必须突破语言的共性，表现出个人使用语言的独特性，这样属于个人的思想情感才能充分表达出来。"语法解释"强调的是语言的公共性，极力排除个人性。而心理解释要放弃语言的公共性，关注语言的个人性。于是读者一旦面对一段文学文字，立即就面临着一个这种循环论证的困难：一部作品的整体，要通过个别的词和词的组合来理解，可是个别词的充分理解又假定已经先有了整体的理解为前提。这样一来，整体需要通过局部来了解，局部必须在整体联系中才能得到了解，两者相互依赖、互为因果，构成了一切的文学解释都摆脱不了的困境，即所谓的"阐释的循环"。这种循环不仅存在于字句和全文之间，而且存在于作品的内容与各个细节的含义之间。

人们解释一部文学作品，往往把作品中主要细节连贯起来作为论据，作为全篇的意义，可是这些细节能相互连贯起来，却是先假定了全篇的基本意义作为前提。如唐代诗人李商隐的《锦瑟》：

"锦瑟无端五十弦，一弦一柱思华年。庄生晓梦迷蝴蝶，望帝春心托杜鹃。沧海月明珠有泪，蓝田日暖玉生烟。此情可待成追忆，只是当时已惘然。"

根据《李义山诗集辑评》中的记载，朱彝尊认为这是悼亡诗，据此他对作品细节进行解释："瑟本二十五弦，弦断而为五十弦矣，故曰'无端'也，取断弦之意也，'一弦一柱'而接'思华年'，二十岁而殁也。蝴蝶，杜鹃，言已化去也。珠有泪，哭之也；玉生烟，已葬也，犹言埋香瘗玉也。"何焯则认为："此篇乃自伤之词，骚人所谓美人迟暮也。庄生句言付之梦寐，望帝句言待之来世。沧海，蓝田，言埋而不得自见；月明，日暖，则清时而独为不遇之人，犹可悲也。"另据宋代诗人黄庭坚说："余读此诗，殊不晓其意。后以问东坡，东坡云：此书《古今乐志》：锦瑟之为器也，甚弦五十，其柱如之。其声也，适，怨，清，和。案李诗'庄生晓梦迷蝴蝶'，适也；'望帝春心托杜鹃'，怨也；'沧海月明珠有泪'，清也；'蓝田日暖玉生烟'，和也。"这几种不同的文学解释，都能对诗歌的具体形象分别做出各自解释，这些解释又反过来支持和证明了不同的读者对全诗主旨的不同解释。

西方学者施莱尔马赫也认识到了这种"循环论证"的困难：考虑共同语言就会忘记作者个性语言；而理解个性化的作者语言又必须忘记共同语言。法国哲学家利科尔因此特地指出："不仅一类解释排除另一类解释，而且各自需要不同的才能。"①

以回到作者原义为理想目标的传统解释学，实质上是希望把握住永远不变的、正确而又绝对权威的意义，任何偏离这一意义的理解和阐释都可用误解这两个字一笔勾销。这种解读态度在具体的文学活动中是很普遍的，例如我国清朝的仇兆鳌在其《杜少陵集详注》中，就有这样的说法："注杜者，必反复沉潜，求其归宿所在，又从而句栉字比之，庶几得作者苦心于千百年之上，恍然如身历其世，面接其人，而慨乎有余悲，悄乎有余思也。"在中国近代文论里，这番话可以说是对西方传统解释学的一个十分精彩的表述。所谓"反复沉潜""句栉字比"，正是对解释循环的生动描写，而"得作者苦心于千百年之上，恍然如身历其世，面接其人"，则是指明了文学解释的目标。可是，这种希望超越千百年以上的时空距离，使读者的自我与作者的自我合二为一的理想，能否通过文学活动得到证明呢？文学解读者即便排除了一切主观偏见后得到了作者用心良苦，除了解

①　［法］利科尔：《解释学与人文科学》，王逢振等编《最新西方文论选》，漓江出版社1991年版，第45页。

读者的直觉和自信，又有什么客观办法能够证明这个结论是属于作者本人而非属于读者的一厢情愿呢？

从认识论的角度看来，追求恒定不变的作者原意，并把它作为绝对标准，就像追求永恒的绝对真理一样，也只能是人类的一种天真幻想。人类在社会发展中逐渐形成的科学知识，也不能穷尽真理。对文学作品的认识和人类对整个自然与社会的认识一样，永远不会有止境，每一次新的文学解读活动总会有新的文学发现。解释学要达到完全不带主观成分的"透明的"文学解读，而把属于解读者自己的社会历史环境看成是文学活动的障碍之一，认为这是产生误解和偏见的根源，例如文学论证，由局部和整体构成论证的循环，被证明的东西成了证明的前提。于是，作为认识论的解释学在论证方法上遇到了很难克服的困难，据此，有人认为传统的解释学是一种"天真的阐释学"。在文本阅读这一点上，他们强调的是"文学批评者或读者在解读文学文本的过程中，在其对文学语言及其所营构的艺术世界的正确理解和独特把握的基础之上，对文学文本所做出的一种准确而独到的解释评价的行为。"① 其目的是正确理解作品的含义，把解释过程作为弄清作品含义的过程。

德国现代解释学者海德格尔认为，文学解释不只是一种文字评议技巧，他把传统解释学由认识论转移到本体论的研究领域，对传统解释学的"循环论证"提出了新的看法。在他看来，任何存在都是在一定时间空间条件下的存在（即定在），超越人们的社会历史环境而存在是不可能的。存在的历史性决定了理解的历史性：我们理解任何东西，都不是用空白的

---

① ［德］施莱尔马赫：《1819 年讲演纲要》，《理解与解释——诠释学经典文选》，洪汉鼎译，东方出版社 1990 年版，第 58 页。

头脑被动地接收，而是使用活动的意识去积极参与，也就是说，解释是以我们已经先有、先见、先把握的东西为基础的。这种意识的"新结构"，是理解和解释总带有解释者自己的社会历史环境所决定的成分，所以不可避免地形成解释的循环。在海德格尔看来，"理解的循环并不是一个把任何种类的认识都可以在其中运行的圆，而是定在本身存在的先结构的表现"①。这就是说，解释不是一种恶性循环，而是认识过程本身的具体表现。换言之，认识过程永远是一种循环过程，但它不是固定不变的圆，不是没有变化和进步的，所以，"具决定性意义并不是摆脱这循环，而是以正确方式参与这循环"②。

任何对文本的解释，都受解释者先有、先见、先掌握的"前理解"的左右。用现代另一位解释学专家伽达默尔的话来说，解释的"一切必要条件中的首要条件，总是一个人的前理解"③。只要是人在理解，那么总会产生的理解。正如西方人所谓的"一千个读者就有一千个哈姆雷特"，便是这个道理。那么，进一步的问题是，这"前理解"到底是什么呢？可以说，一个解释者的"前理解"包括很多东西，但按照海德格尔的理解，最重要的是历史文化传统。他认为，每一个解释者都生存于特定的历史文化范围之内，不是解释者占有他的历史文化传统，而是历史文化传统占有了解释者，并限定了解释者进行解释的范围与目标，使解释成为可能而获得意义。从传统文化的历史承载角度看，人类社会的不同民族，由于各自的地理环境、生存条件、历史形成、种族特点等方面存在的种种差异，因而

---

① ［德］海德格尔：《存在与时间》，陈嘉映、王庆节译，生活·读书·新知三联书店1987年版，第182页。

② ［法］利科尔：《解释学与人文科学》，王逢振等编《最新西方文论选》，漓江出版社1999年版，第45页。

③ ［德］伽达默尔：《真理与方法》，洪汉鼎译，上海译文出版社1999年版，第335页。

形成了各自不同的文化情结，大致归纳起来，有的是宗教文化情结，有的是种族文化情结，有的是政治文化情结，有的是地域文化情结，等等。不同的文化情结，必然会呈现不同的文化特点，也就必然会产生不同的文化立场，从而催生出不同的文学观念，当他们面对着同样的一个文学解读对象，必然会得出不同的文学解读结论。诚如沈德潜在《唐诗别裁集》中所说："古人之言，包含不尽，后人读之，随其性情高下，各有心会。"① 例如，同是一部杜少陵（杜甫）诗，"兵家读之为兵，道家读之为道，治天下国家者读之为政"②。如果用单一的文化立场标准来规范这些不同文化情结，其结果必然是使文学解读的无穷乐趣变更为僵化的固定结论，这种对文学本质的单一规范也必然会导致对人类世界文明的一种破坏。具体到每一个个体的人，作为一个文学解读活动的参与者，他的人生经历、文化程度、性格爱好、审美情趣、理想追求等因素必然会在他的文学解读活动中产生或大或小的影响，最终影响到他的文学解读结论。清代学者章学诚就认为："文章的妙处，贵在读者的自得。如食品甘美，衣服轻暖，各自领会，难以告人。只能让人自己去品味，自会得到甘美的味道；自己去穿着，自会产生轻暖的感觉。"③ 从这样的文化立场角度去看，只有相互尊重不同历史承载条件下形成的文化传统，而不是用自己认可的文化观念去强行规范他人的文化传统，这样才有利于文学活动的健康发展，才能够使文学活动百花齐放不至于变成一枝独秀。

每个解释者的"前理解"的不同，基本上是受历史文化传统中某一方

① （清）沈德潜：《唐诗别裁集·凡例》，刘福元、杨新我等点校，河北人民出版社1997年版，第1页。

② （清）薛雪：《一瓢诗话》，引自詹杭伦《论杜甫律诗的意脉结构》，《杜甫研究学刊》2009年第4期。

③ （清）章学诚：《文史通义·文理》，中华书局1994年版，第95页。

面的不同所致。如果一个人完全没有中国历史文化的积淀，就不能寻找到解释这首诗的必要的前提和参照系，也就完全不能解释这首诗。这样，海德格尔所倡导的现代解释学在"解释的循环性"这一点上，与传统解释学强调的"解释的绝对性"有了根本的区别。从传统的解释学角度上看，意义或真理早已存在于文本之中，是作者赋予和给定的，因而，解释的意义是固定不变的，解释是为了认识作者的本意，是为了找到作者有意通过文学创作来表达的意义世界。而在现代解释学看来，意义或真理是在解释的过程中不断生成的，因而意义是不确定的，解释是为了更好地参与文学的意义解释，是为了表明自己的文学态度和"此在"的立场。因此，解释的意义总是会因为读者的"此在"条件的不同而呈现一定的差异性。为此，海德格尔指出："如果当世内存在者随着此在之在被揭示，也就是说，随着此在之在得到领悟，我们就说，它具有意义。"① 他的意思很明确，文本的意义不存在于客观存在的作品之中，而是取决于解释者对"此在之在"的揭示和领悟。

因为在央视《百家讲坛》上讲解《论语》而引起学界广泛争议的于丹，便是一个置他人研究成果不顾，而只从"自我"角度讲解《论语》的典范。她在《论语心得》的"天地人之道"中讲到《论语》的"己欲立而立人，己欲达而达人"，说一个人能够从身边小事做起，推己及人，这就是实践仁义的方法。由此她又举了一则哲学小寓言，说一个国王每天都在思考三个问题：在这个世界上，什么人最重要？什么事最重要？什么时间做事最重要？最后，他从治下的一个老汉那里得到了答案：在这个世界

---

① ［德］海德格尔：《存在与时间》，陈嘉映、王庆节译，生活·读书·新知三联书店1987年版，第185页。

上，最重要的人就是眼下需要你帮助的人，最重要的事就是马上去做，最重要的时间就是当下，一点不能拖延。于丹接过这个故事，紧接着说"这个故事，又可以做《论语》的注脚"①。看到这里，我们就不由感到困惑和不可理解，国王思考的在这个世界上什么人最重要、什么事最重要、什么时间做事最重要的三个问题，怎么变成讲"己欲立而立人，己欲达而达人"的《论语》的注脚了？难道孔子讲"己欲立而立人，己欲达而达人"就是为了告诉人们在这个世界上什么人最重要、什么事最重要、什么时间做事最重要？这个结论恐怕许多研究孔子的学者都无法认同。说白了这就是于丹个人的观点，是她从自我认知的角度领悟出来的结论。

那么，我们就要追问一下，为什么于丹会得出这么一个与大多学者不一样的研究结论呢？因为于丹是理想主义的快乐心理学家，所以她就以她的快乐心理学来解读中国古代一切文化经典。所以于丹读《论语》，她就会说"《论语》的真谛，就是告诉大家，怎样才能过上我们心灵所需要的那种快乐的生活"；所以于丹读《老子》，她就会说《老子》是快乐生存的智慧；所以于丹读佛教，她就会说"觉悟"的"悟"的意思就是发现自己的心。在她眼中，一切都是心灵愿望，一切都是温暖快乐。所以她在《于丹论语心得》一开始的"天地人之道"中写道："论语告诉大家的东西永远是最简单的。说白了，《论语》就是教给我们如何在现代生活中获取心灵的快乐，适应日常秩序，找到个人坐标。"②

那些认可于丹观点的学者，并不否认于丹的《论语》解读常常有意不扣紧孔子的原意，或者无视孔子文章上下文的逻辑关系，有些甚至是歪曲

---

① 于丹：《论语心得》，中华书局 2007 年版，第 24—26 页。
② 同上书，第 3—4 页。

了孔子的原意，他们只是认为，与学术规范、知识积累相比较，文化的普及与经典的传播更为重要，如著名学者李泽厚称于丹"是做普及化平民化的工作，她并不是专门研究孔子的专家学者，她只是在宣传孔子的思想，有点相当于西方的布道士。她自己也承认是布道嘛……不要用专家学者的标准来要求她"①。李泽厚这位新儒学代表人物的言外之意，于丹《论语心得》的传播有利于儒家学说的散布与发扬，而只要孔子思想吸引民众，便足以有益世道人心，都是对社会福祉的贡献，不必追问那是不是"被改造后的孔子"。

所以，传统解释学把文本阅读视为认知活动，认为任何一个文本只能有一个"唯一正确的意义"，这个"意义"是作者通过文学创作有意给定出来的，读者在阅读活动中要注意克服自己的主观成见，以求做到与作者原意相符的客观评价。而在现代解释学看来，文本阅读其实是一种对话活动，读者通过与文本对话来寻找文本的意义，在不断的寻找文本意义过程中，读者的"此在"立场在一定程度上规范着读者的文本阅读结论，文本的意义世界也因为读者"此在"立场的积极介入而呈现不确定性和多义性。于是，文本的意义也因为一代代读者的主动性对话而不断被重新修改和认识。

从这样的认知角度看，传统解释学的文本意义是静态的、固定不变的，它所倡导的文本阅读，所要寻找的是能够被大家共同认可的统一结论；而现代解释学的文本意义是动态的，永远处在不断变化之中，它所倡导的文本阅读，所要追求的是读者个体的自我理解，是从文学阅读的对象

---

① （记者）张建：《李泽厚访谈：他们是精英和平民之间的桥梁》，《南方周末》2007 年 3 月 22 日，第 1 版。

那里找到自己，即通过理解他者来理解自己。所以，在一定意义上，现代解释学的文学解读活动，追寻的是"自我的理解"，也就是"在寻求理解的基础上，使自身体验与文本的意义同化，参与文本意义的建构，从而化文本的意义为自我的意义，化文本的世界为自我的世界，从'他人的世界'（文本）中发现'自己的世界'，在'你'之中发现'我'，这就是古人所说的'我与文化，文与我化'的境界"①。

在海德格尔的现代解释学思想影响下，伽达默尔建构起了自己的哲学解释学，他的长篇巨著《真理与方法》，成为现代解释学最有权威性的经典文献，推进了"读者中心论"解释学的系统化发展。为此，伽达默尔被称作现代阐释学之父。

首先，伽达默尔用奠基于读者历史性的"视界融合"来对抗施莱尔马赫旨在消解读者历史性的"心理移情"。伽达默尔谈道："我面临一个抉择——应是'在心理上重建过去的思想'，还是'把过去的思想融合在自己的思想中'？——我决定反对施莱尔马赫而赞成黑格尔。"② 如前所述，在施莱尔马赫的"作者中心论"诠释学中，读者的历史性被视为妨碍理解把握作者原意的消极因素，被千方百计地排除在理解之外，对文本阅读问题获得了一种崭新的见解。在谈到黑格尔关于精神以一种更高的方式在自身中把握了艺术的真理的思想时，伽达默尔明确指出："黑格尔在这里说出了一个具有决定性意义的真理，因为历史精神的本质并不在于对过去事物的修复，而是在于与现时生命的思维性沟通。"③ 在他看来，读者对文本的阅读并不是一种向作者原意的回溯运动，相反，它是一种借助于文本而

---

① 曹明海：《当代文本解读观的变革》，《文学评论》2003 年第 6 期。
② ［德］伽达默尔：《科学时代的理性》，薛华等译，国际文化出版公司 1988 年版，第 2 页。
③ ［德］伽达默尔：《真理与方法》，洪汉鼎译，上海译文出版社 1999 年版，第 221 页。

实现的此在的存在方式，因此，问题的关键不在于把握作者的原意或重建作者的思想，而在于如何在理解中实现过去真理与现时态生命的思维性沟通。理解的过程，实际上是读者从自己的历史性出发去解读文本，并在与文本的思维性沟通中形成文本意义的过程，简言之，理解的过程也就是意义的创生过程。由于读者的历时态变化，文本在被阅读过程中获得的意义也处于不断的流动之中。任何文本都是向着读者的历史性敞开和开放的，正是在作者和读者这两种视界的不断融合中，文本自身的意义才被不断创生和更新。所以，伽达默尔强调，"本文的意义超越它的作者，这并不只是暂时的，而是永远如此的。因此，理解就不只是一种复制的行为，而始终是一种创造性的行为"①。这样，在伽达默尔的哲学解释学中，理解的中心就从作者以及作者的原意转向了读者以及读者的历史性，读者的阅读及其历史性因素成了决定文本意义的真正关键。

其次，伽达默尔通过对读者历史性的重要表现形式——"先入之见"（或称"偏见"）之合法性的强调，从根本上消解了"心理重建"的可能性，为"读者中心论"进一步提供了依据。在传统解释学者施莱尔马赫和狄尔泰所代表的"作者中心论"那里，读者由于自身的历史性存在而形成的见解，通常被视为阻碍读者理解文本的"偏见"而遭到贬斥。在他们的传统解释学中，读者被要求在进入文本的阅读时毫无保留地排除自己的历史性和主观见解，以实现对作者原意和思想的客观重建。而现代解释学者伽达默尔认为，"这实际上是历史主义的天真的假定，即以为我们必须置身于当时的时代精神中，我们必须以它的概念和观念，而不是以我们的概

---

① ［德］伽达默尔：《科学时代的理性》，薛华等译，国际文化出版公司 1988 年版，第 338 页。

念和观念去思考，并以此追寻历史的客观性"①。其实，无论是读者与作者之间的时间距离，还是由此带来的读者与作者的不同的历史性，都是一种客观的存在，或者换句话说，是读者所无法彻底摆脱的自身存在方式的一个方面。在他看来，占据读者意识的"先入之见"并不是读者可以自由支配的，也就是说，不是通过所谓的"心理移情"可以加以克服的，实际上在我们的理解活动展开之前，以"传统"的面目出现的"先入之见"已经先在地占有了我们。文本赖以栖身、理解赖以展开的语言，本身就是一种传统的负载物，当读者的理解在语言之中展开时，"先入之见"已经必不可免地渗入其中。当然，传统并非一成不变，"传统并不只是我们继承得来的一种先决条件，而是我们自己把它生产出来的，因为我们理解着传统的进展并参与到传统的进展中去，从而也就靠我们自己进一步规定了传统"②。依此而论，不同时代的读者，处于传统之流的不同河段，拥有自身独特的历史性，有着各自独特的"先入之见"，并以此为契机在对文本的新的阅读之中推进着传统。伽达默尔主张，"时间距离并不是某种必须被克服的东西……事实上，重要的问题在于把时间距离看成是理解的一种积极的创造性的可能性"③。因为读者和作者之间的时间距离不仅使作者、文本和读者相互区别，而且使它们相互联结，时间距离联结着陌生性和熟悉性两极，因而得以成为历史和读者所生活的时代的中介，成为理解得以发生的条件。同时，时间距离"使得文本逸离了它们赖以形成的那个短暂的情境，在历史中获得了一种普遍的意义，使它们自身所拥有的特殊性上升

① ［德］伽达默尔：《论理解的循环》，《伽达默尔集》，严平译，上海远东出版社1997年版，第46页。

② ［德］伽达默尔：《时间距离的诠释学意蕴》，《哲学译丛》1986年第3期。

③ ［德］伽达默尔：《真理与方法》，洪汉鼎译，上海译文出版社1999年版，第381页。

为普遍性"①。进而，这种普遍性又借助于读者对文本的阅读而与现时态的存在相连接，产生出文本的创生性意义，所以间距又可以视为意义的生长域。"先入之见"作为主体将文本与现时态存在连接起来的必要条件，作为理解过程得以发生的必要因素，对意义的创生也有着不可或缺的作用。所以，在伽达默尔的现代解释学中，"时间距离"和"先入之见"获得了合法的地位。

伽达默尔在海德格尔"此在"解释学的导引下，彻底实现了解释学从"作者中心论"到"读者中心论"的转变。在这里，理解活动的中心从作者转向了读者，以往被认为危害理解的"时间距离"、读者的"历史性"和"先入之见"等要素，堂而皇之地栖身于理解过程之中，并成为决定文本意义的关键。甚至理解本身也不再被视为把握作者原意的认知方式，而成了读者自身的存在方式。

伽达默尔认为，文本的含义有历史相对性和个人相对性，读者作为一个"主体"、作为"我"，把文本当作"您"，向它提出问题。文本的含义是由读者个人那特殊的暂时视界和个人视界联合决定的。把阅读活动和读者反应引进了文艺研究和评论领域。从作品的"过去和现在的对话"中，理解作品的含义。认为解释不是主观性行为，而是过去和现在的互相融合。历史对象不是纯粹的客体，还包含着主体对客体的理解。同时他认为，解释学不是任何意义上的方法论，而是要探究理解和解释现象的本质和特征，以及得以发生的条件和普遍规律。他强调理解的历史性、有限性，指出正因为理解行为具有这一不可或缺的"前结构"，它所产生的意义便不会是纯客观的，而是带有主体"成见"的新的意义，理解过程绝不

---

① 潘德荣、彭启福：《当代诠释学中的间距概念》，《哲学研究》1994年第8期。

会最终完成，而始终是开放的，有所期待，有所创新。理解活动是一个"视野融合"的过程：理解绝不是理解者完全放弃自我，而是从自我出发，与文本的视野汇合，从而不断扩展和丰富自己原有的视野，并最终形成一种过去与现在、传统与当下、文本与自我相互交流与补充的新的意识整体。在伽达默尔看来，"意义"以语言的方式存在，而理解也必须以语言的方式进行。语言的敞开和澄明始终是有限的、相对的、暂时的，而黑暗的、隐匿一切的、无意义的大地则是无限的、绝对的、永恒的。这决定了语言是解释学研究的"起源和归宿"。文学艺术是人对世界和自身存在的理解与体验的表达方式，文艺的本质归根结底在于人的存在的有限性和精神超越性需要之间的对立与互补，存在的有限性不可避免地导致生命超出这种有限性的无限渴望，而精神的超越性则在于它扬弃这种渴望表达的目的性和功利性而将其形式化。因为只有形式化的创造活动，才能把人的存在体验从一次性的时间流逝中保留下来，积淀下来，使其得以反复进行下去。

以姚斯为代表的接受美学文论很明显受到现代解释学的影响，但他们在研究中发现，没有读者介入的文本只是一种准文本，文本的审美价值在读者参与之前并没有真正实现。也就是说，读者的阅读行为在接受美学看来，是把它当作一种文学批评的方法，运用它来发现作品内在的价值和意义，并予以独特的意义阐释和揭示，由此来理解文本的人生世界和意义世界。这样，所谓的文本阅读活动，已不再是一种指向客体世界的对象性活动，而是一种主体间的精神交流活动与现象。正是基于这种认识，接受美学对"文本中心论"观点进行了激烈的抨击，确定了以读者（受众）为中心的接受理论。1967年姚斯《文学史作为文艺理论的挑战》的发表，标志着这一理论趋于成熟。他从文艺研究角度考察了文本的历史本质，认为任何文艺文本的历史本质不仅在于具有再现与表现的功能，而且呈现在文本的历时性与共时性统一的影响过程中。从根本意义上讲，文艺文本是注定为受众而创作的，读者是文本阐释的真正主体。姚斯的接受理论还昭示了文本演变自身的调节规律，这种调节不仅包括文本与接受者在相互作用中的意义生成，而且包括读者的接收与评介对文本作者创造性活动的反馈检验与推动。他强调读者接受具有远比文本创作及文本客体性阐释更为重要的社会价值与现实意义。正是读者的解读和阐释，才打破了文本意义结构的封闭形式，使其未定点获得了活生生的具体化，读者阐释结构与文本结构互为主体，相互阐释，相互生成。正如姚斯本人所言："读者本身便是一种历史的能动创造力量。文学作品（文本）历史生命如果没有接受者的能动参与介入是不可想象的。因为只有通过读者的阅读过程，作品才能够进入一种连续性变化的经验视野之中。"文学作品并非是一个对每个时代的每个观察者都以同一面貌出现的自足的客体，它也不是形而上学地展示其超时代本质的纪念碑。文学作品像一部乐谱，要求演奏者将其变成流动的音乐，只有阅读，才能使文本从死的语言物质材料中挣脱而拥有现实的生命。其本质在于，人总是通过文本与潜在于文本中的作者进行"对话"。这样，人与文本的关系，就变成了"我与你"的关系。通过对文本的理解与阐释，文本创作与文本阅读活动不再是互不相连的两个方面。诚如姚斯所言："在这个作者、作品（文本）和大众的三角形之中，大众并不是被动的部分，并不仅仅作为一种反应，相反，它自身就是历史的一个能动的构成。"①

在现代解释学看来，历史是过去、现在和将来之间的一种文化对话，

---

① ［德］姚斯、［美］霍拉勃：《接受美学与接受理论》，周宁、金元浦译，辽宁人民出版社1987年版，第24页。

在阅读中应尽力清除实现这种对话的障碍。解释学倾向于集中研究过去的作品，认为批评的主要作用是认识经典的作用。在批评实践中，现代解释学经常探讨的课题是：作品原文的意思是什么，作者的意向与这种意思有什么样的联系……在接受美学看来，这些研究已远远超出了文字诠释的范围。

阅读中的经典，并非仅属于过去的独立自足的东西，读者也非外在于经典的旁观者。经典的永恒不仅仅在于超越具体的时空限制，还在于经典作为阅读对象，自身是在人的参与和观照下不断涌现出新的意义，在新的历史条件下不断呈现其存在的种种可能性。"经典的真理并不是现成不变的恒常存在，如果没有人的参与，真理就无处呈现和生成，作品的意义也就无法传承和延续，经典的真理和意义的发现及展开，是一个与人的生存相关联的永不止息、永不封闭的过程。"① 现代解释学还认为，"文学经典之所以能够成为经典，就是因为这类作品会召唤我们在其中逗留更长的时间并发现更多的意义"。这是一种典型的现代解释学的观点，注重人和文本的互动。通常的关于什么是经典的解释，都是执着于经典本身，挖掘经典内在的价值和意义。这个方法，更多地是一种判断。这种判断是一种外在于文本的判断，判断的标准来源于社会生活中的人们的具体的理念。而现代解释学的关于什么是经典的回答，不是根据一种外在的判断，而是人和文本的亲和度，是一种内在的方法。看上去现代解释学好像简化了问题，但实际上问题的纬度更多，赋予了阅读的丰富内涵。因为人和文本通过阅读所产生的认可程度，取决于阅读者和文本这两种因素，彼此互为依

---

① ［美］施莱尔·马赫：《诠释学讲演》，《理解与解释——诠释学经典文选》，洪汉鼎译，东方出版社 2001 年版，第 2 页。

存、缺一不可。而阅读者对文本认可的时间性和广泛性，决定了文本的经典性。这实际上是为经典作品的评价拓展了一个广泛的空间。现代解释学认为经典的重要性并不在于它属于过去，而在于它作为持续有意义的存在对我们言说，我们解释经典就是应对经典的言说，重新回答经典向我们提出的问题。作品的意义不是作者的意图，解释作品也不是重新体验和重新构造作者的生命，正相反，作品的意义在于过去与现在的沟通。理解的本质并不在于对过去事物的复制，而在于与现时生命的思维性的沟通。理解不是一种单纯重构过程，而始终是一种创造过程。从这个意义上看，完整的文学解释学不能回避文学作品本身的存在问题，它同样决定着人们如何去解释文学。在某种程度上可以说，对文学作品的本体论存在方式的理解，也决定着人们的文学阅读观念。① 而从接受美学的角度看，任何一部文学作品都有两极。一极是艺术性的，另一极是美学性的。艺术性的一极主要指向作者创造的文本，美学性的一极主要指向读者完成的文本意义。从这样的认识角度出发，我们才可以说，文学作品既不可能完全等同于文本，也不可能完全等同于文本的实现。因为文本只有在意义实现的时候才能获得艺术的生命，而文本意义的实现又离不开读者的主动参与。波兰学者英伽登就此解释说："我们必须清醒地看到，我们在两种情况下认识到的价值是属于不同范畴的，即作品自身的艺术价值和读者在具体化过程中创造的审美价值。由于作品在具体化过程中仅仅起到了一种纲要式框架的作用，具体化于是既包含了这一构造所固有的艺术价值，又包含了它在被阅读时获得的审美价值。"②

---

① ［德］帕尔默：《海德格尔的本体论和伽达默尔的哲学诠释学》，彭启福译，《安徽师范大学学报》2002 年第 3 期。

② 黄华侨：《英伽登的艺术存在论》，《同济大学学报》2010 年第 1 期。

第九章　追问意义

　　书是人类科学文化的载体，又是开拓知识领域的手段，在人类文明进步的发展进程中，书籍对文化知识的传播起到了不可替代的历史作用，因而古人有"开卷有益"一说。[①] 即只要打开书本阅读，就会有所得益。从传播人类文明的角度上看，每一个人在他的人生历程中都在不同程度上从书籍里受益匪浅。所以，人的成长离不开书籍的帮助。但是，任何文化知识的传播和接受，都具有一定的相对性，随着时代变迁和客观条件的变化，以及人类认识的更新和实践活动的深入，旧的知识学说也会出现它的局限性，原来证明是正确的，不一定永远正确，在新的条件下有可能就是错误的。例如在 20 世纪，由于科学技术的飞速发展，人们对真理的"相对性"有了更加深刻的认识，许多已被过去的社会实践证明是正确的科学定义和方法，在科学不断发展的今天又被证实为它所涵盖的范围是有限而不是无限的。"相对论"的创建者爱因斯坦提出的"不守恒的物理时空相

---

　　① （晋）陶潜：《与子俨等疏》："开卷有得，便欣然忘食。"（宋）王辟之《渑水燕谈录·文儒》："太宗（宋太宗）日阅《御览》三卷，因事有阙，暇日追补之，尝曰：'开卷有益，朕不以为劳也。'"

对关系"，就打破了曾被视为科学经典的英国科学家牛顿创建的"永恒物理时空观念"。也就是说，任何一种科学方法在它所属的特定领域里被证明是正确的，因而成为经典定义的同时，又在另外一些特定领域里表现出它的无能为力。科学的不断发展，帮助人们发现了科学自身的局限性，也粉碎了人们试图依靠现有的科学一劳永逸地解决一切问题的天真幻想，同时也粉碎了人们以往认为只要是真理，那么它在任何时候、任何领域都正确（即所谓的"放之四海皆标准"）的静态认识论。这样，意义的确定就由过去的一元哲学认识论向多元哲学认识论转变。在科学认识论的启发下，人们对文学的认识也就有了新的变化，文学阅读的意义不应是去追求得到一个封闭、固定的终极结论，而是要在参与文学实践的审美活动中，在与作者、文学文本和他人的文学审美情感交流中，健康和美化人们的精神生活，提高彼此的文学审美能力，共同促进文学事业的健康发展。

我国现代著名史学家顾颉刚先生在1927年2月为厦门青年作过一次演讲，演讲的题目就是"怎样读书？"他在演讲中说："我们的读书，是要借了书本上的记载寻出一条求知识的路，并不是要请书本子管我们的思想。所以读书的时候，要随处生疑。换句话说，就是读书的时候要随处会用自己的思想去批评它。我们只要敢于批评，就可以分出它哪一句话是对的，哪一句话是错的，哪一句话是可以留待商量的。这些意思就可以写在书端上，或者写在笔记簿上。逢到什么疑惑的地方，就替它查一查。心中想起什么问题，就自己研究一下。这样的不怕动手、肯写肯翻，便可培养自己的创作力。几年之后，对于一门学问自然就有驾驭运用的才干了。"在他看来，读书可贵之处在于思辨，思辨是一种深刻的读书态度，是一种全面、具体的读书方式。没有思辨就没有比较，没有思辨就没有鉴别，没有思辨就没有选择。知识并不等同于智慧，要真正使自己成为有智慧的人，必须学会批评。现实中为何有人被称"书呆子"？就是因为只懂读书不会思辨，结果书读多了，自己的思辨能力却渐渐丧失，只知按照书本知识办事，不知道与时俱进的社会发展规律，自然就成了生活中的书呆子。所以，书读得多，如果不用理性思维进行辨别消化，非但不能使我们通过读书变得聪明，而且会让我们因为偏听偏信而变得固执愚蠢。所以，在开卷阅读后，还要掩卷而思！

孟子：尽信书不如无书

"尽信书不如无书"，该观点出自《孟子·尽心下》："尽信《书》，则不如无《书》。吾于《武成》，取二三策而已矣。仁人无敌于天下，以至仁伐至不仁，而何其血之流杵也？"这段话的典故出自《尚书》引用的历史事件：商朝最后一个"君王"纣王的首都在朝歌，殷商末年，周武王继位后四年，得知商纣王的商军主力远征东夷，朝歌城内空虚，即率兵伐商。周武王率本部及八个方国部落军队，商纣王惊闻周军来袭，仓促调动京城的防卫兵士和战俘，开赴前线迎战。进至牧野，双方军队相遇，爆发了历史上著名的牧野之战。后来，《尚书·武成》篇记载此事说："受（纣王）率其旅如林，会于牧野。罔有敌于我师，前徒倒戈，攻于后以北，血流漂杆。"① 也就是商纣王派出来的抵抗部队与周军会战于牧野，但商军没有人愿意和周军为敌，前锋部队调转枪头反过来进攻商纣王，流的血连舂米的大木棒都给漂起来了。孟子阅读了《尚书·武成》一篇，对其叙述颇有感慨。孟子认为，像周武王这样讲仁道的人，讨伐商纣王这样极为不仁的人，怎么会血流成河，连舂米的大木棒都给漂走了呢？孟子不相信《尚书》中的这个血流漂杆记载，才说了上面这段话。他认为完全相信《尚书》，不如没有《尚书》。意思是提醒人们，读书时应该加以具体分析，不能盲目地迷信书本内容，而且把不可尽信的理由讲得十分清楚。

所以，孟子"尽信书不如无书"里所说的"书"，原意指的是《尚书》所记载的内容不可尽信，由此引申出来的正确理解应该是："尽信《书》，则不如无《书》。"他的意思不是让人们不要读书，是让人们不要不经判断就完全相信书本记载的内容，其关键是"尽信书"，即完全相信书籍。孟子意思是提醒人们，读书时应该加以具体分析，不能盲目地迷信书本。孟子认为，对于孔子整理过的历史经典著作，尚且不可尽信，何况其他？于是就有了提醒人们读书要认真思考、不要盲从的读书格言——"尽信书不如无书"。后来这个"书"的意思被扩大了，泛指任何学问都要经过自己的怀疑，都要进行思考和辨别，不能都听前人的或者别人的观点。

从人类文明进步的历史看，每一个时代有每一个时代的文化局限性，具体到每一个人，人们在表达对客观事物的看法时，难免会受到一定时代

---

① 殷商末年，周武王即位 4 年，得知商纣王的商军主力远征东夷，朝中空虚，即率兵伐商。周武王率本部及 8 个其他部落军队，进至牧野与商军相遇，爆发了历史上著名的牧野之战。后来，《尚书·武成》中一篇说道："受（纣王）率其旅如林，会于牧野。罔有敌于我师（没有人愿意和我为敌），前徒倒戈，攻于后以北（向后边的自己人攻击），血流漂杆。"

的文化局限性影响，这在传播文化知识的书籍中也会有所体现。所以，孟子才告诫人们不要完全迷信书本。

由上述可见，孟子当年发出此"尽信书不如无书"的感慨，是出于对《尚书》记叙内容可信性的怀疑。而《尚书》，是现存最早的上古时典章文献的汇编，是儒家文化创始人孔子亲自整理过的儒家经典文献，被列为儒家五经之一，在孔孟时代以及后来的历朝历代也是有着权威性地位的。因此，作为儒家文化传承人的孟子对于孔子整理过的儒家经典著作，尚且认为不可尽信，何况其他？

孟子这种对于文化经典著作保持独立思考、勇于怀疑的精神，尤其难能可贵，体现出一代圣贤的求实治学风范。可惜自孔孟之后，一些读书人多半早忘了孟子的这一教诲，不仅死读书，而且每每将文化先贤的言论语录集为经典，自己顶礼膜拜不说，还要求后代一生恭敬奉读，以从中体味其微言大义，找到"修身齐家治国平天下"的文化依据。

如果说，孟子对《尚书》的质疑，是基于生活常识做出的逻辑判断分析。那么，明代学者徐霞客对《尚书》关于"长江源头出岷山"的观点给予否定，则是来自他的实地考察。

《尚书·禹贡》是中国第一篇区域地理著作，里面有一段关于"大禹治水"的历史记叙："岷山导江，东别为沱，又东至于澧；过九江，至于东陵，东迆北，会于汇；东为不江，入于海……"① 意思是"大禹治水"从岷山开始疏导长江，向东另外分出一条支流称为沱江；又向东到达澧

---

① 《禹贡》是《尚书》中的一篇。作者说法不一，王国维在《古史新证》中认为《禹贡》为周初人所作；日本人内藤虎次郎提出战国末至汉初说；史念海在《论〈禹贡〉的著作时代》一文中，则据《禹贡》中有"南河""西河"之称，认定作者为魏国人；顾颉刚认为出自战国时秦国人之手。

水；经过洞庭湖，到达东陵；再向东斜行向北，与淮河会合；向东称为中江，流进大海。

这段话本意是说大禹治理长江，疏导水流从岷山开始，但也含有认为长江发源于岷江的意思，即岷江是长江源头。从汉代到明代一千多年的时间里，人们讨论长江之源，大多依据《尚书》中"岷山导江"的记载，认为"江源于岷"，即岷江源头的岷山是长江之源。

岷江就是这样被当作长江正源了，相反，长江真正的干流金沙江，却被人误认为是支流。东汉班固的《汉书·地理志》记录说："绳水出徼外至荆道入江。"这是说金沙江从宜宾进入了长江，这个记载没错。但是它错误地把金沙江仅仅当作长江的一条小的支流，这个记载是错误的。

班固《汉书·地理志》的这个记载，直接影响到了后来的学界。北魏时期，有一个伟大的地理学家，叫作郦道元，他写了一部《水经注》，也错误地相延着汉书地理志的记载，认为"岷山，即渎山也，水曰渎水矣。又谓之汶阜山，在徼外，江水所导也"[①]。他是肯定了"绳水出徼外至荆道入江"这个说法。

1641 年，明代著名地理学家徐霞客，溯金沙江而上，到川、青等地进行实地考察，发现金沙江是长江的上源，并写了《江源考》一书，推翻了过去"江源于岷"的错误观点，把长江的发源地认识大大地向前推进了一步。

徐霞客《江源考》："余按岷江经成都至叙今之宜宾，不及千里，金沙江经丽江、云南、乌蒙至叙，共二千余里，舍远而宗近，岂其源独与河异

---

① （北魏）郦道元：《水经注·下》卷三十三，史念林、曾楚雄等译，华夏出版社 2006 年版，第 628 页。

乎？……"① 即我考察岷江经成都到叙州府，不到一千里，金沙江流经丽江、云南、乌蒙府到叙州府，共有两千多里，舍弃远的却把近的看作本源，难道是它的源头唯独与黄河不同吗？

"河源屡经寻讨，故始得其远；江源从无问津，故仅宗其近。其实岷之入江，与渭之入河，皆中国之支流，而岷江为舟楫所通，金沙江盘折蛮僚谿峒间，水陆俱莫能溯……"② 黄河的源头屡次经过寻找探求，才找到它远处的源头；长江的源头从来无人向津，所以仅把那近处的支流作为源头。其实岷江流入长江，与渭水流入黄河一样，都是中国的支流，而岷江是舟船所通之处，金沙江盘绕曲折在蛮僚各族聚居的溪谷之间，水陆两路都无人能追溯。

"第见《禹贡》'岷山导江'之文，遂以江源归之，而不知禹之导，乃其为害于中国之始，非其滥觞发脉之始也。导河自积石，而河源不始于积石；导江自岷山，而江源亦不出于岷山……"③ 只见到《禹贡》中"岷山导江"的字句，便把长江的源头归属于岷江，却不知大禹疏岷导江，是因为它是为害中国的起点，不是长江滥觞发源的起点。疏导黄河起自积石山，可黄河源头不起始于积石山；疏导长江起自岷山，而长江的源头也不是源出于岷山。

遗憾的是，徐霞客为追溯长江源头，千里跋涉来到长江上游云南丽江，却因脚疾加重无法继续前行，最后由当地土司派人将他护送回江阴老家，来年徐霞客即在江阴去世。徐霞客根据实地考察所著《江源考》，一反《尚书·禹贡》"岷山导江说"，提出"江源金沙说"。但他因病未能继

---

① （明）徐弘祖：《江源考》，《徐霞客游记》，唐云校注，成都出版社1995年版，第806页。
② 同上。
③ 同上。

续沿金沙江上溯，也没有找到长江的真正发源地。徐霞客的"长江源头"观点在明末清初引起强烈反响。钱谦益为徐霞客立传，首肯徐霞客的"江源金沙说"。此后，学界或褒或贬，万斯同、胡渭、全祖望等持反对意见，而李绂、杨椿等则持肯定意见，众说纷纭。到了清代，即17世纪中叶，人们对长江上源的水系有了进一步认识，官府派人实地考察绘制的地图中，已绘出通天河、木鲁乌苏等河流，但对长江源头的认识还比较模糊。1720年，清朝皇帝康熙派专使探查黄河上源的同时，顺便考察了通天河上游。看到巴颜喀拉山南麓河流众多，密如蛛网，无法肯定哪一条河是正源，只好笼统地说："江源如帚，分散甚阔。"就是说那里的河流多得像扫帚，千头万绪，不知长江的源头究竟在哪里。

真正认识长江源头，还在新中国成立以后。1956年8月，由长江水利委员会组织人力到长江源头的曲麻莱等地实地查勘；1976年，长江流域规划办公室同有关单位组织考察队，对长江源头进行考察，考察发现长江有三个源头，南源为当曲，北源为楚玛尔河，中源为沱沱河。经过艰苦的工作，最后于1978年1月13日报道了考察成果，认为长江源头位于唐古拉山脉主峰各拉丹冬雪山西南侧的沱沱河，当曲河长度虽然略长于沱沱河，但相差无几，并因源头方向转向东南，不宜作为正源。

2008年，三江源头科学考察队再次对长江源头三大水系考察后认为，当曲长度比沱沱河长16.6公里，当曲的流量比沱沱河大5倍，当曲的流域面积比沱沱河多1.33万平方公里，同时河谷发育程度也相对好一些，唯有河流方向与长江主流方向不一致。经过综合对比分析，三江源头科学考察队建议把当曲作为长江的正源。由此长江源头探寻终告一段落。

孟子对《尚书》的质疑和徐霞客对长江源头的探寻，这两个例子告诉我们，对于历史文化典籍，也要抱着去伪求真的正确态度。的确，书本是我们人类拥有专利的知识读物，对很多人来说，还是他们崇拜的神圣对象。但是，如果我们完全信书，唯书本是从，轻则使个人成为书呆子，重则形成"唯书"的所谓"本本主义""教条主义"不良作风，误人误己，贻害后代。古典小说《三国演义》里，就有一出很有代表性的事例："诸葛亮挥泪斩马谡"，说的是三国时期，刘备的重臣马良（"白眉最良"）的弟弟马谡素有才名，得到诸葛亮赏识。刘备临终前曾叮嘱诸葛亮，马谡"言过其实，不可大用"。228 年，诸葛亮为实现统一大业，发动了一场北伐曹魏的战争。他命令赵云、邓芝为疑军，占据箕谷（今陕西汉中市北），亲自率 10 万大军，突袭魏军据守的祁山（今甘肃），并力排众议，任命参军马谡为前锋，镇守战略要地街亭（今甘肃秦安县东北）。临行前，诸葛亮再三嘱咐马谡："街亭虽小，干系甚重，倘街亭有失，吾大军皆休矣，汝虽深通谋略，此地奈无城郭，又无险阻守之极难。"并具体指示让他"靠山近水安营扎寨，谨慎小心，不得有误"。马谡不深入实地进行调查，仅凭兵书上说"凭高视下，势如破竹"，下令大军安营街亭山上。其副将王平提出异议："街亭一无水源，二无粮道，若魏军围困街亭，切断水源，断绝粮道，蜀军则不战自溃。请主将遵令履法，依山傍水，巧布精兵。"马谡不但不听劝阻，反而自信地说："汝莫乱道，孙子云：置之死地而后生。若魏兵绝我汲水之道，蜀兵岂不死战，以一可当百也，吾素读兵书，丞相诸事尚问于我，汝奈何相阻耶？"即马谡自幼通晓兵法，世人皆知，连丞相有事都会请教于我，而你王平生长戎旅，手不能书，知何兵法？接着又扬扬自得地说："居高临下，势如破竹，置死地而后生，这是兵家常识，我将大军布于山上，使之绝无反顾，这正是致胜之秘诀。"强行把大军营寨驻扎在山顶，结果被魏军切断水源，掐断粮道，导致军心涣散不战而败，致使诸葛亮兵出祁山的作战计划全盘落空，马谡自己也因兵败送交军法落得身首异处。①

这个例子告诉我们，书是要读的，但怎么读好书则是一门学问。

有句老话叫作"功夫在诗外"，细细想来不无道理。因为，书本身并没有告诉人怎样运用它，要运用它还得靠书本之外的东西。南宋陆游曾云："纸上得来终觉浅，绝知此事要躬行。"从书本得来的知识只有经过自己亲身实践，才能体会更深。光读书不实践，等于是别人在代替我们进行思维和实践。读书不能脱离实践，只有把读书与实践结合起来，才能获取真知。所以，最好的读书方法就是"行千里路，读万卷书"。

读书切忌对名人和书本的迷信态度，既要相信开卷有益，也要提倡尽信书不如无书。对任何书本，即使是经典文本也应该用自己的脑袋去研读，这是古代先贤对读书的正确诠释，但并不是让大家去怀疑一切文章的真实性。从治学的角度上看，文章不能一概求真，必须有所区分，至少在文史哲学科研范围内，不同学科的研究文章各有特点，不能套用一种标准进行学术评价，对史学应该求真实，对文学应该求意境，对哲学应该求智慧。例如，我们读杜甫的《茅屋为秋风所破歌》，绝不会在意杜甫是否真的生活如此窘迫，屋是漏的，被子是破的，小孩是否偷了他的茅草……也许生活事实未必这样，也许杜甫当时的生活还不至于如此窘迫，但这无损于此诗的文学价值，特别是他发出"安得广厦千万间，大庇天下寒士俱欢颜"的感叹，不仅诗歌韵律很美，人的精神境界也很高尚。这就是说，由于文学创作允许虚构，文学所描述的事情不一定是真的，因为它是诗，只要其表达的情感符合真实的原则就可以了，正如范仲淹写作的名篇《岳

---

① 建兴六年，属参军马谡先锋。谡舍水上山，举措烦扰，平连规谏谡，谡不能用，大败于街亭。众尽星散，惟平所领千人鸣鼓自持，魏将张郃疑其伏兵，不往逼也。(《三国志·王平传》)

阳楼记》，曾经有学者考证出范仲淹一生从没有到过洞庭湖，也从未见过岳阳楼，也就是说范仲淹仅凭想象就写出了千古名篇《岳阳楼记》。范仲淹可能从未见过洞庭湖和岳阳楼，但这无损于《岳阳楼记》是一篇千年不朽的传世之作。因为文章状景之多变，抒情之深沉，内在的情与外在的景巧妙地融合为一，其"先天下之忧而忧，后天下之乐而乐"的立言，忧国忧民之情跃然纸上。

总之，"尽信书不如无书"中的"信"，需要认真加以考证才能做出合理判断。我们不应该盲目相信任何书，要具体分析考证以后得出科学结论。还有一点很重要，就是考证后的结论并不是一成不变的，历史语境一改变，结论也会改变，所以考证是不断进行的，但是更多的时候我们要借助于通读所有相关的书籍来做出一个合理判断。所以"尽信书不如无书"和大量读书并不矛盾，关键是不要局限于某一观点，这样才有可能形成正确的判断。

读书贵有疑

"读书贵能疑，疑能得教益"，该语出自《格言联璧》①，这是一句留传甚广的读书名言。"疑"就是怀疑，就是强调学习要有怀疑的态度，不能对书本所说的东西深信不疑，要用辩证的方法看问题，发现错误要及时提出来。读书贵有疑的可贵之处，就是解放人的思想，提倡独立思考，在

---

① （清）金缨：《格言联璧》，吴茹芝编译，三泰出版社 2008 年版，第 11 页。

学习过程中敢于大胆地探索和追问。但是，提倡读书有疑，并非不从客观实际出发，违背科学原理地胡猜乱疑。否则，当疑时不疑，不当疑时又乱疑，那就可能在学习中得不到任何文化知识和长进，这绝不是治学过程中应取的科学态度。因此，读书不能墨守成规，不能一味地相信权威、相信书本，这样，书本才能越读越有收获！

这就是说，读书不能读死书，在读书过程中不光要记住书本知识，还要学会独立思考，形成自己的独立见解和判断。南朝人陆澄是个书痴，自幼好学，博览群书，行坐眠食，手不释卷，以知识渊博著称，陆澄顶头上司王俭自称博闻多识，然不如澄之博学。"俭集学士何宪等盛自商略，澄待俭语毕，然后谈所遗漏数百千条，皆俭所未睹，俭乃叹服。"①

陆澄一生最大的愿望是编撰一部《宋史》，但是直到去世也未能完成。"澄当世称为硕学，读易三年，不解文义，欲撰宋书，竟不成，王俭戏之曰：'陆公，书橱也。'"在古代，编撰史书，不仅需要渊博的知识，更需要独到的见识与判断，陆澄读书虽然博闻强记，但没有形成自己的独立见解和判断，所以写史心愿无法完成。王俭因此才笑话他，说他就是一个"书橱"，即不过是一个装了很多书的大书柜而已，根本不能活学活用。后代也因此把那些读死书、死读书的书呆子称作"两脚书橱"。

人的学习过程，就是一个不断提出问题、解决问题的过程。质疑，就是在掌握书中主要内容的基础上，提出自己不理解的问题，通过思考、查资料、请教贤者等方法，找出正确的答案，从而使自己的知识视野开阔而深入。它是"学—思—疑—问"学习心理规律的一个重要环节。质疑通常可以分为两种情形：一种是书本上已经提出并且基本上讲清楚的，这只要

---

① （南朝梁）萧子显：《陆澄》，《南齐书》卷三九，中华书局1972年版，第681页。

经过读书就可以解决的；另一种是经过自己独立思考提出来，还需用多方面的知识或借助于他人帮助才能解决的。这后一种疑问对我们的学习具有更重大的意义。因为只有提出问题，才有可能去进行思考，去读书寻求答案。因此，要学会读书，首先要学会质疑。在学习中发现疑问后，要花大气力去寻求正确的答案，这就需要认真读书。读书的正确过程应该是从不断质疑到解疑的过程。不要满足于现成的答案，要多角度地进行思考，更深刻地去掌握和理解知识。提倡读书质疑，就是要在陈善倡导的"读书出入法"基础上做到有疑而入，无疑而出。所以，质疑的过程不仅是提出问题的过程，也是解决问题的过程，谁善于质疑，谁就能够掌握读书的主动权。

虽然在读书过程中，由于文化背景、人生理想、审美情趣等方面存在的差距，读者与作者的情感沟通会存在着许多书不尽言、言不尽意的地方，但是在一定程度上来说，信书也就是信人，即相信写作者的情感表达和审美判断力，尤其是那些具有一定文化声誉的名人著作。对于一般人的文章，我们可以带着疑问攻读，而那些经典名家的书籍，许多读者就不敢对其书本观点进行质疑考证了，这样做的结果其实就是放弃了自己独立思考的权利，也在一定程度上影响到自己对真理的认知和判断。例如，著名的古希腊学者亚里士多德认为，不同重量的物体下落速度是不一样的，在亚里士多德之后的 1700 多年里，人们一直把亚里士多德这个观点当成不可怀疑的真理。一直到 16 世纪，年轻的科学家伽利略根据自己的科学推理，大胆地对亚里士多德的观点提出了质疑，并亲自带着两个重量不一的铅球登上著名的比萨斜塔做球体落地实验，他将两个重量不同的球体从相同的高度同时扔下，结果两个铅球同时落地，在众目睽睽之下证明了物体下落的快慢与物体的重量是没有关系的，伽利略由此发现了"自由落体定律"，也推翻了此前亚里士多德认为的重的物体会先到达地面、落体的速度同它的质量成正比的观点。由此揭开了"自由落体"运动的秘密。① 还有在天文学界，"地心说"统治了长达一千多年，天文学家哥白尼经过长期天文观测和科学研究，创立了更为科学的宇宙结构体系——日心说，从此否定了地心说的正确性。②

从历史文献角度上说，宋代是提出质疑读书法观点集中涌现的时代。宋人张载说："所以观书者释己之疑，明己之未达。每见每知所益，则学进矣。于不疑处有疑，方是进矣"③。这就是对书中的内容有所怀疑，不要盲目相信书中的内容。"于不疑处有疑，方是进矣"。另一宋代学者朱熹说："读书无疑者，须教有疑，有疑者却要无疑，到这里方是长进。"朱熹之后，许多学者的读书观点大多是朱熹观点的发挥，如明代陈献章说："前辈谓学贵知疑，小疑则小进，大疑则大进。疑者，觉悟之机也，一番觉悟、一番长进。"④ 这里指出了质疑与进步的关系，也即质疑对于理解的作用，他认为读书有疑能够促进人的学习理解。

---

① 不受任何阻力，只在重力作用下而降落的物体，叫"自由落体"。如在地球引力作用下由静止状态开始下落的物体。地球表面附近的上空可看作恒定的重力场。如不考虑大气阻力，在该区域内的自由落体运动是匀加速直线运动。其加速度恒等于重力加速度。虽然地球的引力和物体到地球中心距离的平方成反比，但地球的半径远大于自由落体所经过的路程，所以引力在地面附近可看作不变的，自由落体的加速度就是一个不变的常量。它是初速为零的匀加速直线运动。

② 地心之说，早在古希腊时阿里斯塔克就已提出，但始终存在着两条重大反理理由。哥白尼提出日心说，当时也未能驳倒这两条理由。第一条：如果地球绕日公转，为什么观测不到恒星周年视差？而这是地球公转的必然结果。哥白尼也只是用强调恒星遥远来回避这一困难。但要驳倒这条理由，只有把恒星周年视差观测出来，而这要到 19 世纪才能办到。布拉德雷发现了恒星周年光行差，作为地球公转的证据，它和周年视差同样有力，但那也是 1728 年的事了。第二条：如果地球自转，为什么垂直上抛物体仍是落回原处，而不是落到稍偏西的某一点上？这也要到 17 世纪伽利略阐明运动相对性原理及速度的合成之后才被驳倒。

③ （宋）张载：《经学理窟·学大原》（下），中华书局 1978 年版，第 286 页。

④ （明）陈献章：《与张廷实主事》（其十三），章沛：《陈献章哲学思想研究》，广东人民出版社 1984 年版，第 146 页。

强调读书有"疑"，方能有"悟"，由"疑"到"悟"，其演变，其升华，全在一个"思"字上。从思考、怀疑的过程中得到感悟，从艰苦奋斗中得到快乐。"有疑者，却要无疑"，也是读书明理的一大法门。要使"有疑者而无疑"，就要把死的书读成活的书，就要像明人鹿善继在《四书说约》中所说的那样"有字书，却要识没字理"。读书不能停留在字面上，而应理解包含在字里行间的深意，这就是吴承恩所说的"善读书惟其意，不惟其文"①的读书法，读书人当深悟之。意思是说善于读书的人，只关注书本的思想要旨，不片面追求其文采。这里讲的是读书方法，更讲了治学精神，充满了辩证法。读书无疑者，似乎一读便懂，其实是"打水漂"，浮在水面上，水下世界并不知晓。张载进一步指出："有可疑而不疑者，不曾学；学则须疑。""我们不论对于哪一本书，哪一种学问，都要经过自己的怀疑：因怀疑而思索，因思索而辨别是非；经过'怀疑''思索''辨别'三步以后，那本书才是自己的书，那种学问才是自己的学问。否则是盲从，是迷信。孟子所谓'尽信书则不如无书'，也就是教我们有一点怀疑的精神，不要随便盲从或迷信。"②读书要善于提出疑难，鼓励读者问难论辩，督促读者认真仔细和有条理地带着问题读书，以提高学习效果。

熟读的目的是精思。朱熹提出精思的要求，是"使其意皆若出于吾之心"。对于精思的方法，朱熹提出了"无疑—有疑—解疑"的过程。朱熹《学规类编》："读书无疑者，须教有疑。有疑者却要无疑，到这里方是长进。"他说："读书始读，未知有疑。其次则渐渐有疑。中则节节是疑。过

---

① （明）吴承恩：《射阳先生存稿·两汉书抄序》，故宫博物院图书馆1912年版。
② 顾颉刚：《怀疑与学问》，《初中语文》（鲁教版）八年级上册，山东教育出版社2008年版。

了一番后，疑渐渐解，以至融会贯通，都无所疑，方始是学。"这里所说的从无疑到有疑再到解疑的过程，即发现问题和解决问题的过程。无论是发现问题还是解决问题都是精心思考的结果。读书若能真做到既读得熟，又思之精，那么就真正把书读通了，而且会真正有收益。书刚开始读的时候，不觉得会有什么疑问，但是，读着读着，慢慢就会出现一些问题，读到一半的时候，每个小节都会产生疑问。再往下读的时候，疑问就会慢慢地被解决，最终达到融会贯通的程度。最后所遇的问题都被解决了，这才能称得上是学习。王筠也主张："时时请问之，令其善疑，诱以审问。"清代学者唐彪在《读书作文谱》卷2中更进一步提倡师生间的"驳问"："学生复讲书时，全要先生驳问，层层辩驳，如剥物相似，去尽皮方见肉，去尽肉方见骨，去尽骨方见髓，书理始见透彻，不可略见大意，即谓己是也。虽然，凡书不特弟子复讲时，师宜驳难，即先生讲解时，弟子亦宜驳问。先生所讲未彻处，弟子不妨以己见证之，或弟子所问先生不能答，先生即宜细思，思之不得，当取书考究。学问之相长，正在此也。切勿掩饰己短，支离其说，并恶学生辩难。盖天下事理无穷，圣贤尚有不知，何况后学！不能解者，不妨明白语学生：我于此犹未曾见到。如此则见地高旷，弟子必愈加敬之；不如此，反不为弟子所重矣。"不但强调教师启发，而且鼓励学生驳问，这种求学精神真是难能可贵。

读书要有怀疑精神，有智慧的人在学习知识的过程中，对一切事情都要有怀疑的精神，即使面对权威，也要有胆量去质疑。不会怀疑的人不会思考，只会人云亦云，没有自己的主见。一个不会怀疑的民族，只会慢慢退化，因为没有怀疑就不会有任何进步。怀疑更是学习上的推动器，因为有了怀疑，人们才能吸收更多的知识，更好地利用知识，只是一味地读死书的人，永远也学不到真正属于自己的知识。怀疑是创新的基础。犹太民族经常涌现出非凡的创新人才，这与他们民族的怀疑传统也有很大的关系。任何一项创新活动都是积极的思维活动，而思维都是从提问开始的。

读书最难得的是敢于质疑。达尔文敢于质疑上帝造人，于是有了《物种起源》；哥白尼敢于质疑托勒密，于是有了日心学说；爱因斯坦敢于质疑牛顿，于是有了《相对论》；王选敢于质疑比尔·盖茨，于是有了汉字照排系统……世界在一天天前进，社会在一天天变化，各种新的事物不断代替旧事物，新的理论也在不断地替代旧的理论、旧的知识。为什么新事物能代替旧事物，新理论能代替旧理论？归根结底是因为有"疑"在！因为新事物、新理论对旧事物、旧理论产生了"疑"，提出了它们其中的谬论与漏洞，并加以改正，就形成了新事物、新理论，敢于质疑，才能进步；敢于质疑，才有创新。怀疑的过程就是获得真谛的过程。但这个过程是个复杂的过程，在我们学习的过程中，有可能会出现与前人观点不一致的情况，这时，我们不能轻易放弃这个疑点，因为前人的观点不一定是正确的，他们也有犯错误的时候，我们要抓住疑点，考察验证，与大家不断地推敲揣摩，最后找出正确的观点；无论谁对谁错，在考察验证的过程中获取更多的知识。"要敢于提出自己的意见"，就说明了"疑"的重要性，与他人辩论是与非，从中领悟事物的真谛，则说明了怀疑的结果。

所以说，怀疑是一种基本的读书态度，也是一种勇敢的读书精神。读书时，要对书中的知识敢于怀疑，认真分析，这样才既能进入书中，又能跳出书外；既不盲目信古，也不轻信新学说。尤其是不能人云亦云，而要批判扬弃。古人曾这样总结："读书贵能疑，疑乃可以启信。读书在有渐，渐乃克底有成。"[①] 从古人对待学习的质疑态度上我们不难看到，提出的问

---

① （清）金缨：《格言联璧》，吴茹芝编译，三秦出版社2008年版，第11页。

题的价值和提问者本人的思考和素养有着密切的关系。实际上，学问越深厚的人越善于质疑，越会提出有价值的问题。

那么，"质疑读书法"对我们有哪些帮助呢？首先，它对开发思路有帮助。现代科学研究证明，从人的神经功能上看，疑点会促使大脑出现高度兴奋状态，随之产生一种"优势灶"，引起定向思维，也就是探研反射，从而使精神高度集中，获得最佳的读书效果。在这种状态下读书，能使人更加深刻地理解和掌握知识。

利用"质疑读书法"，能打破知识旧框框的束缚，促进新的发明和创造。我国著名的地质学家李四光说过："不怀疑不能见真理，所以我希望大家都采取怀疑的态度，不要为已成的学说压倒。"① 显然，质疑是读书中不可缺少的一种方法。质疑，能否定旧的传统观念；质疑，能产生新的科学理论。质疑读书法就是读书时要提出疑问，提出自己的观点，进行质疑。同时还要深入实践，通过实践解决疑问。也就是说，把书本上的疑点带入实践中，从实践中做出正确的判断。

数学家华罗庚在休息之余爱读唐诗，把它作为科学研究的一种精神调剂。他不光是读，还常就作品内容提出自己的疑问，唐朝诗人卢纶有一首《塞下曲》："月黑雁飞高，单于夜遁逃。欲将轻骑逐，大雪满弓刀。"华罗庚读这首诗时，心中觉得纳闷：群雁在北方下大雪时早已南归了，即使偶有飞雁，月黑又如何看得清呢？于是就做一首五言诗质疑："北方大雪时，雁群早南归。月黑天高处，怎得见雁飞！"此诗一经发表，立刻被许多报刊转载。

过了不久，又有一些学者提出反质疑。他们认为卢纶的诗是对的，而

---

① 引自陈喜乐、周济《试论作为思维形式的科学怀疑》，《厦门大学学报》1985 年第 1 期。

华罗庚的质疑是错的。理由是，唐朝时，许多边塞诗人都写过大雪天有飞雁的诗句。如高适写的"千里黄云白日曛，北风吹雁雪纷纷"，李颀的"野云万里无城郭，雨雪纷纷连大漠。胡雁哀鸣夜夜飞，胡儿眼泪双双落"。应该说，这样的反质疑有根据，也能让人信服。通过这件事不难看出，正确的质疑离不开丰富广博的知识。所以，请记住培根的名言："如果一个人从肯定开始，必以疑问告终。如果他准备从疑问着手，则会以肯定结束。"①

董仲舒："诗无达诂"

"诗无达诂"是中国古典文论中的一个影响甚大的观点，是西汉的董仲舒在《春秋繁露·精华》篇中提出来的：

"所闻《诗》无达诂，《易》无达占，《春秋》无达辞。从变从义，而一以奉人。"

董仲舒所说的"诗"，指的是《诗经》，"所闻"应当是指当时的社会人们普遍认同的一种观点，而"诂"则是人们对《诗经》词、句、意义的理解和解释；《易》即《周易》，"占"指"占卦"，"《春秋》无达辞"指的是"无法用言词将《春秋》的微言大义完全表达出来"；所谓"从变"，是指文学解读者可以依据自己所处的历史文化语境对《诗经》进行独创性解释，而"从义"则是在进行独创性解释时，要顾及诗歌全篇所表现的意

---

① 杨栩编著：《外国名人名言录》，新华出版社 1983 年版，第 27 页。

义世界。整句话综合起来理解，意思是说历来对《诗经》等历史经典文本的解释，没有一个能被大家普遍认可的解释结论，即大家可以按照自己的个人理解去解释《诗经》等历史经典文本，但在解释时不能断章取义，任意发挥。

有些学者在引用董仲舒这段话时，常常只强调前面三句话"所闻《诗》无达诂，《易》无达占，《春秋》无达辞"，有意无意地把后面的"从变从义，而一以奉人"省略掉，这是不合理的。① 董仲舒提出这个观点的本意，从字面上看，是指人们对《诗经》等历史经典文本的理解，无法通达于以今语解释古语，或是对《诗经》等历史经典文本所做的解释，只代表一己的个性化理解，无法得到众人的认可。换言之，任何一个文学文本，都没有一个固定不变的明确意义，也没有一个固定不变的合理解释，它总是要在社会不断发展的历史变革中，被后来者根据自己的历史文化语境进行新的解释。董仲舒的本意，其实是要为汉儒的经学文本解读活动设置一种历史语境的参照和理论上的依据，即儒家的伦理道德规范。但"《诗》无达诂"的观点，触及文学解读活动中的一条重要规律，常常被后来的学者在文学解读时引用，从而使对历史经典文本解读的"《诗》无达诂"，在文学批评活动中走向了"《诗》无达诂"，最终成为中国古典文论中的一个较有代表性的理论观点。

为什么会出现"《诗》无达诂"这样的文学解读现象呢？清代学者卢文弨在《校本韩诗外传序》里指出："夫《诗》有意中之情，亦有言外之旨，读《诗》者有因诗人之情，而忽触乎夫己之情，亦有己之情本不同乎

---

① 另有西汉刘向《说苑》：《诗》无通故，易无达吉，《春秋》无通义；宋王应麟《困学纪闻》：《易》无达吉，《诗》无达诂，《春秋》无达例；明孙矿《诗·汜历枢》：《诗》无达诂，《易》无达言，《春秋》无达辞。

诗人之情，而远者忽近焉，离者忽合焉。《诗》无定形，读《诗》者亦无定解。试观公卿所赠答，经传所援引，各由取义而不必尽符本旨。"① 在卢文弨看来，《诗经》的艺术内涵，既有"意中之情"，也有"言外之旨"，而读者的"一己之情"也不一定能和"诗人之情"完全吻合，凡此种种，文学解读时自然就会"《诗》无达诂"了。因此，清代评论家沈德潜才会在《唐诗别裁集·凡例》中这样说："读诗者心平气和，涵泳浸渍，则意味自出；不宜自立意见，勉强求和也。况古人之言，包含无尽；后人读之，随其性情浅深高下，各有会心，如好《晨风》而慈父感悟，讲《鹿鸣》而兄弟同食，斯为得之。董子云：'《诗》无达诂。'此物此志也，评点笺释，皆后人方隅只见。"既然古人所作之诗，能"包含无限"，后人读之，自然就会"各有会心"。他是从人的"性情"角度，肯定了读者可以有自己不同于他人的文学解释。

从读者读书"各有会心"角度看，《红楼梦》第四十八回，香菱向黛玉学诗经过是很有意思的。香菱想跟黛玉学写诗，黛玉建议她先去读读王维等名家的诗歌作品，读懂了基本上知道如何写诗了。香菱听了黛玉的建议，借了王维的诗集回去认真细读，然后回来找黛玉说："据我看来，诗的好处，有口里说不出来的意思，想去却是逼真的。又似乎无理的，想去竟是有情有理的。"黛玉笑道："这话有了些意思！——但不知你从何处见得？"香菱笑道："我看他《塞上》一首，内一联云：'大漠孤烟直，长河落日圆。'想来烟如何直？日自然是圆的。这'直'似无理，'圆'字似太俗，合上书一想，倒像是见了这景的。要说再找两个字来换这两个，竟再找不出两个字来。再还有：'日落江湖白，潮来天地青。'这'白'和

____

① （清）沈德潜选编：《唐诗别裁集·凡例》，李克和等校点，岳麓书社1998年版，第4页。

'青'两个字，也似无理。想来，必得这两个字才形容的尽；念在嘴里，倒像有几千斤重的一个橄榄似的。还有：'渡头余落日，墟里上孤烟。'这'余'字合'上'字，难为他怎么想来！我们那年上京来，那日下晚便挽住船，岸上又没有人，只有几棵树，远远的几家人家做晚饭，那个烟竟是青碧连天。谁知我昨儿晚上看了这两句，倒像我又到了那个地方去了。"①

香菱读王维诗歌，初读时觉得无理，用字也显得太俗，但结合自己的人生经验用心细细去品味，才领会到字里行间的妙处。这段话，可以说是香菱的主体审美情感与文学客体的艺术情景在审美交流活动中的"会心"交融后，才能得到的心灵感悟。东晋名士陶渊明对读者读书"各有会心"是持积极的肯定态度，他在《五柳先生传》中借一个杜撰出来的"五柳先生"之口，曰："先生不知何许人也，亦不详其性字，宅边有五柳树，因以为号焉。闲静少言，不慕荣利。好读书，不求甚解；每有会意，便欣然忘食。"他所说的"好读书，不求甚解；每有会意，便欣然忘食"，指的是读书时不拘泥于文章的字、词、句，也不必执着于作者或作品的原意，唯求适己、会意，即把读书当成是人的一种自娱自乐的精神活动。不过，对于陶渊明的这种读书态度，中国古代学界有不同看法，明代的李贽对陶渊明读书"不求甚解"的态度给予充分的肯定，他在《四书评·序》中说："千古善读书者，陶渊明一人而已。"② 清代的冯班则认为陶渊明读书囫囵吞枣，只求知道大概，他在《钝吟杂录·诫子贴附社约》中说："陶公读书，止观大意，不求甚解。"另一位清人梁绍壬则是从修身养性的角度，认为："渊明读书不求甚解，是涵养性情事。"③

---

① （清）曹雪芹：《红楼梦》，人民文学出版社1982年版，第366页。
② （明）李贽：《四书评·序》，上海人民出版社1975年版，第1页。
③ （清）梁绍壬：《两般秋雨庵随笔》，范春三编译，新疆人民出版社1995年版，第389页。

有些学者则是在陶渊明"好读书，不求甚解"的认知基础上走得更远，干脆就认为诗"止可读，不可解"。譬如清人薛雪，在评说杜甫诗时，就公开表明了这种文学解读态度。他说：

杜少陵诗，止可读，不可解。何也？公诗如溟渤，无流不纳；如日月，无幽不烛；如大圆镜，无物不现，如何可解？小而言之，如《阴符》《道德》，兵家读之为兵，道家读之为道，治天下国家者读之为政，无往不可。所以解之者不下数百余家，总无全璧。杨诚斋云："可以意解，而不可以辞解。必不得已而解之，可以一句一首解，而不可以全帙解。全帙解，必有牵强不通处，反为作者之累。"余又谓："可读，不可解。夫读之既熟，思之既久，神将通之，不落言筌，自明妙理，何必断断然论今道古耶？"①

在薛雪看来，杜甫的诗歌审美内涵是相当丰富的，不同的人解读之，都会从中得到各自不同的解读收获，因而，任何一个人，熟读杜诗后可以在"神思"上与作者相通，但想穷尽杜甫诗歌的原意是绝对不可能的。既然不能穷尽作品原意，那么在文学阅读时，就不必要为寻找作品原意而执着追寻。

例如，李商隐的无题诗《锦瑟》：

锦瑟无端五十弦，一弦一柱思华年。庄生晓梦迷蝴蝶，望帝春心托杜鹃。沧海月明珠有泪，蓝田日暖玉生烟。此情可待成追忆，只是当时已惘然。

这是千古传诵的名篇，典故词语不难解释，但常是"诂"而不"达"，皆因《锦瑟》一诗的创作意旨历来众说纷纭，莫衷一是，有怀人、咏物、

---

① 引自邓新华《论"诗无达诂"的文学释义方式》，《上海大学学报》2001 年第 2 期。

悼亡、自伤身世、寄托君臣遇合、诗集自序开宗明义等诸说，原因在于这类无题诗，多数通过表现爱情的方式来形象地展现古代的社会生活画面，感情极其细腻复杂，常常是"只可意会，难以言传"。人们在欣赏时，可感知到诗歌传达的意境朦胧，如梦似幻，不即不离，引导读者作无穷的阅读联想与审美再创造，但又难以归纳其审美的艺术价值。诗的末联明言："此情可待成追忆，只是当时已惘然。"在身世浮沉的灵魂搏斗中，诗人悲愤郁结、万感交织，心音的颤动迸发为艺术的形象，这只能用心灵去体会，而难作"达诂"之语。这种感情太微妙、太复杂了，以至于连作者也一时说不清楚，读者为什么偏要自找苦吃、硬作解语，勉强"达诂"呢？

诗歌欣赏就是这样，该清楚的地方"咏之达之"；该模糊的地方则不必诂、不必解。但有的人却硬为《锦瑟》诗勉强牵合了种种具体"事实"：有的说是爱情诗悼亡诗，有的说是表现与令狐楚家婢女相通的艳体诗，更有说它是纯写音乐"适、怨、清、和"具体声调的抒情诗，也有人说是送给亡妻的爱情礼物。人们聚讼纷纷，莫能定案。因此王渔洋有"一篇《锦瑟》解人难"（见《戏仿元遗山论诗绝句》）的慨叹。这解与不解，似乎成了二律背反，矛盾难以克服。这是不明"诗无达诂"的道理所致。实际上，《锦瑟》一类的无题诗，是古代诗歌中的一种特殊的抒情方式，它犹如今天的无标题音乐，往往是作者某种潜在情绪的启示和展现。大多是在非理性的潜意识领域活动，"心与境会"，随机触发，很难用任何具体的人和事来详加解说，因此无法"达诂"；一旦"达诂"，则"意味都尽"。人们只能捕捉意象，就诗论诗，感到诗的情致委婉缠绵，含意绵邈深远，但意象迷离仿佛，闪烁着诱人的艺术光彩，能启发欣赏者的审美联想。

现代解释学的"解释的循环"与
精神分析学的"潜文本"理论

文学作品是否只有一种"客观"的标准？读者在不同的时期能否对同一个文学作品做出不同的合理解释？读者的主动性参与对于文学作品究竟是一种理解还是一种创造？不同时期、不同文化知识结构、不同人生理想的读者，为什么会对同一个文学阅读对象做出不同的审美评价？……

德国现代解释学者伽达默尔在他的学术专著《真理与方法》中，对上面这些问题进行了深入的分析。他认为，一个文学文本的审美意义是在不断变化的，而不是静止的，"文学作品本身就是那种在不断变化条件下不同地显现出来的东西，现在的观赏者不仅仅是不同的观赏者，而且也看到了不同的东西"①。当然，一部文学文本的审美意义远远超越了创作者本来的创作意图，不同时代、不同审美情趣的读者在历史发展长河的不同时期里，对同一文学文本做出不同的文学阅读结论，这是作家无法预料也是无法实施控制的。文学阅读的活动过程出现这种审美结论的不一致性和不确定性，其实正是文学意义代代相传、生生不息的艺术生命力源泉。

伽达默尔一反传统的文学研究观点，从学术研究的角度公开肯定了文学阅读存在差异的合理性，并极力推崇读者对文学文本审美意义的主动参与作用，指出文学文本的意义在现时解释中的从属关系。这样的学术观

① ［德］伽达默尔：《真理与方法》，王才勇译，辽宁人民出版社 1987 年版，第 41 页。

点，在具体的文学阅读活动得到了积极的回应。一部文学文本，一旦形成便不受作者的影响控制，其在社会上产生的影响，也往往出乎作者意料，读者对文学文本的审美解读经常与作者的文学创作意图不尽相同，种种文学活动的迹象从不同的角度证明了伽达默尔关于文学解读的现代解释学观点，这自然引起了更多的研究文学的学者的强烈关注和反响。另一位现代解释学学者，波兰人英加登也通过自己的文学研究做出了积极的探索，英加登认为，任何"一部不论何种类型的艺术作品都具有独特的性质，因此，它不是那种一切方面都完全由其初级特质所决定的事物，换言之，在明确性方面，它在自身之内包含有明显特性的艺术空白，即各种不确定的领域，是纲要性、图式性的创作"①。任何一部文学文本，都存在作者无法把握的艺术空白，文本本身在文学阅读活动中，仅仅是起到了引导性的提示作用，一步步地引导读者通过自己的文学审美经验去揣测、填补文本的艺术空白。在这一点上，英加登的文学解释学观点与西方当代格式塔心理学对人的认识观点颇为接近。当代格式塔心理学认为，人在心理本质上有着根深蒂固的"完形"倾向，因而经常用个人的主观想象去填补被观察对象的不完整部分。当然，英加登极力推崇读者充分发挥自己的审美想象力来填补文本的艺术空白。不是无条件的，读者填补文本的艺术空白，必须是能够"适当地"充实文学文本，必须有助于使作品成为一个"有机的艺术整体。"

英加登的关于填补"艺术空白"的文学解读观点，对现代读者理论、接受美学等也产生了积极的影响。接受美学的代表性人物伊瑟尔就此说

① ［波兰］英加登：《对文学的艺术作品的认识》，陈燕谷、晓禾译，中国文联出版公司1988年版，第52页。

过："文学的本文也是这样，我们只能想见文本中没有的东西，文本写出的部分给我们知识，但只有没有写出的部分才给我们想见事物的机会；的确，没有未定的成分，没有文本中的空白，我们就不可能发挥想象。"① 可以这样说，英加登的"艺术空白"文学研究观点，对接受美学的学者形成接受美学以"读者为文学活动中心"的理论核心的形成，起到了相当大的作用。姚斯在谈到文学的历史时，就这样说过："一部文学作品的历史生命如果没有接受者的积极参与是不可思议的。因为只有通过读者的传递过程，作品才进入一种连续性变化的经验视野。在阅读过程中，永远不停地发生着从简单接受到批评性的理解，从被动接受到主动接受，认识的审美标准到超越以往的新的生产的转变。"②

在这里，姚斯的意思是很明确的，文学文本的孤立存在只是没有艺术生命力的历史文献存在，只有经过读者的文学阅读，文学文本才有可能获得历史延续的艺术生命力。更重要的是，读者不仅使文学的历史理解成为可能，还通过一代代读者的文学阅读，形成了文学接受的艺术链条，使得文学能作为历史文献一代代延续下去。要达到这样的文学阅读目的，读者的"期待视野"就是不可或缺的。由于不同时代、社会、民族传统、文化修养、人生理想、审美情趣等方面存在着一定的差别，因而不同的读者的"期待视野"也是各有不同的，这样，一部文学文本的审美意义就不会也不可能被某一时代或某一读者所穷尽，它只会在不断延伸的文学接受链条中，被文学解读者将其审美内涵不断丰富和扩展。这样，读者的"期待视

---

① ［德］伊瑟尔：《本文与读者的交互作用》，《本文的读者》，普林斯顿大学 1980 年版，中译文载《上海文论》1987 年第 3 期。

② ［德］姚斯、［美］霍拉勃：《文学史作为向文论的挑战》，《接受美学与接受理论》，周宁、金元浦译，辽宁人民出版社 1987 年版，第 281 页。

野"在具体的文学阅读活动中就是不可或缺的，"期待视野"不仅可以表达读者的文学阅读经验，帮助读者确定文学文本的审美价值，还可以在文学阅读经验不断积累和丰富的条件下，提高读者的文学阅读能力。并在旧的文学"期待视野"不能适应新的文学样式时迅速建立起新的文学"期待视野"。文学阅读活动，就是不断地丰富旧有的文学"期待视野"的同时，又在不断的文学阅读活动中，有效地建立起新的文学"期待视野"，一条文学接受活动的艺术链条，于是就这样形成了。接受美学不是把文学研究的重心放在作者与作品的关系上，也不是放在文学文本的语言功能、结构等文本形式上，而是强调了读者在文学阅读活动中的主导地位，强调了不同的读者在同一个文学阅读对象那里得到不同审美阅读结论的合理性，这就把传统的文学研究以作者为中心，或者以文本为中心，转向了以读者为中心，这是一个带有根本性革命的文学研究变化。正如美国当代学者霍拉勃所指出的："从马克思主义者到传统批评家，从古典学者、中世纪学者到现代专家，每一种方法论，每一个文学领域，无不响应了接受理论提出的挑战。"①

　　西方现代接受美学关于文学阅读没有终极意义的观点，也是符合马克思、恩格斯的唯物辩证法的。恩格斯指出：在辩证法面前，"不存在任何最终的、绝对的、神圣的东西，它指出所有一切事物的暂时性；在它面前，除了发生和消灭、无止境地由低级上升到高级的不断的过程，什么都不存在"②。这就是说，马克思主义承认事物的发展是无止境的，文本意义

---

① ［德］姚斯、［美］霍拉勃：《文学史作为向文论的挑战》，《接受美学与接受理论》，周宁、金元浦译，辽宁人民出版社1987年版，第24页。
② ［德］恩格斯：《路德维希·费尔巴哈和德国古典哲学的终结》，《马克思恩格斯全集》，人民出版社1978年版，第21页。

的阅读也没有尽头，任何一个文学阅读者都不可能在文学文本的审美传达过程中，寻找到文学文本的终极意义。法国著名科普作家法布尔在他的代表作《昆虫记》第七卷中，这样告诉读者："不管我们的照明灯能把光线投射到多远，照明圈外依然死死围挡着黑暗。我们四周都是未知事物的深渊黑洞，但我们应为此而感到心安理得，因为我们已经注定要做的事情，就是使微不足道的已知领域再扩大一点范围，我们都是求索之人，求知欲牵着我们的神魂，就让我们从一个点到另一个点地移动我们自己的提灯吧。随着一小片一小片的面目被认识清楚，人们最终也许能将整体画面的某个局部拼制出来。"就文学文本意义的阅读而言，文本意义并非来自作家的创作意图和读者的审美评价，也不出自文学文本，它应当是文学阅读者参与文学文本的审美传达所获得的结果。它对文学文本意义的理解也只是相对的，因为文本的意义和真理一样，都在不断发展变化之中。古希腊哲学家赫拉克利特说：人无法两次插足同一条河流。恩格斯在评述这个哲学观点时明确给予肯定："这个原始的、素朴的但实质上正确的世界观，是古希腊哲学的世界观，而且是由赫拉克利特第一次明白地表述出来的：一切都存在，同时又不存在，因为一切都在流动，都在不断地变化，不断地产生与消失。"[1] 赫拉克利特的哲学观点启示我们：文学文本的意义同哲学的真理一样，是在不断流动变化中的，它没有静止的结论，也没有终极的结论。

弗洛伊德开创的精神分析学说，则是从另外一个角度，对传统解释学的作者研究理论开辟了一个新的认知窗口。弗洛伊德是个瑞士精神病理学家，在对精神病患者的病理研究中，他突破了传统心理学的观点，对人类

---

① 《马克思恩格斯全集》第20卷，人民出版社1978年版，第23页。

的心理结构重新做出了解释。他认为，人的心理由无意识（本我）、潜意识（自我）和意识（超我）三部分组成。本我处于无意识层，充满了本能的欲望，实行快乐原则，看到喜欢的东西就想占为己有；自我处于潜意识层，是人格力量的理性部分，实行现实原则；负责控制本能的冲动；超我处于意识层，是理想化的人格自我，实行道德原则。[①] 就文学创作而言，作者理性所意识到的创作内容，是受超我、自我所监控的。但在创作过程中，常常会流露出一些非理性的东西，那是由本我释放出来的，属于无意识层的本我。按照弗洛伊德的看法，这才是文学创作中的作者真正的隐喻。

弗洛伊德根据无意识结构的理论观点，提出了文学创作的潜文本理论。认为作者原意潜藏在连作者自己也意识不到的无意识深处。用弗氏的观点去审查传统的作者研究理论，可以发现在作者创作时，心灵深处常常有一种待说又说不清楚的东西。如我国《毛诗序》所说，作者在创作时"情动于中而形于言，言之不足故嗟叹之，嗟叹不足故永歌之，永歌之不足，不如手之舞之，足之蹈之也。"还有我国古代文论中常说的"意在言外""象外之象"等，都说明了文学阅读时，解释者要努力发掘作者不曾意识到的潜文本。例如，《伤逝》本是鲁迅唯一的一部描写男女爱情的小说，通过小说中的人物活动，作者认为妇女的解放必须以经济、社会的解放为基础。而鲁迅的弟弟周作人则认为《伤逝》是"假借了男女的死亡来哀悼兄弟恩情的断绝的"。他在 1963 年发表的《知堂回想录》中说："我这样说，或者大家都要以我为妄吧。但是我有我感觉，深信是不大会错

---

① 参见［奥］弗洛伊德《精神分析引论》，高觉敷等译，作家出版社 1986 年版。

的。"[1] 鲁迅在写作《伤逝》时仍处在兄弟失和的痛苦之中，且其诱因，可能是看了 1925 年 10 月 2 日周作人在《京报副刊》上发表了他翻译的罗马诗人喀都路斯的一首诗，题目就是《伤逝》。译诗的全文是："我走尽迢递的长途，渡过苍茫的灰土，作徒然的话别，因为她那命运的女神忽而给予又忽而收回，已经把你带走了。我照了古旧的遗风，将这些悲哀的祭品，来陈列在你的墓上：兄弟，你收了这些东西吧，都沁透了我的眼泪，从此永隔冥明。兄弟，只嘱咐你一声珍重。"这首诗是诗人悼其兄弟之作，并附有一幅原书插图，画着一位男子伸出右臂，挥手道别，画面上写着"致声珍重"。周作人是想假借古罗马诗人的诗句，传递他与鲁迅兄弟间情断义绝、永不相见的信息？《京报副刊》是鲁迅经常发表文章的报纸，刊载周作人译诗《伤逝》的报纸他自然会看到。20 天后，即 1925 年 10 月 21 日，鲁迅写了小说《伤逝》。与周作人译诗同题，难道这是惊人的巧合吗？只要我们回忆一下鲁迅兄弟儿时的亲密无间生活，以及在日本求学时的手足之情义，后来周作人受妻子挑唆，终于导致兄弟分手，周作人所感觉到小说的潜文本含义，在他们的兄弟感情变化中，也并非无踪可循。

可以说弗洛伊德的文学潜文本理论，使人们在文学阅读时具有很大的主观随意性，它所肯定的，是一种非理性的意识存在，很难得到科学的研究证实，但是人的动物性和非理性的无意识存在，又是一个不可否认的客观生活事实。

令人啼笑皆非的是，弗氏的精神分析学说本来是为治疗精神病人所创建的，文学分析是作为弗氏学说的理论参照系进行例证分析研究的一种方式，然而偏偏是"有心栽花花不开，无心插柳柳成荫"，在弗氏的医学研

---

[1]　周作人：《不辩解说》，《知堂回想录》，安徽教育出版社 2008 年版，第 486 页。

究生涯中，多次被提名诺贝尔医学奖，终无所获。却在1930年因其文学研究荣获德国歌德文学奖。弗洛伊德对此曾自嘲"被误认为是一位像德国这样一个大国都愿意领教一番的作家"。不过，许多直接和间接受到弗氏精神分析学说影响的作家、学者，如奥地利作家斯蒂芬·茨威格、法国作家罗曼·罗兰、丹麦评论家勃兰兑斯，以及提出"集体无意识"观点的荣格等，都对弗氏的文学才华推崇备至，由此可见，弗洛伊德的精神分析学说对文学艺术方面的影响力，"比精神分析学本身更能换取公众的支持"。

可以这样说，现代心理小说注重对人的内心情感世界艺术发掘，虽然不是受到精神分析学的直接影响，但精神分析学试图把人的内心世界纳入科学研究的轨迹，为文学研究打开了人的心灵窗口，拓展了现代小说的艺术表现内容和技巧范围，启发了人们对作者的文本有更多的了解。美国当代著名文学批评家里恩·艾德尔在评价现代小说与精神分析学的关系时认为："必须承认，文学上的'向内转'运动，在最初的阶段中，并没怎么得益于精神分析学。与其说它是弗洛伊德学说发展和影响的产物，不如说两者是并驾齐驱的，然而第一次世界大战后，文学与心理学日益抹去了他们之间的疆界，精神分析学则直接结出了文学创作的累累硕果。"[①]

正是在弗洛伊德精神分析学说的影响下，一大批现代作家和研究文学的学者，在他们的文学实践活动，从人类的生存意识的不同角度深度和拓宽了弗氏的研究成果，像荣格的"集体无意识"、阿尔都塞的"对症解读法"（即依照"症候说"对现代文学进行研究），这些观点都产生过极大的影响。

---

① ［美］里恩·艾德尔：《文学与心理学》，北京师范大学中文系比较文学研究组编《比较文学研究资料》，北京师范大学出版社1986年版，第585页。

当然，一部文学文本的审美意义远远超越了创作者本来的创作意图，不同时代、不同审美情趣的读者在历史发展长河的不同时期里，对同一的文学文本做出不同的文学解读结论，这是作家无法预料也是无法实施控制的。文学解读的活动过程出现这种审美结论的不一致性和不确定性，其实正是文学意义代代相传、生生不息的艺术生命力源泉。

俄国学者巴赫金则在他的《在长远时间里》一文中这样告诉我们："在长远时间里，任何东西不会失去其踪迹，一切面向新生活而复苏。在新的时代来临的时候，过去所发生的一切会进行总结，并以新的涵义进行充实。"① 在这段话里，巴赫金为我们指出了这样一个事实，一切存在过的东西都不会因为时间的推移而消失，但一切存在过的东西都将会因为时间的推移被重新认识。同样，作家创作的文学文本一旦定型下来，其基本含义不会因为时间的推移而彻底封闭起来，而会在一代代的新阅读者那里得到不同于前人的新的理解。因此，"即使过去的涵义，也从来不是固定的（一劳永逸完成了的、终结了的），它们总是在随着对话进一步发展的过程中不断变化着（得到更新）。在对话发展的任何时刻，都存在着无穷数量的被遗忘的涵义，但在对话的进一步发展的特定时刻里，它们会随着对话的发展会重新被人忆起，并以更新了的面貌（在新的语境中）获得新生。"② 这等于告诉人们，任何一个文学文本都不可能只有唯一的一个含义或一种阅读结论，它总是会在历史的不断向前发展中遗忘掉旧的含义，然后给出新的含义，文学活动因而就具有了一代代人不断延续下去的文学阅读意义，人类的文学阅读活动，也就在这样不断的文学阅读含义更新中，

---

① 杨小清：《审美权力假设与理解的合法性问题》，《文艺争鸣》2000 年第 4 期。
② 同上。

寻找到了参与的乐趣和意义。毕竟，寻找答案的过程远比得到答案的时刻更富有生存的挑战性和刺激性，这就像有学者指出的那样，"康德的伟大在于提出问题，而不在于他对问题的解答。在哲学史上，提出问题有时要比解答问题更重要的多，这样的例子是屡见不鲜的"①。人类的文明进化史也早已向我们证明了这一点：人类正是在不断地寻找中，一步步地完善着人类自己。

从读者的文学阅读角度而言，"传统的阅读是从丰富神秘的文本题材内容中再建主体和中心内容，追求确定的意义和真理，带有鲜明的人文主义特征；解构式阅读则强调意义的漂移不定和本文内和本文间含义的波动渗透，从而使可读性、可把握性和明确的答案成为一种神话"②。所以，文学阅读实际上是一种持续不断的审美创造活动，每一个读者都具有审美创造性的巨大能量，他们是在参与文学阅读的实践活动中，在与他人和文学文本的开放交流中，促使文学的意义解读走向良性循环的。

所以，无论是"《诗》无达诂"的中国传统文学阅读宗旨，还是西方当代的接受美学，它们并不把文学研究的重心放在作者与作品的关系上，也不是放在文学文本的语言功能、结构等文本形式上，而是强调了读者在文学阅读活动中的主导地位，强调了不同的读者在同一个文学阅读对象那里得到不同审美阅读结论的合理性，这就把传统的文学研究以作者为中心，或者以文本为中心，转向了以读者为中心，这是一个带有根本性革命的文学研究变化。其实是从根本上否定了文学作品只有作者赋予的一个确定不变的本意，因而读者也不必为彻底破解作者的创作宗

---

① 陈厚诚、王宁编：《西方当代文学批评在中国》，百花文艺出版社 1998 年版，第 403 页。
② 同上。

旨而苦心追寻，这在一定意义上，是鼓励读者根据各自不同的历史语境做出符合自己认识的合理解释。这一点，可说是古今中外的学者们认识较为一致的文学观点。

后　记

　　起意古代阅读研究，是因为在长时间地追问文学阅读的意义后，终于有一天，在不经意中突然发现了那些被我在史海里拾掇出来、看似随意评点的古人阅读心得，如果将之分门别类整理归纳起来，其实也可以通过系统的逻辑思辨阐释，有机串联成一个相对完整的文本阅读研究知识体系。

　　有了这个念想以后，便开始着手整理之前收集的相关历史资料，在对自己设立的这个"古人阅读观"研究专题深入探讨时，才发现古人在阅读方面留下的经验之谈宛如浩瀚的大海，无论你以什么方式打捞都会有顾此失彼的感觉，受限于自己的历史文化知识面和手头资料的不足，只能把进入研究筛选范围的古人阅读心得限定在那些在历朝历代的学界有较大影响的学者观点，并将之阅读言论进行必要的分类筛选，然后按照自己的阅读感受进行现代性阐释，渐渐地就有了较为清晰的古人阅读研究轮廓，并最终成书呈现在各位读者面前。

　　在起意研究古代阅读这个专题期间，国内的"国学研究热"似乎越来越高涨，国学经典文化蕴含着丰富的人生智慧，尤其是对人与自然、人与人、人与自我关系的研究，很多观点在历经千年后依然闪烁着智慧的光芒。在漫长的历史长河中，国学作为一条文化的纽带，将不同历史时期的文化串联在一起，展现出独到的精神价值。如今，国学经典文化越来越被中国和世界重视起来，有的学者甚至认为，中国国学可以成为解决人类在21世纪所面临的生态危机、人文危机和精神危机最可借鉴的智慧资源。

本人无意去赶"国学研究"这个时髦话题，当然也就不想介入那些所谓"用国学抗衡西学"之类的文化思潮之中，我选择"古代阅读观"这个研究课题，只是因为在多年研究文学阅读的学术探讨中，发现自己在传统文化方面的知识积累有所缺欠，并有意对之进行过一番必要的传统文化知识补课，有了一定的心得体会后，才选定"古代阅读观"作为自己的研究方向。既然是补课，也就无心参与国学研究中的争论话题，仅想从个人的研究心得角度谈谈研究国学的态度，以供研究者参考。

一是要重视对国学经典文化的知识积累，我国传统文化源远流长、博大精深。优秀的传统文化是民族生存和发展的精神根基。传统文化经典是我国优秀传统文化的重要组成部分，有必要继承和发扬。在改革开放的今天，中华传统文化同样产生积极的影响，比如传统中的儒家思想的责任思想、忠孝思想；再比如：儒家文化重视教育，注意人的个性差异，善于启发教学，创造了"因材施教"等教学思想，在今天依然有着它的积极意义。

二是要"通古今之变"，国学的研究，重点应该放在运用上，放在经世致用上，放在服务社会、造福民族上，而不能关起门来做所谓的学问。我们首先要认识中国古今有了巨变，如果国学说的是"四部"之学，属于过去的"古"历史阶段的文化产物，"今"则是历史的新阶段。时代不同，许多名词、概念虽然一样，但其内涵有了阶段性的改变。比如讲民本，有的学者由中国古代的民本思想，推导出中国早就有了民主思想、民主主义。但是不要忘记了，中国过去还有一个词：君本。君本、民本两者是相互定义的。中国最早的民主，是"君为民主"，也就是君王是民众的主人，这与现代社会的民主概念是不一样的。我们不能望文生义，生搬硬套文化概念，对任何文化概念的理解，都应该将之置放在一定的历史文化语境中加以考察。

三是任何文化研究都应该是开放式的，不能妄自尊大，也不要搞故步自封，国学的研究不应该排斥当代文化，也不应该排斥外来文化。《周易》里有一句话，"天行健，君子以自强不息；地势坤，君子以厚德载物"。其大意是天体运行体现刚健精神，人亦效法天地而自强不息；君子的胸怀像大地一样宽广，德行像大地一样深厚，所以能滋长万物，承载万物，容纳万物，中华民族传统文化的精神特质由此可见一斑。中国传统文化"厚德载物"的精神特质，充分展现了中国传统文化博采众长、兼容并包的博大胸襟。海纳百川，有容乃大，使中国文化既有独创性，又有兼容性；既有统一性，又有多样性，丰富多彩，百花齐放。研究国学必须具有兼容并包的文化胸怀，也要不断创新，亦即必须将国学研究、应用与时代精神结合起来，这样的国学才有生命力；在不断发展的现实生活中，国学才会有它应有的地位，才能发挥它应有的作用。

还有一点需要说明一下，书中讲到西方有关阅读研究的思想观点，大多引自西方现代解释学的观点，其原因在于：源自西方哲学的现代解释学是关于理解的学问，是对"理解"的理解。而解释学的"理解"，指的是对文本的理解。所谓"文本"，从广义上讲，是由人创造的体现人思想感情的作品，包括文字、绘画、音乐等作品。从狭义上讲，是指作者的文字作品。阅读教学中所说的"文本"，指的就是文字作品。

所以，解释学对阅读学的意义是不言而喻的，现代解释学即阅读学。

通过对解释学理论观点的学习研究，可以逐步形成科学的解释学观念，以指导我们的阅读教学。科学的解释学对阅读不但有着认识论的意义，即帮助我们认识"阅读"的规律和特点，而且有着方法论的意义，即为我们提供尽可能科学的阅读方法。

是以为记。

陈道谆

2018 年春于海南师范大学闲听涛轩